暨南经济文丛

- 国家自然科学基金项目：城市等级与生产性服务业发展的互动关系研究（41371174）资助研究成果
- 教育部人文社科项目：基于服务业增长收敛性的区域服务业空间关联机制与优化政策研究———以大珠三角地区为例（13YJC790222）资助研究成果
- 暨南大学高水平大学学科组团———应用经济与产业转型升级经费资助

钟韵/著

# 粤港服务业的创新合作：制度与平台

**Innovative Cooperation in Service Industry between Guangdong and Hong Kong: Institution and Platform**

中国财经出版传媒集团

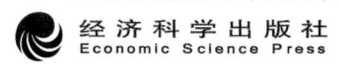

经济科学出版社

Economic Science Press

图书在版编目（CIP）数据

粤港服务业的创新合作：制度与平台/钟韵著.—北京：经济科学出版社，2017.6
ISBN 978-7-5141-8158-6

Ⅰ.①粤… Ⅱ.①钟… Ⅲ.①服务业-经济合作-研究-广东、香港 Ⅳ.①F719

中国版本图书馆 CIP 数据核字（2017）第 124842 号

责任编辑：杜　鹏　贾　婷
责任校对：刘　昕
责任印制：邱　天

**粤港服务业的创新合作：制度与平台**
钟韵/著
经济科学出版社出版、发行　新华书店经销
社址：北京市海淀区阜成路甲 28 号　邮编：100142
总编部电话：010-88191217　发行部电话：010-88191522
网址：www.esp.com.cn
电子邮件：eps_bj@163.com
天猫网店：经济科学出版社旗舰店
网址：http://jjkxcbs.tmall.com
固安华明印业有限公司印装
710×1000　16 开　12.75 印张　250000 字
2017 年 6 月第 1 版　2017 年 6 月第 1 次印刷
ISBN 978-7-5141-8158-6　定价：49.00 元
(图书出现印装问题，本社负责调换。电话：010-88191502)
(版权所有　翻印必究　举报电话：010-88191586
电子邮箱：dbts@esp.com.cn)

# 序　　言

2017年3月5日，国务院总理李克强在《政府工作报告》中提出："要推动内地与港澳深化合作，研究制定粤港澳大湾区城市群发展规划，发挥港澳独特优势，提升在国家经济发展和对外开放中的地位与功能。"李克强总理关于研究制定粤港澳大湾区城市群发展规划的讲话，标志着"粤港澳大湾区城市群"的建设已正式成为国家层面的发展战略，这在港澳地区和广东珠三角地区引起广泛的热议和重视。

粤港澳大湾区城市群主要指由广州、深圳、珠海等珠三角9市和香港、澳门两个特别行政区形成的城市群。从发展的角度看，粤港澳大湾区城市群的提出，应该说是包括港澳在内的珠三角城市融合发展的升级版，从过去30多年"前店后厂"的经贸格局，升级成为先进制造业和现代服务业有机融合最重要的示范区；从单纯的区域经济合作，上升到全方位对外开放的国家战略。这为粤港澳城市群未来的发展带来了新机遇，也赋予了新使命。

根据国家的相关文件，粤港澳大湾区城市群在国家对外开放、实施"一带一路"战略中占有相当重要的地位。国家发改委的《推动共建丝绸之路经济带和21世纪海上丝绸之路的愿景与行动》就指出，粤港澳大湾区是"21世纪海上丝绸之路"的战略要冲，是对接东南亚、南亚、中东、欧洲等"一带一路"国家的必经之地，也是国家经略南海最重要的战略支点。国务院印发的《关于深化泛珠三角区域合作的指导意见》也提出：要"构建以粤港澳大湾区为龙头，以珠江—西江经济带为腹地，带动中南、西南地区发展，辐射东南亚、南亚的重要经济支撑带"。

在粤港澳大湾区城市群的建设中，其中最重要的内容就是推进粤港澳三地服务业的合作和融合发展。钟韵教授的专著《粤港服务业的创新合作：制度与平台》正是对香港回归20年以来粤港两地服务业创新合作的一个深入、系统和全面的研究和总结。该书首先对广东和香港两地的经济发展特征展开分析，从广东省的经济增长、服务业体系发展、空间发展格局等三个方面，描绘出作为中国经济大省的区域经济发展面貌。其次，从香港的服务经济社会发展历程、产业结构升级历程、服务业的比较优势等四个方面，勾勒出香港成熟而亟待升级的服务经济态势。进而从粤港两地的合作渊源、香港投资对广东经济的带动、两地经贸关系的发展及经贸合作的推动机制等内容的探讨。

在此基础上，该书依托作者自2001年以来多项有关粤港服务业合作的研究成果与调研总结，根据中央促进粤港服务业合作制度创新的时间脉络梳理，按照"CEPA的实施、CEPA先行先试政策实施、服务贸易自由化框架下的推进"这一时间脉络，对香港回归以来粤港服务业合作的四个发展阶段展开深入分析，阐述各个制度创新阶段中粤港服务业合作的背景、成效、存在问题及原因，全面、系统地研究了制度创新对于两地服务业合作的作用。

近年来，为配合粤港服务业合作的深化，合作制度所设定的合作对接平台不断具体化。粤港澳合作的对接平台从全省层面的对接，发展到CEPA试点城市的优先对接，再到最新的以自贸区南沙、前海、横琴等城区的对接。可以认为，自2008年CEPA先行先试始，在特定的区域（5个试点城市和南沙、前海、横琴）内实施试点开放政策，成为合作制度框架制定的一个创新点；广东自贸区的设定，更是以制度创新为核心，以深化粤港澳合作为重点，将广东服务业与港澳服务业的重点对接平台进一步具体到南沙、前海和横琴等三个新区。该书对广东自贸区的这三个片区展开了深入的探讨，分析其发展沿革、发展定位、经济发展现状、重点产业与香港对接与合作的进展，并对重点产业未来与香港合作，通过广东自贸区加强粤港服务业合作提出策略建议。

综观钟韵教授的这部专著，有几个鲜明的特点：

第一，突出阐述了制度因素对粤港服务业合作的作用，并对推进粤港服务业合作的制度框架进行了系统的论述。通过设立制度框架推进粤港澳合作，是中央政府乃至粤港两地政府近年来的共识。这部专著通过对粤港合作各个阶段的发展特点及所面临阻碍的归纳总结，将回归以来粤港服务业的合作分成了几个不同的阶段，这种研究方法，突显出制度因素对粤港服务业合作的作用与意义。

第二，对当前粤港服务业合作的重点平台——广东自由贸易试验区的三个片区的发展沿革与定位、发展现状，及其与香港的合作对接，做出了很好的概括与梳理。广东自由贸易试验区于2015年4月正式挂牌，其挂牌时间虽然不长，但其未来在粤港服务合作，乃至推动粤港青年合作方面，都将扮演重要的角色，其发展意义不容低估。自贸区的设立初衷之一便在于促进粤港深度合作，但由于目前统计数据较为缺乏，令人难以了解香港元素在自贸区发展中所发挥的作用及成效。这部专著搜集整理了大量的历史资料和相关信息，对三个地区的发展及与港澳的关系进行了系统的梳理，对于读者更好地了解自贸区设立的来龙去脉，并进而了解自贸区所承担的制度创新的责任，有着积极的帮助。

第三，系统而清晰地梳理出回归20年来粤港服务业合作的进程，有助于读者了解粤港服务业合作的时间脉络，并进而理解粤港服务业合作的推进特点，对粤港经济合作，乃至社会民生等领域的合作的认识，亦有着较好的展示作用。

钟韵教授是暨南大学经济学院特区港澳经济研究所所长，是我国新生代从事港澳研究的学术带头人和生力军之一。她的这部专著《粤港服务业的创新合作：制度与平台》是长期跟踪研究粤港澳服务业合作的研究结晶，对当今深入认识粤港澳大湾区城市群的构建、发展具有启迪作用。相信读者能够从中得益。

很荣幸，受到钟韵教授的邀请为这部专著写序，使我成为该书的第一位读者，写下以上这些话，是为序。

暨南大学经济学院冯邦彦

2017年5月30

# 目　　录

## 第一篇　粤港服务业合作的背景与基础

第一章　广东：中国经济大省 …………………………………………… 3
　　一、改革开放以来的经济绩效 ………………………………………… 3
　　二、日益成熟的服务业体系 …………………………………………… 10
　　三、非均衡的空间发展格局 …………………………………………… 15
第二章　香港：成熟而亟待升级的服务经济 …………………………… 21
　　一、成熟的服务经济社会 ……………………………………………… 21
　　二、产业结构升级 ……………………………………………………… 33
　　三、产业结构升级与经济增长 ………………………………………… 41
　　四、服务业的比较优势——以会计业为例 …………………………… 48
第三章　粤港经贸合作 …………………………………………………… 54
　　一、合作渊源与基础 …………………………………………………… 54
　　二、合作的演变 ………………………………………………………… 57
篇末小结 …………………………………………………………………… 62

## 第二篇　回归以来的粤港服务业合作：制度的创新

第四章　合作制度的建立与演进 ………………………………………… 67
　　一、香港回归以来的制度创新历程 …………………………………… 67
　　二、重要的制度创新 …………………………………………………… 69

## 第五章　从回归至 CEPA 实施前的合作 ……………………………… 74
一、合作的背景 ……………………………………………………… 74
二、香港生产性服务业对广州生产性服务业发展的影响 ………… 78

## 第六章　CEPA 先行先试策略实施前的合作 ………………………… 81
一、合作的背景 ……………………………………………………… 81
二、合作的成效 ……………………………………………………… 84
三、合作中存在的阻碍 ……………………………………………… 89
四、对进一步推进合作的思考 ……………………………………… 93

## 第七章　先行先试框架下的合作 ……………………………………… 95
一、制度的创新：CEPA 在广东先行先试 ………………………… 95
二、先行先试对粤港服务业合作的作用 …………………………… 98
三、合作中存在的障碍 ……………………………………………… 101
四、对进一步推进合作的思考 ……………………………………… 104

## 第八章　服务贸易自由化制度下的合作 ……………………………… 106
一、合作的背景 ……………………………………………………… 106
二、自贸区引进香港服务业的创新举措 …………………………… 110
三、经验与启示 ……………………………………………………… 113

篇末小结 …………………………………………………………………… 115

# 第三篇　合作平台的建设

## 第九章　广州南沙新区片区 …………………………………………… 121
一、发展沿革与发展定位 …………………………………………… 121
二、发展现状 ………………………………………………………… 127
三、与香港的合作对接 ……………………………………………… 135

## 第十章　深圳前海蛇口片区 …………………………………………… 145
一、发展沿革与发展定位 …………………………………………… 145
二、发展现状 ………………………………………………………… 149
三、与香港的合作对接 ……………………………………………… 157

**第十一章　珠海横琴新区片区** ………………………………… 166
　　一、发展沿革与发展定位 ……………………………………… 166
　　二、发展现状 …………………………………………………… 170
　　三、与港澳的合作对接 ………………………………………… 174
**篇末小结** ……………………………………………………………… 184

**参考文献** ……………………………………………………………… 187
**后记** …………………………………………………………………… 192

# 第一篇

# 粤港服务业合作的背景与基础

粤港服务业合作的开展，是在基于地缘因素和文化联系所促成的区域经济联系中日渐形成并逐步深化的。要理解粤港两地服务业合作的现状特征、合作特征产生的原因以及未来合作的趋势，需要先对粤港两地的区域经济发展特征、地区产业发展历程与发展趋势以及粤港两地经济合作的历史和推动区域合作的机制等问题等有所了解。

粤港两地产业合作从20世纪80年代著名的"前店后厂"式的"广东制造业+香港服务业"合作模式，转变为目前以服务业为产业合作重点领域的多元合作模式，既有来自国际环境促成的外部原因，也有来自广东与香港经济发展态势导致的内部原因。

本篇将分别对广东和香港两地的地区经济发展特征展开分析：首先，从广东的经济增长、服务业体系发展、空间发展格局三个方面，描绘出作为中国经济大省的区域经济发展面貌。其次，从香港的服务经济社会发展历程、产业结构升级历程、服务业的比较优势等四个方面，勾勒出香港成熟而亟待升级的服务经济态势。最后，分析粤港两地的合作渊源、香港投资对广东经济的带动、两地经贸关系的发展及经贸合作的推动机制等内容。本篇的分析拟为研究回归以来粤港两地服务业合作的制度创新与平台建设提供必要的研究基础。

# 第一章

# 广东：中国经济大省

## 一、改革开放以来的经济绩效

### （一）经济实力与地位

广东省是我国改革开放的先行区域，改革开放以来，广东省经济飞速发展，成为中国经济发展的"排头兵"。据 2017 年 1 月公布的《2017 年广东省政府工作报告》数据，2016 年广东省生产总值达 7.95 万亿元，比上年增长 7.5%；来源于广东省的财政总收入达 2.28 万亿元、增长 9%；地方一般公共预算收入达 1.039 万亿元、增长 10.3%；居民人均可支配收入突破 3 万元、增长 8.7%；城镇登记失业率 2.47%；居民消费价格上涨 2.3%；社会消费品零售总额达 3.47 万亿元、增长 10.2%。

2016 年，广东省人均 GDP 为 72787 元，折合约 10958 美元[1]，参照世界银行对世界各国经济发展水平分组标准，属于中等偏上收入国家水平（3976～12275 美元），达到中等发达国家水平。党的十八大提出到 2020 年全国要"实现国内生产总值和城乡居民人均收入比 2010 年翻一番"的目标，如广东省人均 GDP 增长速度保持不低于全国的平均水平。按照年均增长 7.5% 估算，预计 2020 年将达到 14218 美元，跨入世界银行高收入国家经济水平行列[2]。据研究，当一个国家到了中等收入阶段以后，10 年或者是略多一点的时间有

---

[1] 按 2016 年人民币兑美元平均汇率中间价 6.6423 折算。
[2] 2011 年世界银行划分高收入国家经济水平的标准为人均国民总收入达到 12475 美元以上，如全球人均总收入年均增长 1.5%，2020 年世界银行划分高收入国家的标准将修订到 14260 美元左右。

可能实现从中等收入到高收入的跨越①。因此，从经济总量和人均收入水平总体衡量，参考国际经验，广东省正处于迈向高收入经济水平的发展阶段。

作为我国经济大省，广东省经济发展态势总体优于全国，主要经济指标大部分高于全国水平，继续发挥对全国经济增长的重要贡献和支撑作用。2016年，广东省GDP约占全国的10.7%，连续28年位居全国第一，虽然2016年的GDP增幅同比回落0.5个百分点，但仍比全国高出0.8个百分点，达到年度预期区间（7.0%~7.5%）上限。2016年，广东省人均GDP是全国的1.3倍；广东省地方财政一般公共预算收入首次突破1万亿元，连续26年居全国第一位，亦是我国首个地方财政一般公共预算收入突破1万亿的省份；社会消费品零售总额继续全国领先，占全国社会消费品零售总额的10.5%。

广东省经济总量位居全国首位，与居全国第二位的江苏省的经济总量差距从2015年的2696亿元扩大到2016年的3426亿元（见图1-1）。2016年第四季度数据显示，广东省GDP增速低于江苏省（7.8%）和山东省（7.6%），与浙江省相同。但是，广东省与江苏省GDP增速差距由2015年的

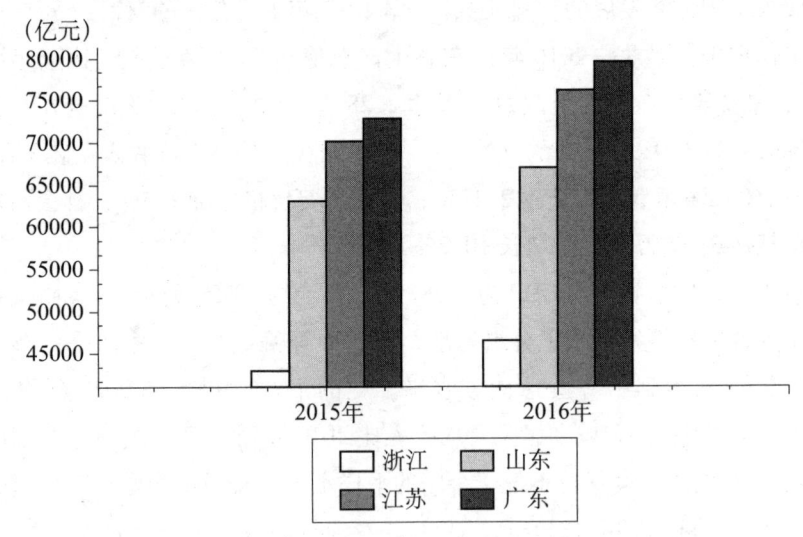

图1-1 粤、苏、鲁、浙经济总量变化（2015年和2016年）

数据来源：Wind资讯。

---

① 按照世界银行公布的标准，当前全世界高收入国家有70个，其中22个人口超过1000万人以上的国家从中等收入向高收入跨越平均用时11年零9个月。

0.5个百分点缩小到2016年的0.3个百分点（见图1-2）。

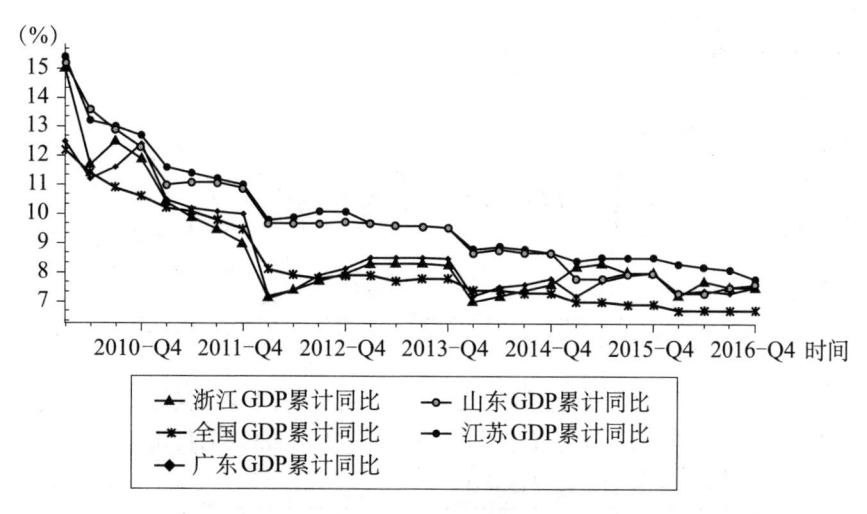

**图1-2 粤、苏、鲁、浙及全国经济增速变动趋势（2010~2016年）**

数据来源：Wind资讯。

对外贸易是推动广东省在改革开放后迅速发展的重要动力。虽然近年来广东省对外贸易总额有所下降，但2016年数据显示，广东省的对外贸易降幅收窄，出口占全国的份额略有提升，得益于进口的较好恢复。2016年12月份数据显示，广东省完成进出口总额6.3万亿元，同比下降0.8%，降幅同比收窄3.1个百分点。其中，出口3.95万亿元，同比下降1.3%，占全国的28.5%，提高0.2个百分点。但若以美元计价，进出口总额为9555.1亿美元，出口5988.6亿美元，分别下降6.6%和6.9%，同比降幅进一步扩大。横向比较看，广东省的对外贸易运行略好于全国，其中，出口降幅比全国低0.8，但比江苏省、浙江省和山东省分别高1.2、3.8和2.2个百分点（见表1-1和图1-3）。

**表1-1　　　　　　　　2016年对外贸易省际比较**

| | 全国 | | 广东省 | | 浙江省 | | 江苏省 | | 山东省 | |
|---|---|---|---|---|---|---|---|---|---|---|
| | 金额（亿美元） | 增速（%） | 金额（亿美元） | 增速（%） | 金额（亿美元） | 增速（%） | 金额（亿美元） | 增速（%） | 金额（亿美元） | 增速（%） |
| 进出口 | 36855.7 | -6.8 | 9555.1 | -6.6 | 3365.0 | -3.0 | 5095.3 | -6.6 | 2342.1 | -2.7 |
| 出口 | 20981.5 | -7.7 | 5988.6 | -6.9 | 2678.6 | -3.1 | 3192.7 | -5.7 | 1371.6 | -4.7 |
| 进口 | 15874.2 | -5.5 | 3566.5 | -6.0 | 686.4 | -2.6 | 1902.6 | -8.0 | 970.5 | 0.4 |
| 顺差 | 5107.3 | - | 2422.1 | - | 1992.2 | - | 1290.1 | - | 401.1 | - |

数据来源：Wind资讯。

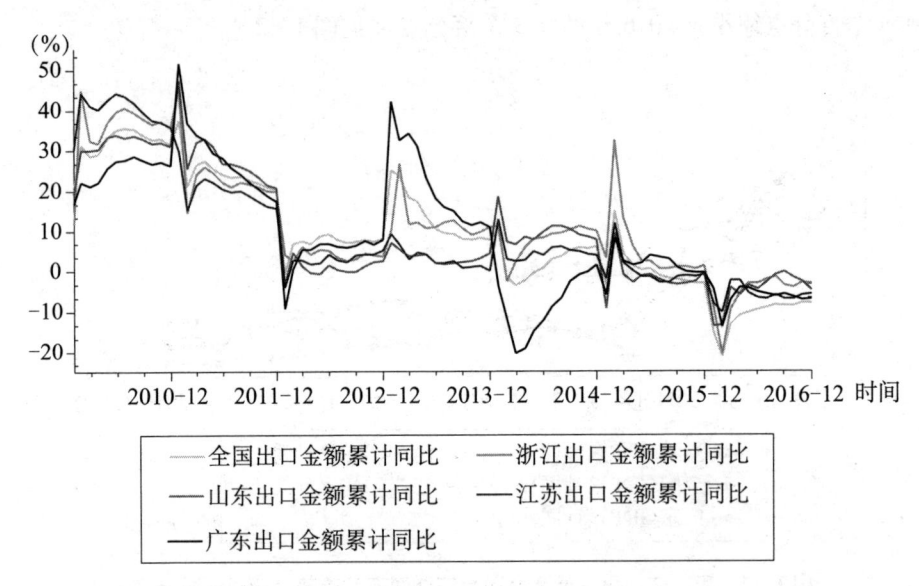

图1-3 2010年来粤、苏、鲁、浙及全国出口增长变动趋势（美元计价）

数据来源：Wind资讯。

经过持续多年的经济快速增长，广东省的经济总量已于2003年超过香港的生产总值。

## （二）产业结构与转型

推动经济结构调整和产业转型升级是广东省的重大战略任务之一。近年来，广东省产业结构不断优化，三次产业结构从1978年的29.8：46.6：23.6，发展至2016年的4.7：43.2：52.1，服务业对经济增长的拉动力持续增加。近40年来，第一产业比重不断下降，自2012年开始第一产业产值比重不足GDP的5%；第二产业产值比重呈现较大波动，第三产业比重呈现稳步增长势头。自2013年开始，广东省第三产业产值比重已连续四年超过第二产业产值（见图1-4）。

2016年，广东省第一产业增加值3694亿元，增长3.1%，增幅比2015年回落0.3个百分点，对GDP增长的贡献率为2.0%；第二产业增加值34372亿元，增长6.2%，增幅回落0.6个百分点，对GDP增长的贡献率为36.0%，比2015年回落5.2个百分点；第三产业增加值41446亿元，增长9.1%，增幅回落0.6个百分点，拉动GDP增长4.6个百分点，对GDP增长

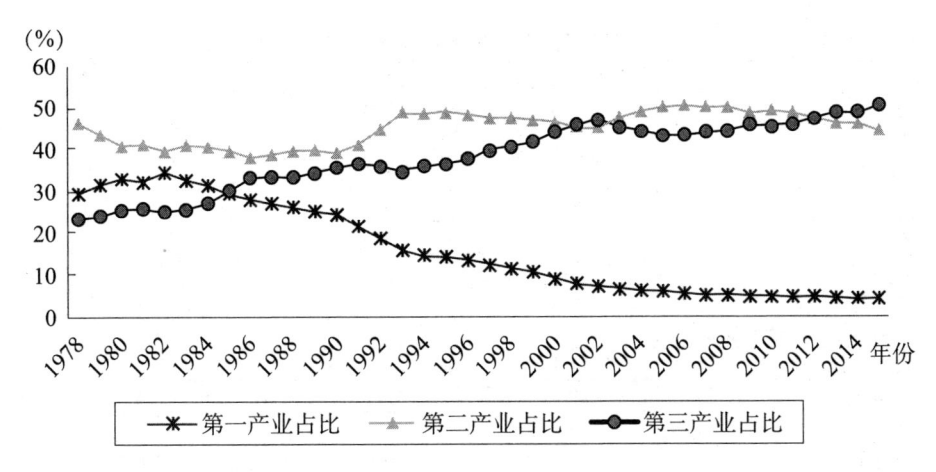

**图1-4 广东省三次产业产值比重变化**

资料来源:《广东省统计年鉴》。

的贡献率为62.0%,比2015年提高4.9个百分点,服务业对经济增长贡献率呈上升态势。三次产业结构为4.7∶43.2∶52.1。与2015年相比,第三产业占比提高1.5个百分点,现代服务业占GDP的比重进一步提升。

工业向中高端迈进势头加快,创新转型成效明显。先进制造业和高技术制造业增速分别为9.5%和11.7%,高于规模以上工业增速2.8个和5.0个百分点;占规模以上工业比重分别为49.3%和27.6%,同比提升0.8个和0.6个百分点。其中,珠江三角洲(以下简称珠三角)作为国家自主创新示范区起到龙头带动作用,先进制造业和高技术制造业增加值占珠三角规模以上工业比重达到54.9%和32.5%,同比提升1.0个和0.7个百分点。珠江西岸"六市一区"先进装备制造业增加值增长13.3%。

近年来广东省新兴产业表现活跃,新产品新业态发展势头良好,经济增长新动能持续增强,技术含量更高,创新更为活跃的新产品产量增长加快。2016年,广东省高新技术产品产值增长12%,新能源汽车产量同比增长76.3%,工业机器人产量增长45.2%;光纤产量增长34.3%,智能电视产量增长16.3%。随着移动互联网、云计算和大数据等新技术的广泛深度应用,软件和信息技术服务业快速发展,互联网和相关服务业、商务服务业,以及软件和信息技术服务业实现营业收入同比分别增长55.3%、18.3%和19.9%。2016年广东省主要行业增长情况如表1-2所示。

表1-2　　　　　　　　2016年广东省主要行业增长情况

|  | 全年增长（%） | 上半年增长（%） | 全年比上半年增减（百分点） |
| --- | --- | --- | --- |
| 地区生产总值 | 7.5 | 7.4 | 0.1 |
| 第一产业 | 3.1 | 3.0 | 0.1 |
| 第二产业 | 6.2 | 6.3 | -0.1 |
| 第三产业 | 9.1 | 8.7 | 0.4 |
| #工业 | 6.4 | 6.4 | 0 |
| 建筑业 | 3.9 | 5.8 | -1.9 |
| 批发和零售业 | 6.4 | 6.4 | 0 |
| 交通运输、仓储和邮政业 | 10.7 | 7.6 | 3.1 |
| 住宿和餐饮业 | 3.1 | 3.1 | 0 |
| 金融业 | 11.5 | 11.1 | 0.4 |
| 房地产业 | 6.9 | 7.9 | -1.0 |
| 其他服务业 | 10.8 | 10.0 | 0.8 |

数据来源：广东省统计信息网。

珠三角九市是广东经济增长的核心区域，2015年数据显示，在这片约占全省30%的土地上，集中了全省约65%的人口，创造了全省约85%的GDP，服务业在大部分城市的经济体系均具有较大的比例。其中，广州、深圳、东莞的服务业产值均已超过当地GDP的1/2，珠海、江门、中山等地的服务业与第二产业的产值大致相当。香港、澳门服务业在经济体系中的比重均已超过90%（见图1-5）。

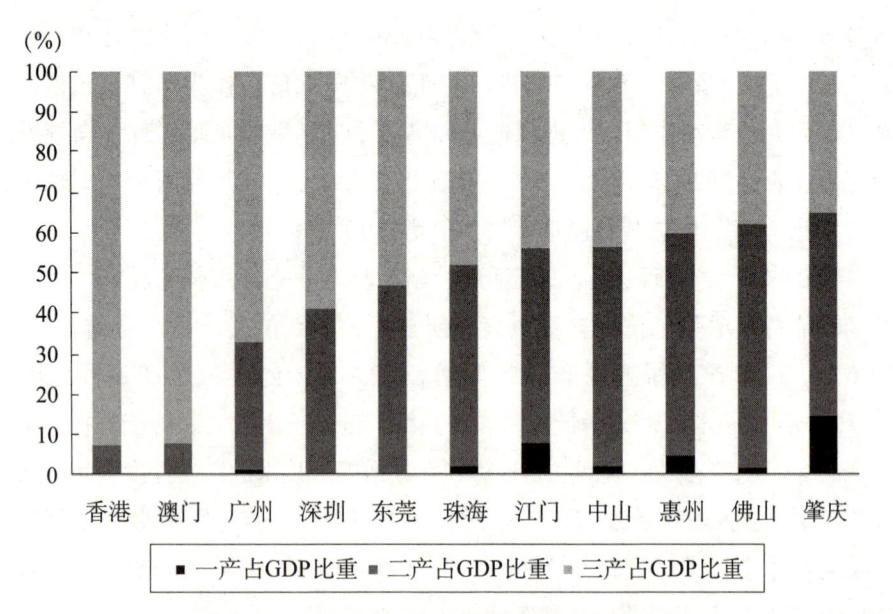

图1-5　2015年大珠三角各城市三次产业结构

与国内其他经济发达省份相比，2016年广东省第二产业增速略高于全国，比浙江省高0.4个百分点，比山东省和江苏省分别低0.3和0.9个百分点（见图1-6）。

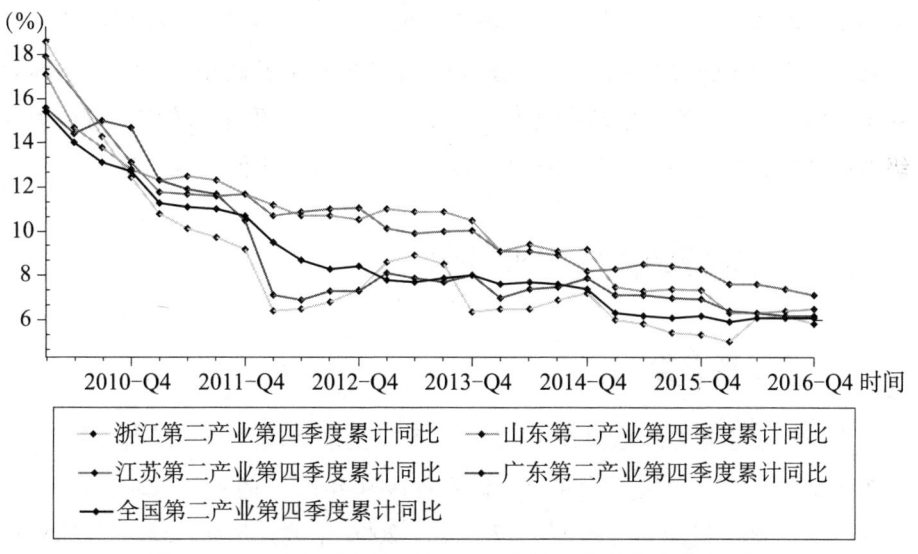

**图1-6　2010年以来粤、苏、鲁、浙第二产业增速变动趋势**

数据来源：Wind 资讯。

改革开放后，广东省制造业发展与香港建立了密切的关系，"前店后厂"合作模式不仅促使广东省，尤其是珠三角，在短短30年间发展为世界工厂，更为香港的服务业发展及产业结构升级提供了契机。因此，广东省的制造业发展和产业升级与香港有着内在联系，香港的制造业厂商在广东省发展的情况值得专门关注。

2005年3月，广东省政府出台《关于广东省山区及东西两翼与珠江三角洲联手推进产业转移的意见（试行）》，由于土地资源、环境资源及其他资源的限制，这一被称为"腾笼换鸟"的产业策略，其内容包括产业结构调整和产业升级，迁出或淘汰区域内的低端产业，并引进发展高端产业转移战略，从而完成区域内的产业置换、产业结构调整和产业升级。在此背景下，2008年香港中华厂商联合会曾对其会员在珠三角经营环境进行问卷调查分析[1]，

---

[1] 厂商会会员在珠三角经营环境问卷调查分析报告，香港中华厂商联合会，2008.4（立法会 CB（1）1583/07-08（07）号文件）。

结果显示，与其2000年进行的另一次"会员在内地投资情况调查"结果比较，2000年调查中有八成以上的响应公司认为国内投资环境"尚可"乃至"满意"，而且将近1/2的企业将在未来两年扩大业务规模；2008年的调查结果显示，港商在珠三角面临着来自经济层面、政策层面以及国际层面的多种因素相互作用所引发的挑战，尤其是来自生产成本上升的压力，近六成港商对未来两年前景的态度已转向悲观甚至非常悲观，在撤退、转移、转型和升级的抉择中，较多的港资企业（六成以上）倾向于后两种策略方向。

## 二、日益成熟的服务业体系

### （一）发展态势

广东省服务业生产总值在1978~2015年呈现持续上升的趋势。1978年广东省服务业生产总值仅为43.92亿元；1984年破百亿元，达到125.93亿元，1993年破千亿元，达到1205.7亿元，2006年破万亿元，达到11585.82亿元，2015年广东省服务业生产总值为36853.47亿元。1983~2015年广东省服务业年均增长率达20.1%。服务业持续多年的高速增长，使广东省服务业产值比重在国内各省区中率先超越第二产业的产值比重。2015年，广东省服务业实现增加值3.7万亿元，占GDP比重达50.8%，首次超过50%。此外，投资结构不断优化，服务业投资增长10.5%。

与江苏、山东与浙江三省相比，广东省服务业在产业体系中比重最大，率先实现向服务业经济转型。对比2016年四省的服务业产值对经济增长的贡献率，可见这四个经济较发达的省区第三产业在经济体系中占比都比较大，第三产业产值占比均超过第二产业，且第三产业对经济增长贡献率都远超其在GDP中占比。但值得一提的是，浙江省服务业近两年发展迅速，服务业产值占比已接近广东省水平，2016年服务业对浙江省经济增长的贡献率达到63.7%，居四省首位（见表1-3）。

就服务业发展增速方面，2010年以来广东省服务业增速与江苏、山东与浙江三省相比，基本处于落后位置（见图1-7）。2016年，浙、鲁、苏、粤四省分别增长9.4、9.3、9.2、9.1，超出全国1.3个百分点以上。

表1-3　　2016年省际三次产业结构、增长率及增长贡献率比较　　单位:%

| 指标 | 广东省 占比 | 广东省 增长 | 广东省 贡献率 | 浙江省 占比 | 浙江省 增长 | 浙江省 贡献率 | 山东省 占比 | 山东省 增长 | 山东省 贡献率 | 江苏省 占比 | 江苏省 增长 | 江苏省 贡献率 | 全国 占比 | 全国 增长 | 全国 贡献率 |
|---|---|---|---|---|---|---|---|---|---|---|---|---|---|---|---|
| GDP | 100 | 7.5 | 100 | 100 | 7.5 | 100 | 100 | 7.6 | 100 | 100 | 7.8 | 100 | 100 | 6.7 | 100 |
| 第一产业 | 4.6 | 3.1 | 2.0 | 4.2 | 2.7 | 1.6 | 7.4 | 3.9 | 3.9 | 5.4 | 0.7 | 0.5 | 8.6 | 3.3 | 4.3 |
| 第二产业 | 43.2 | 6.2 | 36.0 | 44.1 | 5.8 | 34.7 | 45.4 | 6.5 | 39.2 | 44.5 | 7.1 | 40.9 | 39.8 | 6.1 | 36.3 |
| 第三产业 | 52.1 | 9.1 | 62.0 | 51.6 | 9.4 | 63.7 | 47.3 | 9.3 | 56.9 | 50.1 | 9.2 | 58.6 | 51.6 | 7.8 | 59.3 |

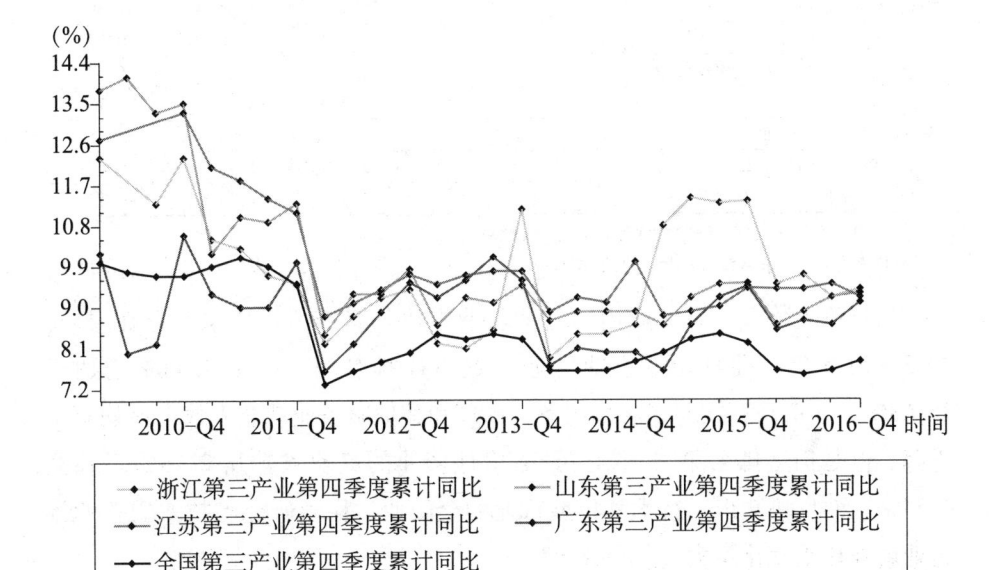

资料来源：根据Wind资讯及各省统计信息网数据计算整理。

图1-7　2010年以来粤、苏、鲁、浙及全国第三产业增速变动趋势

数据来源：Wind资讯。

## （二）产业内部结构

广东省服务业存在内部结构不均衡的特点。产值比重最大的前三个行业依次是批发和零售业、金融业和房地产业，产值比重最小的行业包括文化、体育和娱乐业，以及水利、环境和公共设施管理业。各行业的增长速度也存在较大差异，近10年来，增速最快的两个服务业行业部门包括金融业以及科技服务和地质勘查业（见表1-4）。

表 1-4　　　　　2015 年广东服务业内部结构及增长率

|  | 产值（亿元） | 比重（%） | 2015 年比 2005 年增长（%） |
| --- | --- | --- | --- |
| 总计 | 28356.92 | 100 |  |
| 金融业 | 5757.08 | 15.69 | 560.25 |
| 科学研究、技术服务和地质勘查业 | 1114.84 | 3.04 | 312.32 |
| 卫生、社会保障和社会福利业 | 1416.72 | 3.86 | 275.03 |
| 公共管理和社会组织 | 2365.59 | 6.45 | 189.33 |
| 居民服务和其他服务业 | 1138.32 | 3.10 | 155.04 |
| 批发和零售业 | 7625.98 | 20.79 | 165.17 |
| 住宿和餐饮业 | 1447.48 | 3.95 | 114.76 |
| 租赁和商务服务业 | 2573.11 | 7.01 | 157.30 |
| 教育 | 2113.74 | 5.76 | 210.03 |
| 信息传输、计算机服务和软件业 | 2282.53 | 6.22 | 156.45 |
| 房地产业 | 5117.95 | 13.95 | 171.71 |
| 文化、体育和娱乐业 | 349.33 | 0.95 | 82.45 |
| 交通运输、仓储和邮政业 | 2928.90 | 7.98 | 128.45 |
| 水利、环境和公共设施管理业 | 453.53 | 1.24 | 189.73 |

注：2015 年相对 2005 年增长率使用不变价计算得出。
资料来源：《广东省统计年鉴》及数据计算。

从就业人数看，服务业内部行业就业占比与其产值占比情况存在差异：2003~2015 年，批发和零售业就业人数占比排名第一，由 8.84% 增加至 35.68%，住宿和餐饮业，居民服务、修理和其他服务业就业人数占比均有所下降，但是仍然排名第二、第三位。房地产业的就业人数从 2.18% 增长至 4.55%。而反映知识、技术密集型行业的金融业、科学研究和技术服务业等行业就业比重变化不大（见图 1-8）。

就服务业类别来看，生产性服务业增长速度最快。"十二五"期间，广东省生产性服务业整体呈现稳步攀升的态势，成为广东省经济增长的重要推动力。全省生产性服务业增加值从 2010 年的 1.12 万亿元增加到 2015 年 1.96 万亿元，五年年均增长 10%，占服务业的比重达到 53.1%，占 GDP 的比重达 26.9%，较 2010 年提高 2.6 个百分点。截至 2015 年底，广东省生产性服务业企业达 45.5 万家，比 2010 年增加 20.8 万家，占同期新登记市场各类主体的近七成，生产性服务业骨干企业占服务业骨干企业的八成，其中，60 多家进入全国服务业企业 500 强。2015 年广东省生产性服务业就业人数达到 1432.6 万人，占服务业就业人数的 62.2%，占全省就业人数的 22.3%，为全省就业保持稳定增长发挥了重要作用。

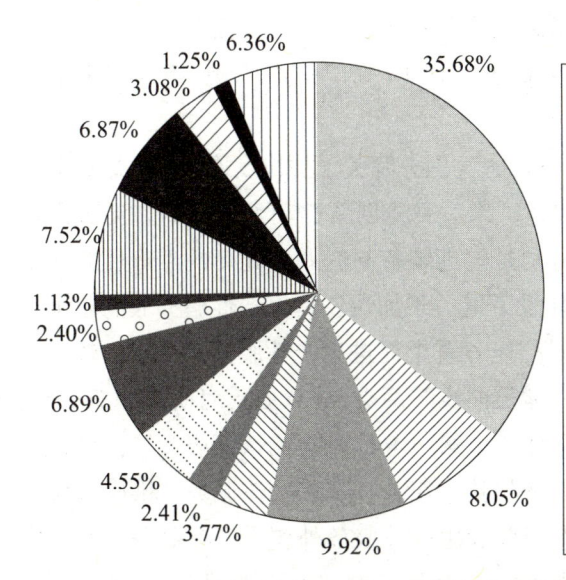

图 1-8  2015 年服务业内部就业人数分布

信息技术服务和电子商务等新兴服务业发展迅猛，2015 年广东省电子商务交易总额达到 3.36 万亿元，增长 28.1%。工业设计、供应链管理、现代物流、节能环保服务、质量品牌建设、服务外包和金融服务等新业态快速成长，成为生产性服务业重要的新增长点。2017 年的广东省政府工作报告也指出，2016 年全省第三产业内部结构明显改善，整体水平明显提升。现代服务业增加值增长 10.4%，占服务业比重为 61.7%，占比同比提高 1.3 个百分点。以新经济为代表的营利性服务业发展不断加快。营利性服务业在互联网经济、新商业模式的拉动下较快发展，增长 16.8%，对经济增长的贡献率为 19.4%，拉动经济增长 1.5 个百分点。其中，部分规模以上服务业中的高技术服务业营业收入增长 16.1%，生产性服务业营业收入增长 13.7%。科技服务、工业设计、供应链管理服务和信息服务等生产性服务业高速增长，现代服务业增加值占服务业比重提高到 61.7%。

新型业态新兴行业增长迅猛。以互联网和相关服务业为主体的新兴服务业发展迅猛，成为广东省生产性服务业发展的新增长点。全省拥有互联网企业 3000 多家，占全国 1/2 以上；快递企业 1800 多家，接近全国的 1/3；全省经认定的软件企业居全国第一；专业工业设计机构 1000 多家，数量居全国首位。随着制造业配套要素延伸，制造业服务化提速，催生出跨境电子商务、城市配送物流、互联网金融、航运金融和数字会展等一批新业态。跨境电商呈现迅猛增长态势，全国跨境电商企业约70%在广东省，2015年电子商务交易额达3.36万亿元①。

为贯彻落实国务院2014年下发的《国务院关于加快发展生产性服务业促进产业结构调整升级的指导意见》，深入实施创新驱动发展战略，促进产业转型升级，推动与先进制造业特别是先进装备制造业相配套的生产性服务业加快发展，2015年9月广东省印发了《关于加快发展生产性服务业的若干意见》（以下简称《意见》）。这是广东省首个促进生产性服务业发展的政策文件。为做强先进制造业产业链"微笑曲线"两端，《意见》对研发创新平台、科技成果产业化、工业设计服务水平、第三方检验检测认证服务、投融资服务、新一代信息技术服务、节能环保技术服务、现代物流服务、供应链管理服务、电子商务应用、品牌培育服务和生产性服务外包十二项服务行业及内容提出了具体的发展目标与发展建议。为推动制造业企业服务化，《意见》提出了鼓励制造企业发展集成服务、支持制造企业强化外部服务环节以及鼓励制造企业发展专业化生产性服务三项主要措施建议。为加快建设面向先进制造业的公共服务平台，《意见》提出支持建设先进制造业基地配套生产性服务中心、鼓励建设"互联网"公共信息平台、支持建设电子商务和物流信息服务平台及搭建对外开放合作支撑服务平台。此外，为打造生产性服务业集群化集聚化发展载体，《意见》提出支持先进制造业总部基地建设、在中国（广东）自由贸易试验区打造生产性服务业发展高地以及建设和提升生产性服务业集聚区三项任务。

2016年7月，广东省发改委发布的《广东省生产性服务高增长趋势研究》中，预计广东省生产性服务业在"十三五"期间将有9.5%以上的年均增速。到2020年，生产性服务业增加值将接近3万亿元，占服务业比重达65%以上，占GDP比重达30%以上。为实现此目标，《研究》指出，以互联网和相关服务业为主体的新兴服务业发展迅猛，成为广东省生产性服务业发展的新增长点；同时，广东省需要依托中心城市、自贸试验区、先进制造业基地等，建设一批生产性服务业功能区和服务区，形成产业发展的重大载体。

---

① 广东首个促进生产性服务业发展政策文件出台，粤生产性服务业增加值力争2020年接近3万亿元，南方日报，2016-02-23。

同时实施"互联网+"工程,建设面向生产服务的各类互联网信息平台,培育平台型服务企业,为企业提供研发设计、生产制造、经营管理和市场营销等服务,如可采取政府补贴、平台让利的做法,带动中小微企业"上网触电"。

## 三、非均衡的空间发展格局

### (一) 经济实力的空间格局

受区位、资源禀赋、人文历史和政策制度等多方面因素的影响,广东省区域发展呈现出较为明显的空间不均衡特征[1]。2015年,珠三角九市[2]约占广东省30%的土地,集聚了50%以上的常住人口,产生了全省近80%的GDP和85%的地方财政收入。全省21个地级市有12个地级市的人均GDP低于全国平均水平,其中,除肇庆市位于珠三角,其余11个市均位于粤东西北地区。2000年~2015年,广东省四大区域的GDP相对差距有所缩小,但粤东西北在全省经济总量的占比并未出现明显变化。2000年珠三角GDP与粤东西北相差5647亿元,2010年扩大到28193亿元,2015年两者之间的绝对差距拉大到45851亿元,差距相当于粤东西北地区经济总量的近3倍[3]。

就人均GDP而言,近年来四大区域人均GDP相对差距有所缩小,2005年珠三角、粤东、粤西、粤北各区域人均GDP之比为4.56:1.1:1.31:1,2015年这一比例是3.62:1.06:1.30:1。但是,相对差距缩小的同时,四大区域人均GDP的绝对差距不断扩大,珠三角人均GDP远高于粤东西北地区。2015年,珠三角人均GDP为107010元,是粤东西北地区的3.2倍,比粤东西北地区高73963元(见表1-5和图1-9)。

表1-5　　　　2000~2015年珠三角与粤东西北人均GDP　　　　单位:元

| 指标 | 2000年 | 2005年 | 2010年 | 2015年 |
|---|---|---|---|---|
| 珠三角人均GDP | 20280 | 40446 | 69002 | 107010 |
| 粤东西北人均GDP | 6578 | 10028 | 23612 | 33047 |
| 差距 | 13702 | 30308 | 48816 | 73963 |

资料来源:广东省统计局。

---

[1] 广东四个区域分别指珠三角、粤东、粤西、粤北。
[2] 珠三角九市包括广州、深圳、珠海、佛山、东莞、惠州、中山、江门、肇庆。
[3] 广东统计局,广东统计报告(第64期),2016年8月18日。

将广东省21个地级市的GDP分为不同层级，2001年的数据显示，GDP位于广东省前三位的城市分别是广州、深圳和佛山，这三个城市的GDP均高于1000亿元。至2015年，GDP位于广东省前三位的城市依然是广州、深圳和佛山，三个城市的GDP均高于8000亿元，珠三角核心区的经济总量在省内经济引领地位日趋显著。2015年，广州、深圳、佛山、东莞、中山和惠州6个城市GDP高于3000亿元，由广州、深圳、佛山、东莞、惠州、中山6个城市组成的珠三角核心区的经济总量显著领先于省内其他地区。从人均GDP的等级空间分布看，2001年位于珠三角内核的广州、深圳、珠海、佛山、中山、东莞等6个城市的人均GDP均高于2000元，明显领先于珠三角的外核地区，乃至珠三角以外的其他城市。至2015年，虽然珠三角核心区城市的人均GDP的领先地位不仅依然显著，核心区内层次也开始显现，广州、深圳、佛山和珠海的人均GDP领先优势更为明显，迈入人均10万元俱乐部。

就增长速度看，2016年数据显示广东省区域经济（GDP）增长整体趋稳，珠三角地区经济增长较平稳，但粤东西北地区增长相对缓慢。经济新常态背景下，珠三角地区率先转型升级，新旧动能转换效果明显，全年GDP增长率为8.3%。粤东西北地区经济发展活力仍相对不足，经济面临更大的下行压力，全年GDP增长率为7.4%，比珠三角低0.9个百分点，粤东地区GDP增长率为7.4%，粤西地区GDP增长率为7.3%，粤北山区GDP增长率为7.5%。具体见图1-9和图1-10。

### （二）服务业的空间格局

与经济格局的非均衡相对应，广东省内各地的服务业发展水平也存在着较为明显的空间非均衡性。珠三角核心区的服务业产业较高，服务业集聚发展的态势较为明显。广州市与深圳市两市作为珠三角乃至广东省的服务中心地位保持不变，首位度不断提升。2001年，广州市与深圳市的服务业增加值分别为1463亿元和881亿元，列居广东省首位，列居第三位的佛山市服务业增加值为434亿元，与前两位城市差距明显。2015年，广州市与深圳市的服务业增加值分别增长为12147亿元和10288亿元，列于第三位的佛山市服务业增加值亦增长至3028亿元，与前两位城市的差距继续拉大。

就服务业占城市经济体系中的地位而言，服务业占广东省各地市中的地位

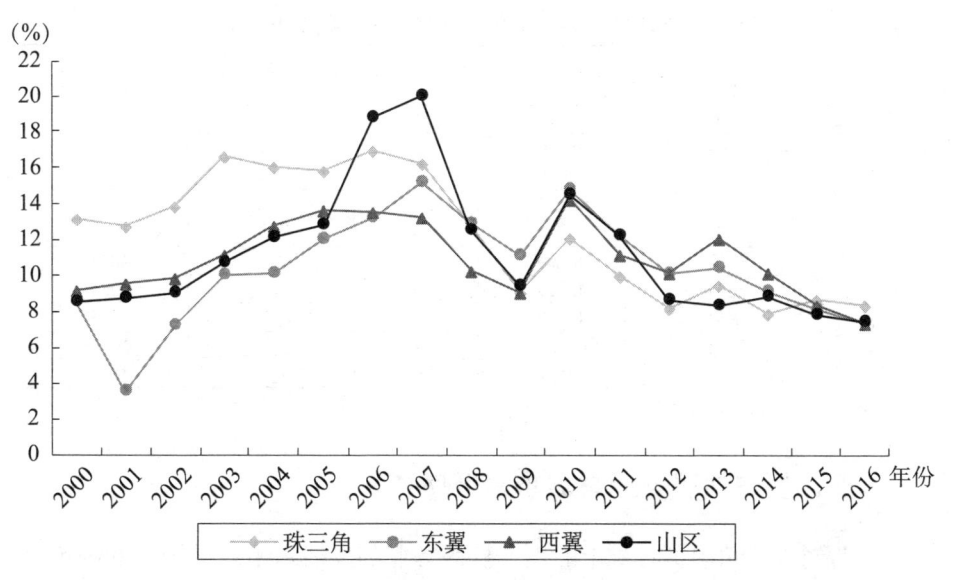

图 1-9　广东省四大区域 GDP 增长速度

数据来源：广东省统计局。

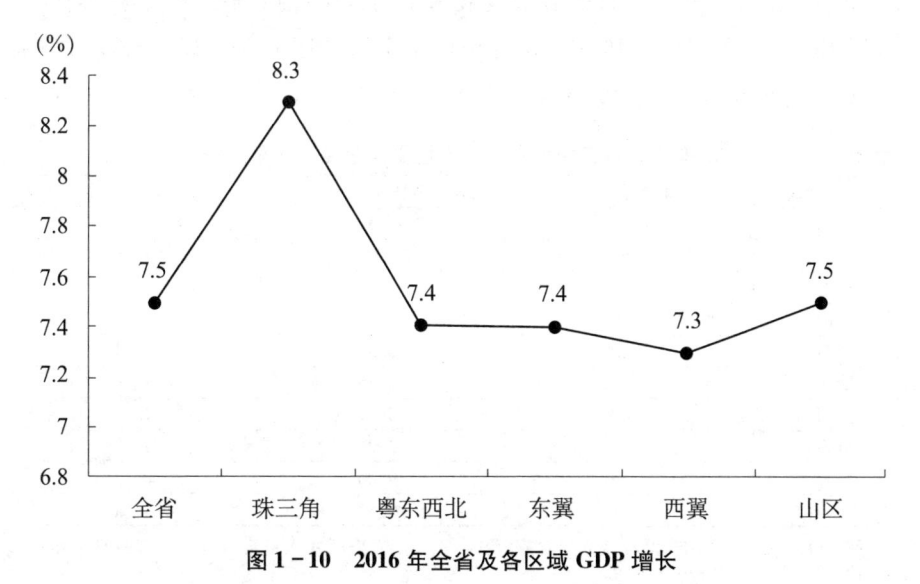

图 1-10　2016 年全省及各区域 GDP 增长

数据来源：广东省统计局。

均呈上升趋势（见表 1-6）。2001 年，服务业产值比重占 GDP 一半以上的，广东省内仅有广州市；2015 年，广州、深圳、东莞三市服务业产值比重均占当地 GDP 一半以上，韶关与珠海两市的服务业产值比重亦接近当地 GDP 的一半。

表1-6　2001年和2015年广东省服务业增加值比重前10位城市

| 2015年 | | | 2001年 | | |
|---|---|---|---|---|---|
| 位序 | 城市 | 比重（%） | 位序 | 城市 | 比重（%） |
| 1 | 广州 | 67.11 | 1 | 广州 | 54.49 |
| 2 | 深圳 | 58.78 | 2 | 深圳 | 45.07 |
| 3 | 东莞 | 53.10 | 3 | 汕头 | 43.48 |
| 4 | 韶关 | 49.33 | 4 | 江门 | 41.21 |
| 5 | 珠海 | 48.04 | 5 | 佛山 | 40.58 |
| 6 | 清远 | 46.99 | 6 | 珠海 | 40.54 |
| 7 | 江门 | 43.79 | 7 | 东莞 | 40.09 |
| 8 | 梅州 | 43.70 | 8 | 湛江 | 36.51 |
| 9 | 中山 | 43.55 | 9 | 汕尾 | 36.33 |
| 10 | 汕头 | 43.34 | 10 | 潮州 | 36.18 |

资料来源：根据《广东省统计年鉴》数据计算。

## （三）生产性服务业与城市等级序列

为探讨珠三角内部各城市的生产性服务业的发展水平与其城市的等级序列之间是否存在对应关系的问题，在以往研究中曾运用2000年的第五次经济普查数据，对珠三角生产性服务业发展水平与九个城市的等级序列的对应关系开展研究[1]。其时，虽然珠三角九个城市生产性服务业规模仍较小，发展的绝对水平并不高，但其发展的相对水平高于全省的平均值（见表1-7）。

表1-7　2000年珠江三角洲各市生产性服务业发展水平比较

| | 就业比重（%） | 产值比重（%） | 区位商 |
|---|---|---|---|
| 广州 | 4.29 | 11.33 | 3.63 |
| 深圳 | 3.62 | 18.95 | 3.06 |
| 珠海 | 3.90 | 8.14 | 3.30 |
| 佛山 | 2.39 | 8.36 | 2.02 |
| 中山 | 1.43 | 6.35 | 1.21 |
| 肇庆 | 1.42 | 6.75 | 1.20 |
| 江门 | 1.40 | 5.91 | 1.18 |
| 惠州 | 1.38 | 2.21 | 1.17 |
| 东莞 | 0.73 | 9.05 | 0 |
| 广东省 | 1.78 | 9.51 | 1.51 |

资料来源：根据《中国2000年人口普查资料》《广东省2000年人口普查资料》以及珠三角各市2001年统计年鉴相关数据计算所得。

从就业规模看，广州、深圳两市生产性服务业的从业人数之和占了珠三

---

[1] ZHONG Yun, YAN Xiao-pei. Relationship Between Producer Services Developing Level and Urban Hierarchy——A Case Study of the Zhujiang River Delta. Chinese Geographical Science. 2008 V18 (1): 1-8.

角生产性服务业总就业人数的65.26%。从区位商看广州的生产性服务业区位商最高，为3.62。从产值规模看，珠三角九市中，广州市的生产性服务业规模最大；深圳市的生产性服务业经济效益相对最明显、在当地国民经济发展中的地位最重；广州、深圳两市的生产性服务业发展在九市中相对最为成熟。根据就业、产值、向区域外输出服务的能力三项指标的比较可见，就各市生产性服务业的总体发展水平以及新兴产业发展潜力的比较而言，广州市是珠三角地区生产性服务业整体发展水平最高、产业发展潜力最强的城市。其新兴行业发展的速度明显快于周边的大部分城市，此态势只有深圳市可与之比较。以各市2000年生产性服务业的从业人数和区位商为指标，采用快速聚类方法，将珠三角九市按目前生产性服务业的发展水平分为三类。SPSS软件的聚类分析结果与通过统计数据的分析结论完全一致：第一类包括广州和深圳两市；第二类是佛山市；第三类包括其余的六市。

以人口规模及城市的经济发展水平为城市等级的主要衡量标准，选取珠江三角洲经济区九市2002年的国内生产总值、人均国内生产总值、工业总产值、年末总人口、年末从业人数、社会消费品零售总额、全社会固定资产投资额以及2001年的货运周转量八个指标，对指标先进行主成分分析，再利用观测量估计因子得分变量进行聚类分析，将珠三角九市分为三类。使用主成分分析方法提取公因子，进一步对观测量估计因子得分变量进行聚类分析。采用快速聚类方法，按城市等级差异，将珠三角九市分为三类。聚类分析的结果是：广州、深圳两市归为一类；位于珠三角核心区内的珠海、佛山、东莞和中山四市归为一类；属珠三角外围区的惠州、肇庆和江门三市归为一类。

根据城市等级水平和城市生产性服务业发展水平的聚类结果，两种分类标准的聚类结果具有较大的相似性：无论按城市规模或经济发展水平划分，或是按生产性服务业发展水平划分，广州和深圳两市都可以划归为一类；前已述及，以广东省为佛山市所做的"第三大城市"的定位，佛山的城市等级可以认为是同类城市中与其他三个城市存在一定差异的个体，按生产性服务水平而言，无论定性分析或是定量分析，都显示佛山可以单独归为一类。

由此可见，根据城市等级序列与城市生产性服务业发展水平所做的聚类分析结果，在一定程度上证明了城市等级序列与生产性服务业发展水平之间存在的关系。由于此处的城市等级划分是以经济发展水平作为主要指标，换而言之，珠三角各市的生产性服务业发展水平与其所在城市的经济发展水平也存在相关关系（见表1-8）。

表1-8　　　　　　　　　　两种标准的城市聚类结果

|  | 按城市规模及经济发展水平划分城市等级 | 按生产性服务业发展水平划分城市类别 |
| --- | --- | --- |
| 第一类 | 广州、深圳 | 广州、深圳 |
| 第二类 | 佛山、珠海、中山、东莞 | 佛山 |
| 第三类 | 惠州、肇庆、江门 | 珠海、中山、东莞、惠州、肇庆、江门 |

# 第二章

# 香港：成熟而亟待升级的服务经济

## 一、成熟的服务经济社会

### （一）服务经济特色

2014年，香港服务业产值占本地生产总值比重达92.7%，服务经济特征显著。1997年香港回归后，服务业在香港经济中的地位日趋上升，1980~1996年间，服务业占本地生产总值的比重最大为1990年的86%，其余年份服务业产值比重多在75%~85%的区间波动；1997年以后，服务业产值比重呈波动上升趋势，2011年服务业产值占比一度高达93.1%。可见，回归后香港服务经济特色进一步加强。

针对粤港合作的研究背景，将香港服务业发展特点概括为以下四个方面。

第一，香港服务业的起源及发展，与内地的改革开放有着密不可分的关系。20世纪70年代后期，在中国改革开放的背景下，香港制造业纷纷北移至广东，其服务业开始迅猛发展；至20世纪90年代中期，香港经济服务化的转型已基本完成。1997年香港回归以来，逐步形成金融服务、旅游、贸易及物流和专业及工商业支援服务四大产业支柱，作为中国与国际联系的桥梁，香港不仅发展成为中国内地，尤其是广东省的贸易转口港和服务中心，亦发展成为亚太区主要的国际金融中心、国际航运中心和国际贸易中心、亚太区重要的旅游中心。香港四大行支柱行业发展的动力也主要源于香港是中国内地与国际联系的桥梁：香港金融业发展的动力源于香港是中国的国际金融中心，香港贸易及物流发展的动力源于香港是中国的国际贸易及航运中心，而香港专业及工商服务业的发展源于香港是中国的国际营运中心。

第二，生产性服务业在服务业中占重要地位，生产性服务业的专业化程度和国际化程度都具有较高水平。香港出口的服务中生产性服务占了相当重要的部分。有学者曾测算，早在1993年生产性服务业已占香港所有服务行业生产总值的54.8%，占香港生产总值的42.8%，这一数值甚至比同期美国生产性服务业在当地生产总值中的比重还高出21个百分点[①]；香港特区政府统计处资料也显示，香港的服务输出主要集中在生产性服务业部门。由此可见，生产性服务业在香港经济中具有显著作用。

香港特区政府一直以国际市场作为其高等级生产性服务业的主要目标市场，香港服务业的国际化程度较高，目前香港的服务出口额约居全球第十。金融、物流、专业服务等与广东经济发展关系最为紧密的服务行业，均已发展至国际级水平。例如金融业，2008年的一期美国《时代》周刊，以封面专题的形式聚焦纽约、伦敦和香港在全球金融体系中的独特地位，并认为这三座城市所公开的金融网主导了世界聚焦而创造了一个新名词"纽伦港"（Nylonkong），香港的金融业在全球地位由此可见一般。又如管理顾问服务，香港集聚了大量的管理顾问服务机构，据香港特区政府统计处统计，截至2009年12月，香港共有商业管理及服务机构4480家，从业人数近2.4万人。管理顾问服务属于专业服务业，香港的咨询顾问行业具有较高的专业化水平，某些咨询领域在世界上处于领先地位。多家世界领先的咨询公司在香港地区都设有总部，并为中国乃至亚洲地区提供服务。香港特区政府统计处《香港服务贸易统计报告》显示，2008年，香港商业及管理顾问及公共关系服务输出的总值为2809亿美元，其中，输出到中国内地的占9.8%，即2.76亿美元（见表2-1）。又如市场推广服务业，大部分跨国市场推广服务公司均在香港设有地区总部，市场推广服务人才云集。其服务输出发展态势良好，据《2009年香港服务贸易统计报告》，2007年香港的广告、市场研究及公众意见调查服务输出额达47.70亿港元，2009年该输出额上升至49.02亿港元，占香港服务输出总额的8%。另据香港特区政府统计处《就业及空缺按季统计报告》，2009年3月，香港广告及市场研究机构有3090家，从业人数为

---

① 李红梅著. 服务业——香港经济的主导产业. 北京：首都师范大学出版社，2001.

14318人，2011年3月，广告及市场研究机构数增加至3380家，从业人数为13561人。此外，2016年全球集装箱港口吞吐量排名中，香港名列第五。

表2-1　　香港商业及管理顾问以及公共关系服务输出情况

|  | 2007年 | 2008年 | 2009年 |
| --- | --- | --- | --- |
| 商业及管理顾问以及公共关系服务（百万港元） | 20,159 | 21,914 | 22,621 |
| 按年增长（%） | 18.6 | 8.7 | 3.2 |
| 占香港服务输出总值的比重（%） | 37.1 | 36.0 | 37.1 |

资料来源：香港特区政府统计处，《2009年香港服务贸易统计报告》。

第三，生产性服务业以中小企业为主体。香港作为世界上生产性服务业发展最为成熟的地区之一，其服务机构的规模体系已经较为成熟和完善。从香港的生产性服务机构规模分布可见（见表2-2），1992年以来，香港的生产性服务业一直以小型机构为主体。1992年、1997年和2002年的统计显示，超过86%的香港生产性服务机构的从业人数在10人以下，超过93%的生产性服务机构的从业人数不足20人，500人以上的生产性服务机构所占的比例不足0.2%。

表2-2　　香港生产性服务业（金融、保险、地产及商业）机构规模分布　　单位:%

| 规模等级 | 1~9人 | 10~19人 | 20~49人 | 50~99人 | 100~199人 | 200~499人 | ≥500人 |
| --- | --- | --- | --- | --- | --- | --- | --- |
| 1992年 | 86.52 | 6.95 | 4.33 | 1.17 | 0.56 | 0.34 | 0.13 |
| 1997年 | 86.44 | 6.99 | 4.42 | 1.20 | 0.45 | 0.32 | 0.17 |
| 2002年 | 88.35 | 6.61 | 3.33 | 0.87 | 0.42 | 0.26 | 0.16 |
| 2015年 | 90.4 | 5.56 | 2.45 | 0.71 | 0.4 | 0.27 | 0.21 |

资料来源：《香港统计年刊》（2003，2016）。

香港的中小型服务企业比重较高，很大程度上是由于其商务服务企业的专业化程度极高。以建筑技术服务业为例，香港的建筑技术服务企业分工很细，包括测量师行、建筑设计事务所和建筑监理行等，均为由专长于某一建筑技术专业领域的专业人士经营的事务所。提供服务的过程中，针对项目的需求，由若干事务所通过业务上的联系而共同完成。这一运作模式使中小服务企业能充分显示其专业性与灵活性。但是，相对较小的企业规模，也使香港的服务企业在申请进入内地开展业务的过程中容易受到规模门槛的制约。

第四，第三次产业转型缓慢对经济增速放缓造成一定的影响。在亚洲金融危机、2001年美国"9·11"事件、2003年"非典"事件、2008年由美国次贷危机引发的全球金融海啸等一连串的外部冲击以及内部结构性因素的影响下，回归近20年来，香港GDP虽然持续增长，1997~2015年从13251.65亿（港元，下同）增长至23971.24亿，但其增速近年则呈下降趋势，2015年GDP增速仅约为2.4%。2016年香港GDP同比增长为1.9%。香港的第三次产业转型尚未完成，新的经济增长引擎亦未树立，被视为近年来香港经济增长缓慢的一个重要影响因素。

## （二）重点产业及其影响

### 1. 金融业

金融业是香港最具竞争力的产业，也是香港经济的重要支柱和经济增长点。2014年，香港金融业对本地GDP的贡献率达16.6%。香港金发局数据显示，截至2014年，香港金融服务业从业人数达23万人，对香港GDP直接贡献16%。此外，金融业间接创造了10万个职位，也间接对本地GDP贡献6%。有资料显示，目前，香港是全球第五大外汇交易中心，也是全球最活跃及流动性最高的证券市场之一。香港在伦敦金融城全球金融中心指数（GFCI）排名中长期列第三，是仅次于纽约、伦敦的全球第三大金融中心。回归后近20年间，香港银行业总资产总值近150%，保费收入增长近300%，基金管理规模增长超过20倍；全球有近200家银行机构、近千家证券及期货机构、近300家基金管理机构，以及超过150家保险公司在港开展业务[1]。

香港金融业拥有一系列保障其亚太国际金融中心的发展优势：资金流通自由、金融市场体系齐全、金融服务业高度密集、法制健全和司法独立、营商环境完善等。此外，中央政府对香港离岸人民币业务的支持，对香港国际金融中心地位的巩固和提升，亦有着重要作用。中国正积极推进人民币在跨境及境外贸易、投资和金融活动中的运用，不断提升资本项目的开放程度，让国际金融机构参与中国金融市场，香港在此过程中扮演着重要的角色。香港自2004年开始推动人民币离岸业务，2009年7月推出人民币跨境贸易结算试点业务，截至2013年11月，香港人民币资金池突破万亿元大关，成为离岸最大人民币资金池。人民币离岸业务成为香港国际金融中心的特色和核

---

[1] 香港中国金融协会著，胡章宏主编. 全球新格局与香港新动力. 信报出版社，2017：15.

心竞争力之一。此外,中央政府推动内地企业在香港上市,有效扩大了香港资本市场的实力和规模。2013 年底,中资在港上市公司的数量和市值,均已超过香港资本市场的四成,成为香港资本市场的主力,也是香港巩固和提升国际金融中心地位的重要力量[①]。

加入 WTO 后,按照"入世"协定,中国内地将全面开放本土金融市场,由此,内地金融新一轮对外开放的核心内容将在于推动资本项目开放。这决定了香港与内地金融领域的互动,将转向更深层面的业务与市场的衔接上[②]。广东企业占走向国际市场、整合大珠三角金融业分工体系从而提升广东省金融业竞争力等方面,均需要香港金融业的配合:一方面是配合广东省民营企业利用香港这一融资通道,以香港为跳板走向国际市场。广东省民营企业对广东省国民经济的贡献度接近 70%,但却长期面临资金匮乏的制约,广东省民企若能从港资银行获得资金支持,或是成功在香港上市融资,将有效解决其融资难问题。另一方面是进一步巩固香港作为联系国内外金融市场重要纽带的地位,提高广东省金融企业的竞争力。CEPA 将香港银行的准入门槛从 200 亿美元降到 60 亿美元,为香港中小型银行进入内地提供了便利。此外,CEPA 还出台了一系列细则降低香港金融机构进入内地市场的门槛和条件。香港金融机构进入广东省,将有助激活广东省金融业的竞争态势。在粤港合作新阶段中,金融业将是体现香港服务业国际地位的最主要行业,也是体现香港服务业对广东省经济引领地位的关键部分。

有研究指出,香港的第三次产业转型应是迈向全球性的国际金融中心,通过深化与内地的合作,与深圳市、广州市联手,共建以香港为龙头的大珠三角金融中心圈[③]。其理由在于:香港作为亚太地区国际性金融中心,具有资金流通自由、金融市场发达、金融服务业高度密集、法制健全和司法独立以及商业文明成熟等种种优势,最有条件发展成为全球性金融中心。其制度依据在于:2009 年初国务院颁布的《珠江三角洲地区改革发展规划纲要

---

[①] 郭万达."一国两制"缔造国家与香港双赢格局,中国网,2014-6-10. http://opinion.china.com.cn/opinion_76_100976.html.

[②] 庄芮. 新形势下香港与内地实现良性金融互动问题探析 [J]. 金融与经济,2006 (10):20-22.

[③] 冯邦彦. 香港产业结构第三次转型:构建"1+3"产业体系 [J]. 港澳研究,2015 (4):38-46+95.

(2008~2020)》就明确提出要"发展与香港国际金融中心相配套的现代服务业体系",并且授予广东"在金融改革与创新方面先行先试,建立金融改革创新综合试验区"的权限。2010年4月粤港两地政府共同签署的《粤港合作框架协议》更首次提出,要"建设以香港金融体系为龙头,广州、深圳等珠江三角洲城市金融资源和服务为支撑的具有更大空间和更强竞争力的金融合作区域"。CEPA补充协议六规定,允许香港银行在广东开设的分行,可在广东省内设立"异地支行"。目前已有多家香港银行在珠三角地区开设支行。这项规定被认为是CEPA先行先试的重大突破。因此,根据对香港、深圳、广州三地金融业发展资源禀赋的权衡,香港应重点发展成为中国企业最重要的境外上市和投融资中心,亚太区特别是大中华地区主要的资产与财富管理中心,全球首要的人民币离岸业务中心和亚洲人民币债券市场。

2. 航运物流业

香港拥有优良的天然深水港,转口贸易是香港开埠后便发展起来的支柱行业,贸易代理、运输、金融保险等与贸易相关的服务行业伴随着转口贸易的发展而发展。香港物流业发达,国际空运货物流量和港口货柜流量自20世纪90年代起一直位居全球前列。香港每周可提供350班班轮服务,连接全球超过510个目的地,其集装箱码头经过多年发展已形成了一套成熟高效的运作体系[1]。2005年,香港集装箱吞吐量达2243万TEU,在世界集装箱港口中排名第二。物流业一直在就业人数与占本地GDP上处于领先的位置。2010年,物流业为香港带来825亿港元的增加值,占GDP的4.7%;就业人数为约20万人,占总数的5.5%[2];2011年,香港完成标准货柜箱吞吐量为2440万个,但其后,香港标准货柜箱的吞吐量有所回落。

拥有优越的物流设施和物流营商环境、完善的国际物流网络以及经验丰富的专业人员,是香港物流业位居全球前列并保持国际先进水平的重要保障要素。具体而言,香港发展航运物流业的主要优势可以概括为以下三点。第一,税收优惠。作为自由港,香港拥有一系列的政策优势,其中,包括"在

---

[1] Consultancy Study on Enhancing Hong Kong's Position as an International Martime Centre. 2014, BMT Asia Pacific.

[2] 智经研究中心数据. 坐上高增值快车,香港物流业的未来. 2013 - 02 - 06. http://www.bauhinia.org/analyses_content.php?id=12.

港注册船豁免营业所得税"的优惠,这一政策对于吸引大量船东到香港注册有着重要的促进作用。资料显示,2013年,香港已成为全球第四大船舶注册地。在此基础上,相关的航运服务,如船舶经济、船舶交易和船舶融资租赁等经济活动得以衍生发展。第二,优良的金融与保险业支持。航运物流业需要强大的资本支持,从纽约、伦敦等国际航运中心的发展经验可见,国际航运中心必然有着优良的金融体系支撑。香港的金融业根基深厚,为其航运物流业发展奠定了基础。同时,香港的保险业集聚,为其航运物流业发展提供了广泛的海事保险产品及服务。2013年,香港海事及货物保险费达21亿港币[①]。第三,中国内地庞大的制造业基地及市场,为香港物流业发展提供了巨大的市场空间[②]。

近年来,内地现代化机场、港口的使用,尤其是广州市、深圳市等地港口的发展,在交通联系、船只周转时间、换柜能力等方面有所提升,且港口码头的营运处理费用相对香港更低,由此削弱了香港物流业在与珠三角同行争取内地货源的竞争力,也分流了大批中国大陆经香港中转的外贸集装箱业务。根据香港运输及房屋局公布的《香港港口发展策略2030研究》,香港港口占华南地区货源的份额,2001年接近80%,2011年竟跌至不足40%。由此亦影响了香港在全球港口的排名。在2015年的排名中,香港港吞吐量居全球第五,但集装箱吞吐量出现了连续四年的下跌。2016年,香港港以1946万标箱吞吐量位居全球集装箱港口的第五位。在最新公布的2016年世界集装箱港口前10强榜单中,上海以3653万标箱吞吐量居榜首,新加坡居第二位。与香港相邻的深圳港以2420万标箱吞吐量居第三位,广州港则以1762万标箱居第七位。可见,随着珠三角外贸集装箱吞吐能力的提高与转口贸易业务的发展,香港物流企业与珠三角大城市的物流企业对远洋航线货源的争夺将日趋激烈。

值得指出的是,香港在由外资航运商进行的国际转运业务方面,由中资航运商进行的国际转运更有竞争力,在沿海航运权规例生效的情况下,香港港口在处理中国内地相关转运货物的吸引力将持续存在。

---

① 陈文璇. 穗港深共建国际航运中心施政研究 [D]. 广州:中山大学, 2016.
② BMT Asia Pacific. 香港港口发展策略 2030 研究. 2014.

香港物流业与内地的经济联系密切。CEPA实施近10余年来，粤港两地的物流业合作在CEPA框架下获得了长足的发展，与服务业领域其他行业的合作进展相比，物流业可谓是CEPA框架下粤港服务业合作成效最为显著的行业领域，同时亦是在粤港服务业合作中发展最为迅速、两地联系最为密切的行业之一。根据香港特区立法会工商事务委员会2010年的一份CEPA评估报告显示，在CEPA框架下香港物流业投资者自内地获取的服务收益数额从2004年的111.83亿港元增加至2007年的228.14亿港元；香港运输及物流服务提供者在内地设立企业获得广东以外业务收益，亦从2007年占总收益的79.7%上升至2009年的84.7%。从投资额看，香港在内地客运及物流的投资额从2004年的72600万港元增加至2007年的145400万港元，资本投资呈稳定上升趋势，运输及物流服务是同期22个开放的服务行业中投资份额最大的领域。此外，香港物流业在内地设立企业，为两地创造了大量就业机会，数据统计显示，2004年香港物流企业在内地设立企业的从业人员数仅为2842人，2009年此数字上升至40558人[1]。

另据香港工贸署统计显示，截至2013年3月31日，全服务行业《香港服务提供者证明书》申请书总数为1792份，申请获批数达到1735份，其中，运输服务及物流服务申请书总数为615份，申请获批数达到607份，两项数据占总数比例均接近35%，位列所有服务业之首[2]。而根据香港特区政府开展的一项针对香港服务提供者对CEPA整体意见的报告亦显示，受访物流业中有70%认为CEPA对香港经济有促进作用，受访者100%认同CEPA实施对机构本身有利。由此可见，CEPA在众多的服务业中，对物流业的积极影响是最大的，行业利用CEPA而加强粤港合作亦最为积极。

3. 创新科技业

创新科技产业是2008年全球金融危机后特区政府选定重点培育发展的六个新兴行业之一。一般认为，20世纪90年代中后期，香港开始了第三次产业转型，1997年特区政府的首份施政报告中便明确提出发展高增值的知识型产业的战略思路，提出"科技兴港"，创新科技产业成为特区政府重点扶持

---

[1] 香港特区立法会工商事务委员会.《〈安排〉首三个阶段对香港经济的影响》. 2008.
[2] 数据来源：香港特区工业贸易署网站。

的行业领域。

特区政府在科技基础设施及资助计划方面,成立了多个创新科技机构与基金,用于扶持产业发展(见表2-3),不仅成立了以服务新科技应用、发展高增加值产业为目标的创新科技管理机构及委员会,还设立了由创新科技署管理的创新及科技基金,试图通过逐步完善创新及科技支援计划、一般资源计划、大学与产业合作计划、企业支援计划和投资研发先进回赠计划等一系列资助计划,鼓励企业和个人发明创造,支持员工接受新科技培训,以推动产、学、研、管之间的合作与对接,将香港发展成华南和亚太地区创新中心。

表2-3　回归以来香港科技基础设施及资助计划

| 机构/基金 | 概况 |
| --- | --- |
| 创新科技署 | 2000年7月1日成立,2006年4月成立五所研发中心,推动汽车零部件、信息及通信技术、物流及供应链管理应用技术、纳米科技及先进材料以及纺织及成衣等五个重点科技范畴的发展 |
| 创新及科技监督委员会 | 2004年1月成立,由商务及经济发展局局长出任主席,成员包括政府相关部门、学术界、产业界和科技支持机构的代表。统筹创新及科技政策的制定及推进工作 |
| 香港应用科技研究院有限公司 | 2000年1月成立,致力从事与产业有关的高质素研究发展工作,并把成果转移给产业,以便转化为商品,借此提升香港产业的科技水平和促进以科技为本产业的增长。<br>由应科院转移给业界的技术每年均有所增加,由2003/04年度的2项,增至2007/08年度的50项。在2006年4月~2008年5月,应科院已转移93项技术给业界,其中,50项技术转移于2007年7月~2008年5月进行 |
| 香港科技园公司及香港科学园 | 香港科技园公司负责运作和管理香港科学园,位于三个工业邨以及九龙塘的创新中心<br>香港科学园占地22公顷,提供合适的楼宇,供以科技为本的企业租用,以进行研究发展工作,从而创造一个有利的环境,栽培世界级的企业群体<br>主要对象是在电子、资讯科技及电信、生物科技、精密工程及新计划的可再生能源及环保技术等行业内的公司 |
| 数码港 | 在2004年启用,为无线及数码娱乐界别的公司提供硬件、软件、技术及市场拓展支持。至今已吸引超过60间信息科技及信息服务公司成为租户,包括跨国公司、海外和内地公司以及本地中小型企业 |
| 香港生产力促进局 | 通过提供横跨价值链的综合支援,协助香港工业提升生产力,从而加强国际竞争力 |
| 创新及科技基金 | 为有助于产业开发创新意念和提升科技水平的项目以及对提升和复制产业十分重要的项目提供资助。设有四项计划:"创新及科技支持计划""大学与产业合作计划""一般支持计划"及"小型企业研究资助计划"<br>截至2008年10月底为止,创新及科技基金共接获3475份申请,申请款额达166亿元。在接获的申请中,有1245份(37亿元)已获得批准。在获拨款的项目中,占最多的是与信息科技有关的项目(30%),其次为电气及电子(24%),以及制造科技(16%)。大部分项目均由本地大学发起,业界较少参与 |

续表

| 机构/基金 | 概况 |
|---|---|
| 应用研究基金 | 资助具商业复制潜力的本地科技开发项目。截至2008年10月，应用研究基金已做出24项投资，提供共3.92亿元的资助。根据2004年年底检讨所得的结论，应用研究基金已停止做出新投资，而应用研究局会监察现有的投资及退出有关项目的安排 |

资料来源：Developing New Economic Pillars, TFEC-D03，香港特别行政区经济机遇委员会。

从科技研发开支、研发人数数量、专利及研发项目数量、高科技产品进出口以及科技基础设施投入和建设等科技投入与产出方面看，回归以来香港创新科技产业有了较大的发展。在研发投入经费方面，香港研发投入由1998年的5602.5百万美元增加至2013年的15613.3百万美元，增加约3倍。截至2016年3月31日，创新及科技基金核准项目5088个，核准资助金额超过11067百万元（见表2-4）。自成立以来，香港的研发开支总体上呈上升趋势（见图2-1）。在研发人员投入方面（见图2-2），香港研发人员数目由1998年的9022人增加至2014年的27348人，增加了3.3倍，每千名劳动人口中的研究员数目从1998年的2.75增加到2014年的7.06，增加了2.57倍。同时，特区政府在教育方面的经常开支从1998年起11年间增加了1.67倍。在产出方面，香港统计年刊数据显示，1998年在港专利申请数目为19252个，1999年降低到6215个之后呈现波动性上升趋势，到2014年，专利申请数目达到13129个，是1999年的2.11倍。在港获批数目由1998年的2485个增加到2014年的6454个，增加了160%。创新及科技基金资助的研发项目数量从2000年的138个增加到2014年的607个，增加了4.4倍；批出金额从2000年的322.8百万元增加到2014年的910.9百万元，增加了2.82倍。数据还显

表2-4 香港创新及科技基金拨款概览
（截至2016年3月31日）

| 计划 | 核准项目 | 核准资助金额百万元 |
|---|---|---|
| 创新及科技支援计划 | 2103 | 9055.1 |
| 一般支援计划 | 2276 | 884.3 |
| 大学与产业合作计划 | 285 | 328.0 |
| 小型企业研究资助计划 | 415 | 506.2 |
| 企业支援计划 | 9 | 28.7 |
| 总计 | 5088 | 11067.5* |

注：*包括提供予国家重点实验室伙伴实验室，国家工程技术研究中心香港中心，大学技术转移处的资助，及大学科技初创企业资助计划。

资料来源：中国香港特别行政区创新科技署官方网站。

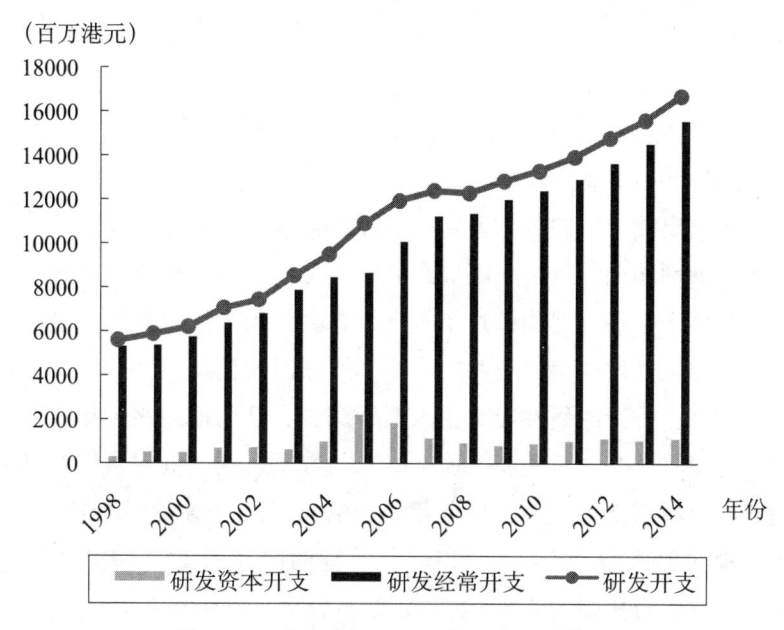

图 2-1　香港 1998~2014 年研发开支情况

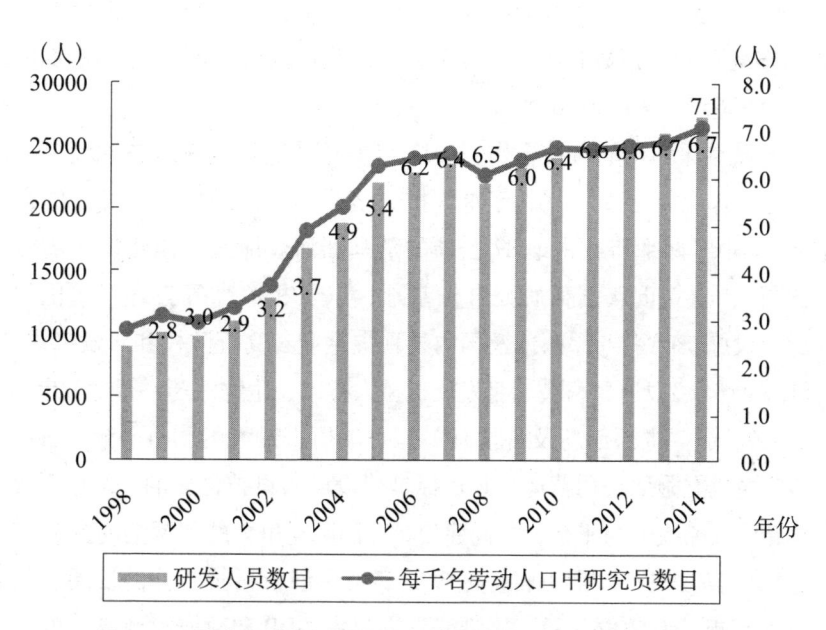

图 2-2　香港研发人员数目及每千名劳动人口中的研究员数目

示，2015年香港创新创业公司的数量达到1588家，同比增加46%；在初创企业就职的员工数量增长了56%，创新企业提供的工作岗位也增加了60%。香港高科技产品进出口货值亦呈现持续上升的态势，其中，进口货值由1998年的318565百万元增加到2013年的2106980百万元，出口货值由1998年的245349百万元增加到2013年的1897167百万元，增幅均约为7倍。

以上数据反映了回归以来香港的创新成果与创新投入力度均在不断提高，但是，若与深圳相比，近年来深圳在科研资金投入、人员投入、获批专利数目和自主创新水平等方面均超过了香港。香港和深圳两地均于20世纪90年代中后期提出大力发展科技产业的战略，但深圳的创新科技产业发展速度远超香港。例如，香港的研发经费投入低于深圳，且两地差距逐年拉大。根据对比《香港统计年报》《深圳统计年鉴》的数据发现，港深两地的研发经费投入近年均有所增加，但是，2014年深圳的投入大幅增至640.07亿人民币，远高于香港的167.273亿港元。2013年香港的研发开支占GDP的百分比为0.73%，深圳的占比则为4%。再如，就科技创新产业的产出而言，香港申请及授权专利数量亦落后于深圳，深圳的授权专利、申请专利已先后在2001年及2003年超过香港。《香港统计年刊》《深圳统计年鉴》的统计数据显示，2014年在港专利申请数目为13129个，在港获批数目为6454个，深圳的数值则分别为80657个和49756个。

为加强与深圳市的科技合作，2017年1月香港特区政府与深圳市人民政府在深港合作会议上签署《关于港深推进落马洲河套地区共同发展的合作备忘录》。其中，两地将在占地87公顷的落马洲河套地区合作建设"港深创新及科技园"，建立重点创科研究合作基地，以及相关高等教育、文化创意及其他配套设施，吸引港深两地及国内外顶尖企业、高等院校和研发机构进驻。据香港《明报》报道，科技园将发展机械人技术、生物医药、智慧城市和金融科技四大领域。"港深创新及科技园"是香港历来最大的创科平台，将由香港科技园公司成立附属公司营运。其目标是建设成为科技创新的高端新引擎、深港合作新的战略支点与平台，共同建设具有国际竞争力的"深港创新圈"。

总体而言，回归以来历届特区政府都关注创新科技产业的发展，但其成效仍未如理想。有数据显示，香港研发支出占GDP和政府财政支出的比重非常低，在过去十多年中，香港研发支出占GDP的比重最高不超过0.8%。

2012年，美国这一比重约为2.8%，中国内地这一比重约为1.8%；2011年，北京和深圳两市的这一比重分别为5.8%和3.7%[①]。

## 二、产业结构升级

### （一）产业转型历史与政府导向

第二次世界大战结束后到对香港恢复行使主权前，香港经济经历了两次产业结构转型：第一次经济结构转变是在1950年前后，朝鲜战争以及西方对华禁运使香港转口贸易一落千丈，经济陷入危机，同时，内地政治局势变动令诸多企业家、技术人员到香港谋发展，促使香港步入工业化阶段，形成了以轻工业和出口贸易为主的产业结构。20世纪的60~70年代，香港完成了第一次产业转型，工业化带动经济迅猛增长，使香港跻身"亚洲四小龙"行列。第二次经济结构转型始于20世纪70年代，香港的劳动密集型的制造业开始向成本低廉的内地，尤其是珠三角地区迁移，伴随着改革开放后粤港两地"前店后厂"合作模式的开展，以"服务经济"为主要特点的第二次产业转型促使香港从亚洲主要的制造业出口加工中心发展成为以港口带动的服务经济体，亦为香港成为国际城市奠定了重要的基础。1997年香港服务业产值在经济体系中所占份额已达近80%，香港发展成为国际金融中心、贸易中心、航运和旅游中心，形成以服务业为主导的经济结构。毋庸置疑，两次成功的产业结构转型，使香港跃升全球城市行列。一般认为，香港的第三次产业结构转型始于20世纪90年代中期，其促发的背景是"经济服务化"的产业基础以及亚洲金融危机的影响[②]。

香港社会笃信自由经济，对经济发展长期奉行"积极不干预"政策，在香港前两次经济转型中，当时的港英政府采用的是"积极不干预"的管理方式。回归后，香港进入第三次经济转型，所面临的发展环境与之前相比发生

---

① 张玉阁. 创新与科技觉得香港经济的未来. 信报，2015年3月2日. 智库视点，2015，6，P10.

② 冯邦彦. 香港产业结构第三次转型：构建"1+3"产业体系[J]. 港澳经济，2015 (4)：38-46.

了巨大的变化：科学技术突飞猛进和科技对经济增长有着巨大的影响作用；经济全球化趋势日益增强，各国或地区政府为提高本国或地区的经济竞争力而采取积极有力的措施。可以认为，各国或地区其对经济增长的干预都或多或少的在加强，对比同为"亚洲四小龙"的新加坡的发展经验可见，"积极不干预"的策略并不能引导香港成功实现第三次经济转型。事实上，回归以来这一经济发展策略正逐渐发生改变。特首在施政报告中曾多次提及未来的产业发展方向，并通过设立新的管理机构与发展基金，以期扶持新兴行业发展。本部分试图通过对回归以来香港行政长官年度施政报告的解读，分析政府对产业升级转型导向与引导途径的演进。

回归伊始，特首便已明确提出香港产业结构升级转型的必要性，揭开了香港产业结构第三次转型的序幕。首任行政长官董建华先生在其1997年首份施政报告①中表示："高速的资讯科技发展意义重大，香港正面对资讯时代，我们需要用全新的观念去评估香港的竞争方向，重新确定香港的发展定位""我们认识到包括工业和服务业在内的低收入生产模式，已经不再适应香港的长远发展……无论是工业，还是服务业，只能向高增值发展。"可见，发展高增值的知识型产业思路在回归之初便已建立。同时，为开展香港对未来的长远筹谋，首份施政报告还宣布成立了策略发展委员会，分析区域经济发展趋势及经济改革路向。

受亚洲金融危机影响，1998年的施政报告②在开篇便提出，回归后香港要确立鲜明的定位，参考纽约与伦敦是国际金融中心、旅游名城、跨国公司的总部集中地，提出将香港目标设定为"亚洲首要国际都会，享有类似纽约和伦敦那样的重要地位"。可见，金融、旅游等行业将是支撑此发展定位的重要产业。同时，此份施政报告明确提出"创新与科技是促进经济增长的主要动力"。回归之初特区政府便开始重视发展创新与科技产业，将发展创新与科技产业作为一项明确的政策目标，以期"提高香港工商界创新的能力，促进香港的科技发展，鼓励科研成果商品化和科技的应用"。特区政府提出"科技兴港"战略，拨款50亿港元设立创新及科技基金，成立创新科技委员

---

① 香港特区行政长官董建华施政报告：《共创香港新纪元》，1997年10月。
② 香港特区行政长官董建华施政报告：《群策群力，转危为机》，1998年10月。

会等系列举措,表明特区政府已明确认识到,世界上最杰出的经济成就大多离不开创新理念和科技,在这方面取得成绩便需要积极投资,"虽然投入这些资源未必可以实时取得回报,但为了香港未来的发展,这方面的投资是必要的。"

2003年1月,董建华先生在其连任特首后的第一份施政报告[①]中对造成香港经济深刻变化的原因进行了剖析,其中,提及科技基础薄弱和人力资源错配等问题。为振兴经济,此份施政报告明确提出强化金融、物流、旅游和工商业四大支柱产业的发展思路。同时,在拓宽经济领域部分提及"除加强支柱产业外,将积极推动创意产业[②],为香港经济注入新的元素"。2003年6月CEPA签订及内地居民自由行实施后,在内地给予的各项促进香港与内地合作、融合发展的政策机制推动下,香港商界积极把握住了开拓内地市场的商机,四大支柱产业获得了较大发展。在2003年的施政报告中,还强调了市场主导在推动经济转型中的重要性,提出"香港是奉行自由市场经济的地方,推动经济转型主要依靠私人企业和个人的努力",特区政府的积极作用主要在于推动硬件和软件配套。

在2008年全球金融风暴的影响下,香港经济从2008年第二季度起经历了连续四个季度的衰退,特区政府接纳了2008年10月成立的香港经济机遇委员会提出的关于发展文化及创意产业、检测和认证、环保、创新科技、教育和医疗六项优势产业的建议[③]。特首曾荫权先生在2009年10月的政府施政报告[④]中指出:"除四大支柱产业外,六项优势产业对经济发展起着关键作用";"只要政府在政策上扶持这六项优势产业,这六项优势产业会推动香港走向知识型经济"。其时,四大支柱产业占香港本地生产总值约60%,六项优势产业中私营企业整体上对本地生产总值的直接贡献为7%~8%,占总就业人口约10%。可见,虽然六项优势产业在产业体系中贡献尚不显著,但特

---

① 香港特区行政长官董建华施政报告:《善用香港优势,共同振兴经济》,2003年1月。
② 创意产业是文化艺术创意和商品生产的结合,包括表演艺术、电影电视、出版、艺术品及古董市场、音乐、建筑、广告、数码娱乐、电脑软件开发、动画制作、时装及产品设计等行业。
③ 经济机遇委员会:《有关六项优势产业的小组研讨会讨论摘要》,文件编号:TFEC-INFO-12,2009年6月20日。
④ 香港特区行政长官曾荫权施政报告:《群策创新天》,2009年10月。

区政府对其寄予了厚望。

2013年，梁振英先生在其第一份施政报告[①]中明确提出"经济要发展，政府就要适度有为"，"我们要将产业'做多做阔'：要'做多'，必须发挥优势，增加现有产业的业务量；要'做阔'，就要在现有产业内增加门类，并且开拓新的产业"。据此发展理念，其推动香港特区立法会会议通过开设创新及科技局的决议案，创新及科技局于2015年11月正式成立。在特区政府推动下，香港创新及科技氛围提升，多家世界顶级科研机构相继在香港落户，特区政府和深圳市政府签订合作备忘录，在香港落马洲河套地区发展"港深创新及科技园"[②]。此外，施政报告还提出香港"再工业化"的发展理念。

综上所述，回归以来特区政府对于香港经济发展亟待产业升级有着明确的认识，一方面充分肯定四大支柱产业对经济发展的显著地位，另一方面积极培育新兴的优势产业发展；而且，在产业结构升级过程中，特区政府不仅推动设立新的管理机构与发展经济，还开始了对地区经济发展的"适度干预"。

### （二）四大支柱产业的地位

1997年回归以来，香港逐步形成了金融服务、旅游、贸易及物流和专业及工商业支援服务四大产业支柱，这四大支柱产业，亦是其传统主要行业。这四大行业多年来不仅是香港经济增长的主要原动力，同时也对其他行业的发展及创造就业机会有着重要的影响。香港统计署数据显示，目前香港经济增长过半来自于金融、物流、旅游和工商业四大支柱产业的贡献，四大支柱行业以不足香港1/2的就业人数创造了全港过半的增加值。2015年四大支柱产业的增加值13313亿港元，就业人数为178.09万人，分别占香港GDP的55.5%，占总就业人数的45.5%。2015年，四大支柱行业增加值较2014年增长4.9%，而就业人数则仅比上年增长0.06%。

香港特区立法会秘书处2015年发表"香港四大支柱及六大产业回顾与展望"的《研究简报》中指出，2002~2007年，四大支柱行业的增速比整体经济增长快，对本地生产总值的贡献由2002年的50.8%上升至2007年高峰期

---

① 香港特区行政长官梁振英施政报告：《稳中求变务实为民》，2013年1月。
② 香港特区行政长官梁振英施政报告：《用好机遇发展经济改善民生和谐共融》，2017年1月。

的60.3%，但其后回落至2012年的58%，显示部分支柱行业的增长动力放缓，行业发展正面临挑战。

这份《研究简报》指出，在四大支柱行业中，贸易及物流业占本地生产总值的百分比及从业员人数最大，可以被视为最大的支柱行业。2002~2012年间，香港贸易及物流业的增长及创造职位的能力均落后于其他支柱行业。这种情况部分源于内地与世界经济不断接轨，逐渐削弱香港的贸易中介角色。另一原因是香港海运近年受制于珠江三角洲内邻近港口的激烈竞争，2013年，香港的全球第三大最繁忙货柜港口地位已被深圳超越。金融服务业是香港第二大支柱行业，高薪职位较多，2002~2012年增长了105%。基于内地可能会进一步开放资本账和国内的资本市场所带来的机遇，香港金融业被视为香港经济未来发展最为主要的动力。旅游业是四大支柱行业中最小的行业，但在2002~2012年增长速度最快，创造的新职位数目也最多。但业界普遍认为，香港旅游业目前正面对承受及接待旅客能力有限和过度依赖内地旅客的问题。同时，跨境电商的发展对香港旅游零售业的发展冲击，亦已引起业界的关注。数据显示，2015年1~8月，访港旅客人次同比下降0.1%，而2015年上半年入境旅游相关消费额同比下降1.6%。究其原因，除去全球经济环境欠佳、世界各地对游客吸引的竞争激烈、港元汇率高企、占中及少部分港人所表现出来的对内地游客不友好等因素，跨境电商兴起、内地年轻一代的"海淘""网购"消费模式则是另一重要影响因素。与其他支柱行业相比，专业及工商业支援服务业的前景较为乐观，这主要是来源于香港为内地企业"走出去"和海外企业拓展内地市场提供平台，并由此将获得发展的商机。

就四大主要行业①各自的发展情况看，旅游业增加值在四大行业中份额最小（2014年约为GDP的5.1%），但增长速度却最快，2004~2014年的年均增长率达11.3%，内地游客自由行对香港旅游业的积极作用毋庸置疑。相反，四大行业中增加值份额最大的贸易及物流业，在2004~2014年的年均增长率最低，仅为3.8%。贸易及物流业的就业人数是四大行业中规模最大的，但在2004~2014年就业人数却出现了负增长，年均增长率为-0.3%。此外，

---

① 四大行业部分横跨了不同的行业，难以从统计署现行的行业分类统计中获得行业数据，此处分析运用的是香港统计署2015年专题分析中的数据。

金融服务、专业服务及其他工商业支援服务在 2004~2014 年的年均增长率分别为 8.1% 和 6.9%，均高于 GDP 的年均增长率（5.5%）。香港特区统计署关于四大主要产业的报告[①]认为，四个主要行业总增加值在 GDP 中比重上升，主要是由于金融服务业和旅游业的份额提升所导致的。具体如图 2-3 所示。

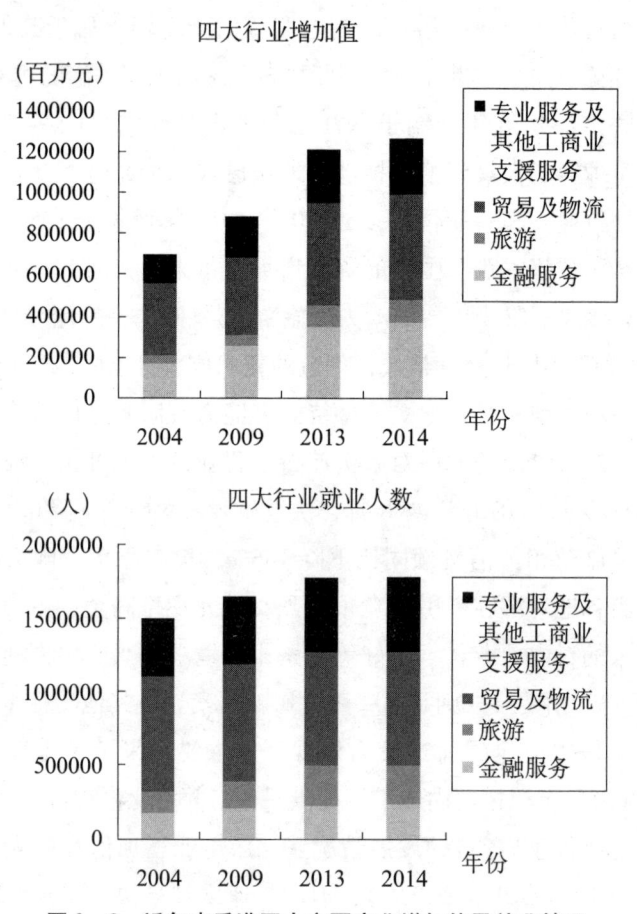

**图 2-3　近年来香港四大主要产业增加值及就业情况**

资料来源：《香港经济的四个主要行业及其他选定行业》数据处理，《香港统计月刊》2016 年 3 月。

虽然四大主要行业的增加值与就业总体数据基本呈现增长趋势，但其增速在 2015 年则不同程度呈现出下跌态势。2016 年 2 月特区政府公布的《2016~2017 年财政预算案》中显示，由于受到环球经济增长放缓的影响，

---

① 《香港统计月刊》专题文章：《香港经济的四个主要行业及其他选定行业》，2016 年 3 月。

拖累亚洲地区的出口表现。2015 年，香港的货物出口出现了自 2009 年以来的首次全年下跌，跌幅达 1.7%；服务输出更是出现了自 1998 年以来的首次全年下跌，跌幅为 0.6%；访港旅游业的旅客人次全年下跌 2.5%，在第四季跌幅达 8%；受此影响，香港零售业销售量也出现 2009 年以来的首次年度下跌。在其他传统产业发展放缓的影响下，虽然金融及保险业的增加值在 2015 年保持了 6.57% 的增幅，香港 2015 年的整体经济增长仅为 2.4%，连续第四年低于过去 10 年 3.4% 的平均增幅。

香港特区立法会秘书处在 2015 年发表的"香港四大支柱及六大产业回顾与展望"《研究简报》指出，香港四大支柱行业正面临挑战。2002~2007 年，四大支柱行业的增速比整体经济增长快，对本地生产总值的贡献由 2002 年的 50.8% 上升至 2007 年高峰期的 60.3%，但其后回落至 2012 年的 58%，显示部分支柱行业的增长动力放缓。

由此可见，传统的四大产业对香港经济增长仍然有着极为重要的影响。中央近年来出台多项促进香港与内地合作的政策措施，包括实施内地游客赴港自由行、CEPA 以及服务贸易自由化等政策，在一系列促进合作与融合的制度推动下，对香港四大产业的发展起到了显著的促进作用。但也需要看到，近年来这些传统行业受国际环境及香港内部因素的影响而发展放缓，导致了香港经济增长的放缓。培育发展新的经济增长点，成为香港产业发展刻不容缓的任务。

### （三）六项新兴产业的发展态势

2008 年全球金融危机后，特区政府选定了六个在香港享有优势的新兴行业，加以重点发展。这六项新兴产业包括文化及创意产业、医疗产业、教育产业、创新科技产业、检测及认证产业以及环保产业。2012 年，这六项新兴行业占本地生产总值的 8.7%，就业人数则占本港总就业人口的 11.9%[1]。2014 年，这六个新兴行业增加值为 2021 亿港元，占 GDP 比重为 9.2%，就业人数占比为 12.4%。根据香港贸发局 2017 年 2 月底刊登的香港经贸概况数

---

[1] 香港四大支柱产业增长动力放缓. 南方都市报. 2015-2-10. http://paper.oeeee.com/nis/201502/11/327254.html.

据显示，2015年，这六项产业的增加值占GDP的8.9%。

从六个新兴行业增加值占GDP的比重看（见表2-5），仅文化及创意产业①对经济增长作用较大。2009年增加值为629亿港元，占六项优势产业增加值总值的51%；就业人数达188250人，占香港整体就业人口的5.4%。2014年文化及创意产业产值占GDP比重为5.0%。根据《香港统计年刊》公布的数据，2014年香港服务业中与文化及创意产业产值比重相近的行业包括批发及零售业（5.0%）、饮食酒店业（3.6%）、通讯业（3.5%）、地产业（5.0%）和商用服务业（5.9%）。其他五个新兴行业，虽然均呈现出较好的增长势头，近年来的行业产值年增长率较高，但对经济的影响仍较为有限。

以检测及认证业为例，香港的检测和认证业对制造业、出口贸易和其他服务业的发展有着重要的支持作用。2009年，香港检测及认证业的私营独立机构对本地生产总值的直接贡献为51亿港元，较2008年的45亿港元产值上升了13.1%。在就业方面，2009年检测及认证业的就业人数为12610人，较2008年的12420人上升了1.5%。截至2012年的数据统计显示，在机构的规模及其贡献方面，其时，香港业内约有20家就业人数为100人或以上的私营独立机构，这些机构占了行业中60%的就业，贡献了行业中约70%的产值收益。业内其余约530家中小型私营独立机构，雇佣人数大部分均不足50人。

表2-5　　香港六项新兴行业的增加值占GDP比重及其增速　　　　单位:%

| | 增加值比重 | | | | 按年变动百分率 | | |
|---|---|---|---|---|---|---|---|
| | 2011年 | 2012年 | 2013年 | 2014年 | 2012年 | 2013年 | 2014年 |
| 文化及创意产业 | 4.7 | 4.9 | 5.1 | 5.0 | 9.3 | 8.4 | 3.4 |
| 医疗产业 | 1.4 | 1.5 | 1.5 | 1.6 | 7.5 | 10.1 | 11.6 |
| 教育产业 | 1.1 | 1.1 | 1.2 | 1.2 | 13.1 | 7.2 | 7.8 |
| 创新科技产业 | 0.7 | 0.7 | 0.7 | 0.7 | 8.5 | 9.8 | 7.1 |
| 检测及认证产业 | 0.3 | 0.3 | 0.3 | 0.3 | 8.6 | 3.2 | 8.0 |
| 环保产业 | 0.3 | 0.3 | 0.3 | 0.4 | 3.6 | 5.2 | 9.8 |

注：这些选定行业中有些产业是横跨不同行业的服务界别。例如，"创新科技"活动可存在于任何行业及机构。

资料来源：《香港统计月刊》专题文章，《香港经济的四个主要行业及其他选定行业》，2016年3月。

---

① 统计署对文化及创意产业的统计行业包括软件、计算机游戏及互动媒体，建筑，以及娱乐服务。

文化创意产业已被国际上普遍认定为极具发展潜力的新兴产业，统计署的分析报告指出，香港的文创产业升幅较为显著的行业包括软件、计算机游戏及互动媒体，建筑以及娱乐服务业；医疗产业的增长主要来源于社会对私家诊所提供的医疗服务和医疗基础建设的需求增加；教育产业的增长主要是源于社会对牟利或非牟利的幼儿园、私营小学及中学，以及自资大学及专上教育服务的需求上升；创新科技的增长主要是源于工商业机构增加了产品及程序创新活动的开支，以及高等教育机构加强研发活动。检测及认证产业可以为香港社会的日常生活及对外贸易方面服务，例如，支持诊断病症的医务化验服务，为香港和珠江三角洲地区所制造的消费品提供测试及检验服务，还可以为管理体系提供认证服务。

可见，与四大传统产业相比，特区政府为增加新的经济增长点而着力培育的六项新兴行业目前对经济增长的影响力仍较弱。但就增长速度而言，六个新兴行业近几年来均保持了较快的发展势头。

## 三、产业结构升级与经济增长

### （一）分析思路

经过亚洲金融危机、2001 年美国"9·11"事件、2003 年"非典"事件、2008 年由美国次贷危机引发的全球金融海啸等一连串的外部冲击以及内部结构性因素的影响，回归近 20 年来，香港 GDP 虽然持续增长，1997～2015 年从 13251.65 亿港元增长至 23971.24 亿港元，但其增速近年则呈下降趋势，2015 年 GDP 增速仅约为 2.4%。2016 年香港 GDP 同比增长为 1.9%。香港的第三次产业转型尚未完成，新的经济增长引擎亦未树立，被视为近年来香港经济增长缓慢的一个重要影响因素。本节将分析回归近 20 年来香港的产业结构升级对经济增长的影响，以期从产业结构升级的角度，探寻近年来香港经济增速放缓的原因。

关于香港产业结构与经济增长关系的已有研究中，曾有学者从收入分配、经济发展路径、与其他城市相比较、服务业高增值方向发展和国际金融中心建设等多个视角展开探讨①。由于产业结构升级长期缺乏普遍认可的衡量指标，因此，针对香港产业结构与经济增长关系的定量研究尚不多见。在我国经济类权威期刊《经济研究》2011年的一篇关于中国产业结构变迁对经济增长和波动影响的研究中②，作者提出将我国的产业结构变迁分为产业结构合理化和产业结构高级化两个维度进行测度，并根据经济学相关理论提出了定量测度的方法。此分析测度方法得到学界较多的认可。本书研究试图借鉴将产业结构升级分为合理化和高级化两个维度的思路，对回归以来香港产业升级与经济增长的关系进行定量测度。需要指出的是，由于香港产业体系中服务业占绝大部分比重（2014年服务业产值比重达90%），因而本书所分析的产业升级指的是服务业内部的产业升级。

产业结构合理化是指产业与产业之间协调能力的加强和关联水平的提高，是一个动态过程，主要强调产业的协调程度、结构聚合质量或资源配置效率，合理的产业结构对经济增长具有相当强的稳定性③。研究者一般采用结构偏离度衡量产业结构的合理化，但这一指标的计算公式忽视了各产业在经济体的重要程度，为此有学者提出使用泰尔指数度量产业结构合理性（干春晖，2011），其衡量产业结构的合理化程度的测算公式为：

---

① 陈广汉，张光南，卢扬帆. 回归后香港经济发展的成就、问题与对策 [J]. 亚太经济，2012，(04)：130-135.
刘文钊. 香港产业结构变动对收入分配的影响——基于人口普查数据的分析 [J]. 南方人口，2014，(04)：70-80.
冯邦彦. 香港产业结构第三次转型：构建"1+3"产业体系 [J]. 港澳研究，2015，(04)：38-46+95.
毛艳华，荣健欣，钟世川. "一带一路"与香港经济第三次转型 [J]. 港澳研究，2016，(03)：50-63+95.
② 干春晖，郑若谷，余典范. 中国产业结构变迁对经济增长和波动的影响 [J]. 经济研究，2011，(05)：4-16+31.
③ 彭冲，李春风，李玉双. 产业结构变迁对经济波动的动态影响研究 [J]. 产业经济研究，2013，(03)：91-100.
干春晖，郑若谷，余典范. 中国产业结构变迁对经济增长和波动的影响 [J]. 经济研究，2011，(05)：4-16+31.
贺丹，赵玉林. 产业结构变动对生态效益影响的实证分析 [J]. 武汉理工大学学报（社会科学版），2012，(05)：694-698.

$$TL = \sum_{i=1}^{n} \left(\frac{Y_i}{Y}\right) \ln\left(\frac{\frac{Y_i}{L_i}}{\frac{Y}{L}}\right) \quad (2.1)$$

其中，TL 反映产业结构的合理化程度，Y 表示产值，L 表示就业，i 表示产业，n 表示产业部门数，Y/L 表示劳动生产率。根据古典经济学假设，经济最终处于均衡状态，各产业部门生产率水平相同，此时 TL = 0。换言之，TL 越小，产业结构合理化程度越高。本章以香港服务业产值作为经济总量，$Y_i$ 表示服务业内部各行业产值，$L_i$ 表示服务业内部各行业就业人数。由于服务业在香港经济中占绝对主导地位，基于式（2.1）计算的香港产业合理化指数能够反映香港服务业内部各行业发展的协调程度和产出效率。

产业结构高级化则是从另一层面衡量产业升级状况，表现为产业自身的扬弃过程，即当期产业对前期产业选择性地保留和发展[1]。对产业结构高级化的测度，学者们采用的指标包括用第三产业与第二产业的产值比（干春晖，2011），或是用三次产业的各自比重。借鉴此思路，本章将香港服务业结构高级化指数（TS）定义为高增值服务行业与其他非高增值服务行业的产值之比。高增值服务行业的划分则根据服务行业的人均产出是否高于服务业总体人均产出水平而定。产业结构高级化（TS）值越大，表明服务业内部高级化程度越高，香港产业升级的态势越好。本章以行业人均产出作为判断行业高增值性的标准，即行业的人均产出值高于平均行业人均产出值的，即被归类为高增值行业。根据香港统计署的行业分类统计数据计算，近年来人均产出高于服务业总体水平的行业包括金融保险业、进出口贸易和运输业[2]，本章将以上行业界定为高增值行业，非高增值服务行业则包括批发零售业、住宿及膳食服务、通信业、地产业和商用服务业[3]。

本书研究所涉及的行业本地生产总值及就业人数数据来自 1997~2015 年《香港统计年刊》和香港特区政府统计署官方网站。书中主要指标通过计算

---

[1] 付宏，毛蕴诗，宋来胜. 创新对产业结构高级化影响的实证研究——基于 2000~2011 年的省际面板数据 [J]. 中国工业经济，2013，(09)：56-68.

[2] 2003 年后，《香港统计年刊》将"运输及仓库业"改称为"运输、仓库、邮政及速递服务业"，此文统称为"运输业"。

[3] 社会、社区、个人服务业与楼宇业权服务暂未被列入本书的研究分类中。

得到，对于部分统计口径发生变化的行业，相应年份数据均作了归类整理，保证数据分析的可靠性。由于香港 GDP 的变动中含有价格变动的因素，为剔除通货膨胀的影响，本书以 2014 年为基期，运用本地生产总值内含平减物价指数进行平减后开展定量分析。

### （二）合理化与高级化指数

基于上述分析思路，采用 1997~2015 年《香港统计年刊》所公布的统计数据，以产业结构合理化（TL）与产业结构高级化（TS）两项指标，测算出回归以来香港产业结构升级态势，如图 2-4 所示。

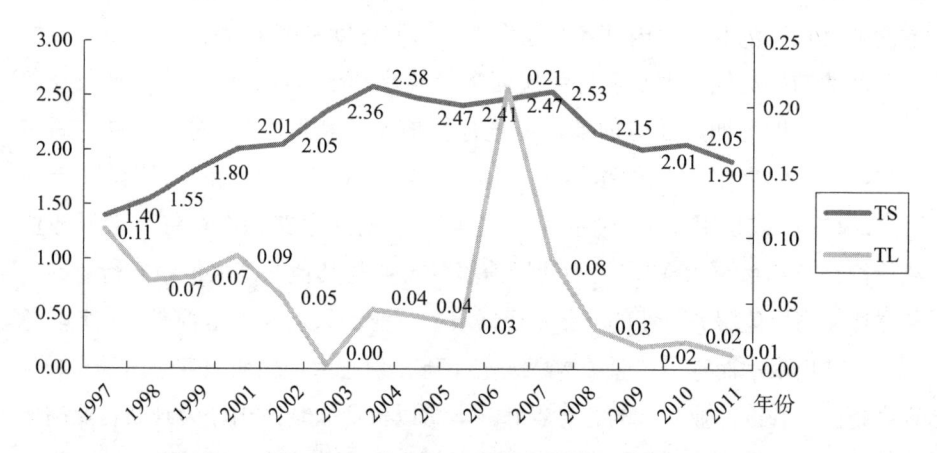

图 2-4 1997~2014 年香港回归以来香港产业结构升级态势

资料来源：1998~2015 年《香港统计年刊》计算所得。

由图 2-4 可见，回归以来，产业结构合理化指数（TL）基本保持在低于 0.1 的较低水平，这表明，总体而言，回归以来香港服务业内部各行业协调程度较好，产出效率较高。根据图 2-4，可以将近 20 年间香港的产业结构合理化指数分为三个阶段：（1）1997~2002 年，这一阶段合理化指数处于不断下降的状态，显示回归之初在特区政府推行的产业转型策略下，服务业内部行业之间协调程度日益提高。（2）2003~2008 年，TL 出现波动，反映出香港服务业内部结构在这一时期出现的变化。香港统计年刊数据显示，2005~2007 年，香港金融业产值增长迅猛，2007 年金融业产值占服务业比重从 2003 年的 13.8% 增长至 2007 年的 21.1%；而批发零售业、进出口贸易业、运输及仓库业和通信业等行业的产值比重则有所下降。(3) 2009 年以来，产业结构合理化指数又趋平缓并逐渐接近均衡状态。

产业结构高级化指数（TS）的演变则显示出三个发展阶段：回归后至 2003 年，产业结构高级化指数呈稳步上升的态势，反映出这一时期金融保险和进出口贸易等高增值行业的发展速度快于非高增值的服务业行业；2003~2007 年，产业结构高级化指数在高位略有波动；2008 年以后，产业结构高级化指数有所下降，波动较为平缓，反映出这一阶段高增值行业发展放缓的态势。究其原因，笔者认为，回归后至 2003 年，得益于回归后特区政府的推动，香港产业高增值化发展取得成效，因此，这一阶段产业结构高级化指数稳步上升；得益于 CEPA 的实施，特区政府对于新兴产业的扶持，以及内地与香港服务贸易自由化的不断推进，使 TS 在 2003~2007 年呈现出回归后的较高水平。但 2008 年美国次贷危机爆发，导致香港资产价格发生急剧下降，亦导致香港金融业规模萎缩，金融保险业和运输仓库等高增值行业的本地生产总值百分比都出现一定程度的下降，再加上土地、人力资源和政策等因素的限制，最终导致香港服务业内部的高增值行业发展缓慢[①]。

### （三）结构升级与经济增长的关系

为分析香港回归以来产业结构升级对香港经济发展的影响，本章以产业结构的合理化（TL）和高级化（TS）指标为自变量，以回归以来人均 GDP（Y）作为因变量构建自回归模型并对其进行格兰杰因果检验，以期分析香港回归以来产业结构升级对经济增长的影响。

本书选取了 1997 年以来香港人均 GDP、服务业内部各行业产值及就业数据作为研究样本，数据来源为香港统计年刊和香港特区政府统计处。为剔除通货膨胀的影响，本书以 2014 年为基期，运用本地生产总值内含平减物价指数进行平减后再展开定量分析。

通过协整检验发现，回归以来香港人均 GDP 与产业结构合理化、产业结构高级化之间均存在长期稳定的关系。

---

① 冯邦彦. 香港产业结构第三次转型：构建"1+3"产业体系 [J]. 港澳研究, 2015, (04): 38-46+95.

建立如下多元回归模型：

$$Y = \beta_0 + \beta_1 TL_I + \beta_2 TS_i + \mu_i \tag{2.2}$$

其中，Y 表示香港人均 GDP；TL 表示产业结构合理化；TS 表示产业结构高级化；i 表示时间；$\mu$ 表示随机扰动项；$\beta_0$，$\beta_1$，$\beta_2$ 分别为模型的参数。

本书使用时间序列数据进行分析，由于非平稳的时间序列进行分析可能出现伪回归现象，因此，在进行实证分析之前需要对时间序列数据进行平稳性检验，本书使用 ADF 法对变量进行平稳性检验。由表 2-6 可知，ADF 单位根检验中，人均 GDP（Y）、产业结构合理化（TL）和产业结构高级化（TS）变量 t 值的绝对值均大于临界值的绝对值，从而可以判断变量一阶差分后呈平稳序列，即上述三个变量均为一阶单整。

表 2-6　　　　　　　　ADF 单位根检验结果

| 变量 | 检验类型 (C, T, K) | ADF 统计量 | 5% 临界值 | 相对应的 P 值 | 结论 |
| --- | --- | --- | --- | --- | --- |
| Y | (C, T, 3) | -3.2065 | -3.7105 | 0.1160 | 不平稳 |
| TL | (C, T, 3) | -3.2374 | -3.7105 | 0.1103 | 不平稳 |
| TS | (C, T, 3) | -1.8614 | -3.7105 | 0.6298 | 不平稳 |
| ΔY | (C, T, 3) | -4.9190 | -3.7332 | 0.0065 | 平稳 |
| ΔTL | (C, T, 3) | -5.1206 | -3.7332 | 0.0046 | 平稳 |
| ΔTS | (C, T, 3) | -3.3924 | -3.7597 | 0.0901 | 平稳 |

注：检验类型中的 C 表示常数项，T 表示趋势项，K 表示所采用的滞后阶数。

通过平稳性检验，可以得出变量之间同为一阶单整序列，具备了进行 OLS 的条件。探索变量之间是否存在长期稳定的关系，需要对同阶单整变量进行协整检验。对于多变量回归模型，Johansen 检验结果更具稳定性。因而本书采取 Johansen 协整检验。检验结果显示，回归以来香港的人均 GDP 与产业结构合理化、产业结构高级化之间均存在长期稳定的关系。因此，本章以 $TL_t$、$TS_t$、$Y_t$ 分别表示香港回归以来产业结构合理化、产业结构高级化与经济增长率，分别构建如下 VAR 模型。

产业结构合理化与人均 GDP 的 VAR 模型为：

$\ln TL_t = m_1 \ln TL_{t-1} + m_2 \ln TL_{t-2} + n_1 \ln Y_{t-1} + n_2 \ln Y_{t-2} + \varepsilon_{1t}$

$\ln Y_t = p_1 \ln TL_{t-1} + p_2 \ln TL_{t-2} + q_1 \ln Y_{t-1} + q_2 \ln Y_{t-2} + \varepsilon_{2t}$, t = 1, 2, ⋯, T

产业结构高级化与人均 GDP 的 VAR 模型为：

$\ln TS_t = a_1 \ln TS_{t-1} + a_2 \ln TS_{t-2} + b_1 \ln Y_{t-1} + b_2 \ln Y_{t-2} + \delta_{1t}$

$\ln Y_t = c_1 \ln TS_{t-1} + c_2 \ln TS_{t-2} + d_1 \ln Y_{t-1} + d_2 \ln Y_{t-2} + \delta_{2t}$, t = 1, 2, ⋯, T

当 VAR 模型的所有根位于单位圆内时表示模型是稳定的。通过检验发现 VAR 模型的根均小于 1，位于单位圆内，因而本书设定的模型是稳定的。进而，本书对产业构的合理化与高级化分别进行格兰杰检验，检验结果表明，产业结构合理化与香港经济增长之间不存在显著的格兰杰因果关系，而产业结构高级化与香港经济增长之间具有单向因果关系。即回归以来香港服务业内部结构的稳定性并未能促进香港经济的增长，但服务业内部结构的高级化趋势对经济增长有着促进作用。

采用 AR 根图标进行检验，可知 VAR 模型是稳定的。协整检验发现，产业结构合理化、产业结构高级化与香港人均 GDP 之间存在长期稳定的关系。其内在关系的检验结果显示：1997~2003 年，香港产业结构的合理化与高级化指数与经济增长均不存在格兰杰因果关系。2004~2014 年，产业结构合理化（TL）与人均 GDP（Y）之间不存在因果关系，而产业结构高级化（TS）与人均 GDP（Y）构成单向因果关系。这说明，在此期间，产业结构合理化不能促进香港经济的增长，香港经济的增长也没有推动产业结构合理化和高级化水平的提高；但产业结构高级化则显示出了对香港经济增长的推动作用。

这一结果说明，一方面，回归以来，已经较为成熟的服务业体系内部行业之间虽然协调性较高，但这种协调效率对香港经济增长的推动并没有显著作用。换言之，回归以来服务业内部结构基本保持不变的态势，在一定程度上导致了香港经济增长放缓，而地区经济的增长亦未能推动产业内部结构进一步的优化。另一方面，服务业内部的高增值化发展与地区经济增长有着积极的作用。

通过对回归近 20 年来香港产业结构升级历程的回顾可以发现，特区政府自回归之初已确立了高增值化的产业转型升级发展战略，并通过设立扶持基金、成立专门机构等形式，培育发展新兴支柱产业。但总体而言，金融服务、旅游、贸易及物流和专业及工商业支援服务四项传统的支柱产业目前仍在经济增长中扮演着重要角色，而与科技创新联系更为紧密的六项新兴产业对经济增长的作用仍较为有限。基于 1997 年以来数据的定量分析结果显示，香港目前的服务业内部结构已日趋稳定，但这一稳定均衡状态对于地区经济增长的推动作用极弱，高增值化的产业升级对经济增长作用已有所体现，但其作用显著性仍有限。这在一定程度上从产业结构升级的角度解释了香港近年来经济增速放缓的原因：趋于稳定的服务业内部结构虽然具有较高的协调性，但对于地区经济的长远增长的积极作用有限，若要促进地区经济快速发展，亟待推进产业结构向高增值化方向发展。

## 四、服务业的比较优势——以会计业为例

### （一）行业发展水平

1. 行业规模

香港回归以来所形成的四大支柱产业，包括金融业、转口贸易和物流业、专业服务，以及旅游业及其相关行业。其中，专业服务包含会计服务业。鉴于香港在亚太地区独特的地理区位、自由开放的经济制度和多元包容的社会文化，大量的跨国企业选择在此设立总部或亚太总部设，面向全球输出服务、资源调配、融资投资和贸易结算等，加上香港本地发达的金融业、贸易与物流业、旅游及相关产业等都对会计服务业产生了巨大的需求，促使会计服务业成为专业服务业的重要组成部分。根据香港特区政府统计处的统计显示，2015年香港会计、核数、簿记及税务顾问服务机构数量达到5332家，行业从业人员达到29941人。智经研究中心2012年的一份研究报告[1]资料显示，2009年，香港会计业服务输出总值达15亿港元；2012年，香港会计服务输出总值达1.93亿美元[2]。内地是香港会计服务输出的最大市场，主要输出的服务包括法定审计服务、与投资有关的顾问服务（如尽责调查）、税务顾问服务及企业顾问服务等。香港会计服务在中国内地的客户主要包括跨国公司、在内地有投资或计划投资的香港公司、在香港上市的内地企业和在海外扩展的内地企业等。

会计服务业中，其行业组织是香港会计师公会（The Hongkong institute of certified public accountants，HKICPA）。该公会于1973年根据香港法律第50章《专业会计师条例》成立，是香港会计师的唯一法定团体，其主要职责包

---

[1] 智经研究中心，促进香港服务业界在珠三角的发展，2012.2。
[2] 林迪夫等主编，粤港澳合作报告，中国文化院有限公司，2015，P. 278。

括：办理会计师和事务所的注册及颁发执业证书；制定专业操守指引、会计准则和核数准则；监管会员的专业操守及水平；为会员提供持续进修及其他服务；举办专业资格课程及相关课程以维持会计师的入职质素；在香港及海外推动会计专业的发展。目前，香港会计师公会是国际会计师联合会（IFAC）和亚太会计师联合会（CAPA）的会员。

香港会计师公会会员包括执业会计师（certified public accountant practising）和非执业会员（certified public accountant）两类。该公会经过40多年的发展，目前已拥有会员4万多人、会计师事务所约1800家。其中，4万多名会计师中，有5000~6000人在会计师事务所工作，为执业会计师，其余的分别在政府部门、公司企业以及大学等研究机构工作，为非执业会计师。两类会计师都对香港经济、社会的发展发挥了重要作用。

2. 行业结构

香港采用国际标准会计准则，加上区内商机丰富，吸引了多家国际大型会计师事务所来港开业，这些公司大部分已在香港设立地区总部，并主导香港会计行业的发展。从行业结构来看，以收取的专业费用计算，目前香港约1800家会计师事务所中，分为大、中、小型三类事务所。其中，大型会计师事务所主要包括全球四大会计师事务所在香港的公司，即罗兵咸永道会计师事务所（内地称普华永道会计师事务所，PWC）、毕马威会计师事务所（KP, KPMG）、德勤关黄陈方会计师行（Delo, DTT）和安永会计师事务所（EY），该四大会计师事务在香港会计市场占有支配地位，其业务约占整个市场份额的六成以上，为绝大部分香港蓝筹公司及其他大型上市企业提供会计服务。四大行以外，中型规模的会计师事务所估计有二三十家，主要包括：陈叶冯会计师事务所（CCIF）、罗申美会计师事务所（RSM Nelson Wheeler）、均富会计师事务所（GT）、摩斯伦·马赛会计师事务所（Moores Rowland Mazars）、国卫会计师事务所（HLB Hodgson Impey Cheng）、浩华会计师事务所（Horwath HK）、梁学濂会计师事务所（PKF）、正风会计师事务所（Baker Tilly HK）、德豪嘉信会计师事务所（BDO）、马炎璋会计师行（Nexia Charles Mar Fan）、力恒会计师事务所有限公司（Lak & Associates）、信永中和会计师事务所（Shinewing HK）、李汤陈会计师事务所（Li, Tang, Chan）和丁何关陈会计师事务所（Ting Ho Kwan & Chan）等。其余为本地小型会计师事务所，其中，八成以上只有一个或两个合伙人。这些中小型会计师事务所，主要服务于香港本地公司及港资在内地的企业。

3. 服务范畴

从国际上看，会计师事务所从事的业务一般包括签证服务、税收代理、会计服务、管理咨询、受托代理和资产评估等，其中，以签证服务、税务代理、会计服务业务为主。《香港职业会计师条例》规定，香港的注册会计师可以担任公司条例规定的公司的审计师以及其他法律要求的账目的审计师；同时，还可以担任会计师、公司秘书、簿记员、税务代理人、税务咨询顾问或者财务顾问，担任经注册登记的行业组织以及不以营利为目的的俱乐部、研究机构，协会的审计师。

香港会计行业从业人员主要有执业会计师和非执业会计师两种。其中，执业会计师事务所提供的主要服务包括法定核数、税务顾问、公司上市、企业融资、公司秘书、清盘及尽责调查。虽然法定核数工作是主要收入来源，但会计师事务所同时还向客户提供各类商业顾问服务，如财务策划、企业管理及内部核数。非执业会计师行提供的服务包括簿记、一般会计服务、年终财务报告、报税及公司秘书等。此外，香港会计专业人士也可以为企业制定人事、会计制度并且处理复杂的公司账务问题。一些中小型企业甚至把财务部门职能外包给会计师事务所，相关服务包括银行贷款磋商、投标成本预算、财务预算管理和管理层报表编制等工作。

4. 比较优势

经过多年的发展，香港会计服务业逐渐积累形成了自身的比较优势，主要体现在以下四个方面。

一是国际化优势。全球会计业基本是从美国和欧洲开始发展而来，并随着欧美的公司、企业到全球布局而在世界各国和地区设立分部以及分支机构。在亚太地区，由于香港特殊的地理位置以及与中国内地的经济联系，国际会计事务所往往先进入香港设立相应分支机构，因此，香港会计服务业天然就具有很强的国际性，包括全球四大会计师事务所均在香港开业，占有六成以上的市场份额；香港会计师行业已与国际会计、审计及专业的操守准则和监管水平全面接轨；香港会计师公会的会员资格在全球五大洲获得认可，与美国、澳洲、英格兰、爱尔兰和新西兰等多个国家的特许会计师公会签订协议，香港会计师公会会员均可申请这些团体的会籍及在当地取得执业资格等。

二是品牌化优势。香港会计专业人士具备深厚扎实的行业专业知识，地处国际金融中心使香港的会计专业人士具有广阔的国际眼光、双语的优势及对境内外市场的深刻了解，能够为企业提供"一条龙"的全面服务。更重要的是，在激烈的国际竞争和行业竞争中，香港会计师行业形成了以信誉求发展、以质量求生存的行业准则，广受企业欢迎和社会尊重，在多年的业务拓展中已经建立具有良好公信力的品牌形象。

三是专业化优势。多年来，香港会计师公会一直致力培训全球最优秀的会计师，其专业资格课程（QP）具有很高的认可度，以保证执业会计师的专业化水平。同时，香港会计事务所基本上都建立了比较先进、科学以及完善的内部管理系统，包括事务所治理结构、风险管理系统、质量控制、人力资源管理和业绩考核等，能够为企业提供十分专业化的服务。

四是多元化优势，香港事务所服务范围比较广泛，除了传统的审计、会计和税务外，还包括咨询、交易支援及公司秘书等服务。其中，咨询业务内容繁多，如企业融资（融资、评估、尽责调查）、企业重组和清算、风险管理、企业管治（内部控制、内部审计）、合规工作，以及调查工作、法律支援和专家认证等。这些方面的业务往往是国际会计师行不愿意做的，而恰恰又是当前内地企业所需要的。

### （二）与内地的差异比较

近年来，在多方面因素的共同推动下，香港与内地会计业合作交流层次不断加深，两地会计制度接轨与融汇程度越来越高。但是受到经济体制、历史文化、社会制度等多种因素的影响，香港与内地会计服务业仍存在差异。

1. 会计业发展程度存在差异

香港会计行业发展较早，香港会计师公会于1973年就已经根据香港《专业会计师条例》成立。由于与英国等西方国家关系密切，香港会计业一开始就有很强的开放性和国际性，发展至今已经形成了一套科学的、符合国际惯例的管理体制，会计服务市场相对成熟。香港地区的经济环境完善、法律环境健全，为会计师事务所的公平竞争和良性发展提供了优越的市场环境。

而内地会计服务市场自20世纪80年代改革开放以后才开始发展起来，

进入21世纪才逐步对外开放。改革开放近40年以来，内地会计行业经过恢复重建和不断发展虽然取得了显著成绩，注册会计师执业范围和服务对象日益拓展，执业能力和行业监管水平稳步提高，相关法律制度体系基本健全，社会影响力和国际话语权逐步增强。但是，由于起步较晚、基础薄弱和制度制约等多种原因，内地会计师事务所整体行业规模偏小，业务范围相对较为狭窄，一般局限于审计和验资等传统业务，行业存在严重的同质竞争，行业开放度不高，会计服务行业整体水平与经济社会发展要求以及与香港会计行业发展水平还有较大差距。

2. 会计师事务所体制存在差异

香港的会计师事务所属于私人机构，主要有独资经营和合伙经营两种模式，基本上都是无限责任组织。这些组织既无挂靠单位也无上级主管部门，职业独立性非常高，在香港会计师公会监管下实行严格的行业自律制度，具体包括独资经营和合伙经营两种模式。而在内地，会计师事务所是国家批准成立的依法独立承办注册会计师业务的单位，而且根据《注册会计师法》的规定，只允许设立有限责任制和合伙制，而不准个人设立会计师事务所。内地会计师事务所的脱钩改制工作尚不彻底，原来传统的经营模式和经营理念的惯性影响并没有彻底消除干净。

3. 执业标准和执业规范存在差异

香港的注册会计师的执业条件非常严格，欲从事注册会计师业务时必须具备以下条件：第一，经过香港会计师公会与英国皇家特许会计师协会共同组织的资格考试。第二，有三年以上的从事审计或相关工作的经验。当一名会计师同时具备上述两个条件时，方可取得注册会计师资格（尚无执业资格），并同时成为会计师公会的会员。第三，有一年的审计工作经验。符合以上三个条件的才可以申请注册会计师执业资格。此外，香港会计师公会还规定，注册会计师只有加入会计师事务所才能从事注册会计师业务，同时，这些注册会计师在执行会计、审计业务时必须非常熟悉国际准则和国际惯例。

内地注册会计师的执业条件包括：首先，要具有高等专科以上学校毕业学历，或有会计或相关专业中级以上技术职称（报考条件）；其次，要参加全国注册会计师统一考试并成绩合格；最后，从事审计工作两年以上，并可向各地注册会计师协会注册。同时具备上述三个条件的人员才能成为内地注册会计师并取得执业资格。由于现阶段内地会计师事务所和国际接轨方面还做得不够，因而内地的注册会计师的执业水准还不能像香港地区的同行那样得到国际上的认可。

4. 政策法规和会计准则存在差异

由于内地会计师执业遵守的是《中国注册会计师法》和《独立审计准则》，而香港会计师遵守的是《香港审计准则》，因此，两者在执业范围、会计核算实务等方面都存在着很大的不同。2005 年 1 月香港特区实现了本地会计准则与国际会计准则（IFRS）的全面接轨，至此香港会计准则已经在各重要条款与国际会计准则保持一致。内地与香港会计准则的差异则涉及会计信息的披露、关联方的认定、对固定资产的后续计量、对无形资产的确认、对资产减值的计提等方面。财政部在 2008 年发布相关文件声明，国内会计准则和香港特区会计准则具有同等效力。在大多数会计核算情况下两者在财务报告中应采用相同的会计估计以及相同的会计政策进行一系列的会计确认、计量、核算工作。[1] 另外，香港地区的注册会计师的执业条件严格，香港特区的法律规定，只有香港的公民才能考注册会计师。而内地注册会计师必须参加全国注册会计师统一考试并成绩合格。近年来，虽然香港会计师试图获取内地注册会计师资格证，但在考试通过率很低。

---

[1] 王聪. 浅析国内会计准则和香港会计准则的差异及两地准则趋同建议. 财会学习，2016，12. 田丽. 中国内地与香港会计准则差异分析. 商业会计，2017（10）.

# 第三章

# 粤港经贸合作

## 一、合作渊源与基础

### （一）文化同根促成的区域合作

基于深厚的地缘、史缘、亲缘等关系，广东、香港和澳门三地之间的紧密联系由来已久。

粤港澳三地的社会文化都根植于岭南文化，属于广府文化的范畴，虽然港澳文化由于历史原因受西方文化影响较深，但其本质仍是岭南文化的延伸和繁衍，在社会习俗、宗教、语言、信仰等方面保留着浓厚的岭南文化特色和传统。这种对传统岭南文化的继承和延续，对两地区域经济有着不可忽视的促进作用。

地理环境是文化发展的基础和条件。粤港澳三地都处于岭南地域单元内具有相似的自然条件、语言和风俗习惯，资源条件在区域内形成互补关系，使共同的文化传统得以延续。港澳文化自古就属于珠江三角洲文化圈。港澳古代行政建制隶属于广东大陆，这一从属关系一直维持到近代，其间港澳的行政建制虽几经变更，但大部分时期都在广州的管辖范围之内。这种行政地域管理使港澳与珠江三角洲文化存在一定共同性[1]。

人是文化的载体，同一来源的人必然具有共同的文化特征。粤港澳三地

---

[1] 李燕，司徒尚纪. 港澳与珠江三角洲文化特色及其关系比较 [J]. 人文地理，2001，57 (1)：75-78.

居民都以广府人为主体，据统计，1996 年香港人中能说粤语的占 95.2%。澳门居民也以华人为主体，其中以广府人占绝大多数。

许锡挥等（2001）在《粤港澳文化关系》一书中较系统地论述了三地文化关系，提出三地文化关系主要包括两方面：从东西方文化关系看，由于以广府文化为核心的粤文化始终在三地居主导，这使三地文化保留着中原汉族文化的脉络而与外来的西方文化相区别；而西方文化冲击又使其有异于中原气息。而从三地扮演的角色看，广州本是此地区文化的中心，随着这个地区社会、经济、政治的发展和相互关系的变迁，三地文化各自形成特色。广州成为内地与港澳交流文化的中介；澳门文化始终在广、港文化夹缝中生存；香港特色文化于 20 世纪 70 年代形成后向周边地区辐射[①]。

区域经济的合作发展要求区域内地区之间在人员、资金、货物、信息和交通等方面能便捷的沟通与联系，粤港两地的文化同根性促发了物质要素和信息要素在两地间的流动，对两地区域经济有着不可忽视的促进作用[②]。

粤港两地长期以来所形成的民间往来和交流，是基于地缘、人缘和文化环境基础而形成的，文化同根性所促成的民间交流形成了两地开展经贸合作交流的基础。

## （二）香港对广东的投资

党的十一届三中全会后，改革开放在全国全面铺开，吸引外资成为各地解决传统经济体制中存在的资金短缺、技术缺乏和市场狭小的重要手段。此外，在有条件的地方设立经济技术开发区和开放区，以"摸着石头过河"的方法吸引外来投资，成为推进地区经济增长的重要方式。广东毗邻港澳的区位条件及三地文化同根的区域关系基础，使其获得了一系列灵活措施的权力。基于加强与港澳紧密对接的目的，设立了深圳经济特区与珠海经济特区。

广东省无疑是全国吸引港澳资金最多的地区。曾有研究统计，1979 年改革开放初期，广东省（包括现在的海南省在内）实际利用外资仅 9000 多万美元，但 1999 年广东省实际利用外资达到 144.74 亿美元，占全国利用外资

---

[①] 许锡挥，李萍主编. 粤港澳文化关系 [M]. 广州：中山大学出版社，2001. 187.

[②] 钟韵，闫小培. 粤港澳文化整合与区域经济发展关系研究. 热带地理. 2003, 23（2）：143 - 147.

金额526.59亿美元的27.5%，是全国吸引外资最多的地区之一。而在广东省吸引的外资中，港澳资金占了多数。1979～1999年广东与港澳商人共签订利用外资合同202459宗，合同利用港澳资金1388.3亿美元，实际利用港澳资金792.6亿美元，占广东省实际利用外资的76.7%。其中，1999年协议利用港澳资金45.8亿美元，实际利用港澳资金85.6亿美元，港澳直接投资32.5亿美元[①]。

另有研究统计，早期进入中国内地的香港资本大约95%投资在广东省。1984～1991年，港商在国内的实际直接投资达125亿美元，其中，在广东省直接投资为83亿美元，占了66.4%。到1996年底，香港在内地投资项目达16万多个，累计实际投资约990亿美元。同期，广东省累计实际利用外资大约670亿美元，其中，约80%来自香港。在广东省注册的"三资"企业有80%以上是香港商人投资兴办的[②]。

在香港与内地的经济贸易关系中，广东省一直处于主要的地位。据统计，1980～1996年广东出口总额达2714亿美元，其中，80%以上是对香港出口；广东省进口总额1814亿美元，其中，由香港进口的占75%左右。在此时期，香港对广东省的投资经营方式主要有两种：20世纪80年代初期，以合作经营为主；到80年代末期，合资经营和独资经营企业所占的比重明显，合作经营企业的比重减少。在投资生产方式上亦发生了变化，在投资初期，补偿贸易和加工装配（三来一补）所占的比重达70%以上，但从20世纪90年代初开始至回归前，"三来一补"比重波动较大，并呈现下降趋势。港资在广东省投资的地理空间集中在珠三角区域，据统计，1991～1995年外资在广东投资总额近70%集中在珠三角区域，15%分布在广东省的东西两翼。在投资的重点领域方面，回归以前港资在广东省的投资主要集中在第二产业，据统计，1991年第二产业港资投入的比重占总投入的79%，第三产业占20.1%，第一产业则不到0.9%。1993年以后，港资投向第二产业的比重有所下降，同时投向第三产业的比重上升，在第三产业的投资以房地产为主。但在20世纪

---

① 郑天祥等. 粤港澳经济关系 [M]. 广州：中山大学出版社，2001：10.
② 徐宗玲. 粤港产业合作与劳动市场 [M]. 北京：经济管理出版社，2002：36-37.

80 年代末以及 90 年代中期由于中央的"宏观调控"政策的影响，港资在房地产方面的投资有所下降①。

## 二、合作的演变

### （一）经贸关系发展

改革开放后，通过港资对广东省进行直接投资所建立起来的广东制造业与香港服务业合作的关系，是粤港经贸合作的基础。概括而言，这一时期粤港的经贸合作基础是生产领域相互合作，以加工贸易为主要载体，通过共同参与国际专业分工实现区域共同发展。这一经贸合作模式突破了传统的区域间生产资料互通有无的合作模式，推动粤港两地的生产要素建立了更为合理高效的配置模式。两地之间的加工贸易发展不仅带动了转口贸易的飞速发展，还促进了离岸贸易和服务贸易的发展壮大，形成了区内多元化的贸易结构。

在"前店后厂"合作时期，香港在区域发展中主要承担两方面的任务：一是为珠三角经济社会发展提供有力的融资和金融服务支持；二是为广东制造业提供生产性服务。2003 年的一次调查显示，改革开放的 20 多年来，香港一直是广东省最大的工业生产的资本来源；当时在广东省有业务公司的香港办事处主要承担财务管理、地区总部、销售及市场推广和资讯科技管理方面的工作，而生产运作、货物储存及运送的工作则主要在广东省进行。大部分被调查的公司表示会维持香港现有的财务管理、地区总部、销售及市场推广和资讯科技管理业务的规模，而相当部分的公司则会转移其原料采购、货物储运和生产运作等业务至广东省②。

在粤港两地以加工贸易为主要合作领域的时期，广东"三资"企业工业总产值前 12 大行业亦是广东工业产值最大的 12 个行业，包括电子及通信设备、电器机械及器材、纺织、服装及其他纤维制品等，其产品是港澳从广东进口的主要产品。回归以前，广东省与港澳地区的贸易额呈稳定的快速上升趋势（见表 3-1）。

---

① 徐宗玲. 粤港产业合作与劳动市场 [M]. 北京：经济管理出版社，2002：36-37.
② 香港工业总会，珠三角制造——香港制造业的蜕变，2003：32。

表 3-1　　　　　广东省与港澳地区的贸易状况（1979~1997 年）

| 年份 | 出口总额（亿美元） | 出口至港澳 出口额（亿美元） | 出口至港澳 比重（%） | 进口总额（亿美元） | 由港澳进口 进口额（亿美元） | 由港澳进口 比重（%） |
|---|---|---|---|---|---|---|
| 1979 | 17.02 | 8.73 | 51.30 | 2.40 | - | - |
| 1980 | 21.95 | 11.27 | 51.30 | 3.56 | 1.28 | 36.00 |
| 1985 | 29.53 | 21.68 | 73.40 | 24.26 | 22.11 | 91.10 |
| 1995 | 556.67 | 489.05 | 87.90 | 381.67 | 306.11 | 80.20 |
| 1997 | 726.56 | 620.25 | 85.40 | 471.66 | 399.86 | 84.80 |
| 1990~1997 小计 | 3040 | 2582 | 85 | 2061 | 1633 | 79.2 |

资料来源：《广东统计年鉴》。

随着加工贸易的发展，广东制造业通过经香港转口至第三国的转口贸易发展的促进，亦开始快速发展。从 20 世纪 90 年代开始，经过香港转入内地的贸易额平稳增长，而增值后出口的广东省产品增长迅速，基本与自广东省进口产品呈同步增长，显示出这一时期粤港贸易的快速增长。但是，随着转口贸易过程中香港对中国产品的转口毛利的上升，亦渐渐削弱了广东省寻求香港作为一般贸易的转口中介的利益动机，促使广东省制造业逐步呈现"去香港化"的趋势，广东制造业对香港的国际中介功能需求逐渐减弱。

加工贸易和转口贸易蓬勃发展的同时，粤港两地的离岸贸易①亦发展日盛。研究显示，至 20 世纪 90 年代后期，转运及直接付运日益成为广东出口的付运模式。1997 年上半年，由香港经海路转运的货量比 1996 年同期增加 19%，而同期深圳盐田港和蛇口港的货柜处理分别上升 166% 及 190%。由于广东省的一般贸易仍维持平稳的增速，可以认为这一飙升是由于粤港离岸贸易的增长，尤其是直运的迅猛增长而导致的[2]。

随着区域经济一体化的发展、内地对外开放的深化以及内地经济发展水平的提高，珠江三角洲成为亚太地区甚至全世界制造业的中心，香港在区域发展中的作用有所改变。粤港两地的经贸合作进一步深化，并出现了新的特点。

据 2003 年时的统计，2002 年珠三角制造业产值占全区 GDP 的 44.79%。经过了 20 多年的发展，珠三角已经积累具备了庞大的现代制造业基础和规

---

① 离岸贸易包括转运与直接付运。转运指以联运提单方式付运货物，付货点及提货点均在香港以外，无须清关，只需做短暂停留；直接付运则根本无须经过香港。

② 香港贸发局研究报告，《离岸贸易及境外投资发展前景》，1998。

模，世界上最主要的电子信息产品、电信设备、家电、五金制品、石油化工等制造商，已将其生产网络扩展至珠三角，并已经形成一些在亚太地区和全国享有盛誉的产品制造基地。例如，珠三角东部目前已形成1200亿～1300亿元规模的连片电子及通信设备制造基地，是亚洲地区电子信息业最密集的地方之一。在此背景下，2005年开展的一次对珠三角制造业企业的调研中发现，随着广东省与国际经济接轨程度的提高，香港作为贸易跳板的作用已逐渐降低，有很多贸易的接单工作已转移到了深圳进行；就转口作用而言，由于香港属于中国的一部分，为避免反倾销，部分企业表示未来的转口地有可能会选择越南等周边的国家，而不再经过香港转口，即香港作为贸易转口跳板的作用也将逐渐降低[1]。此外，珠三角企业对于香港融资服务的需求，亦从以往"为广东提供资本的渠道"提升为"为广东提升优质资本的渠道"。而另一个值得注意的现象是，随着广东产业结构升级转型的推进，由于香港在科技服务方面未能有效对接广东省的转型需求，导致其对广东省经济发展的中介功能有所减弱。

同时，进入21世纪后，为配合本地经济发展的需求，广东省也着力培育本地的服务业体系与服务业中心的发展。在2003年编制的《珠江三角洲城市群协调规划》中指出，珠三角将发展为重要的世界制造业基地，以珠三角为主体；广东省也将以现代化制造业基地作为其产业发展的目标。为配合本区制造业的发展，本区的对服务业整体需求水平也将有较大的提高，对国际水平的现代化服务中心的需求也日益增强。

由此可见，粤港分工的深化是两地合作的一个必然趋势。随着两地分工的深化，两地进行优势互补的层次从简单的加工与贸易的互补发展到更高的层次——现代化制造业与先进的服务业之间的互补，进而再提升至服务业与服务业之间的合作发展。目前，服务贸易合作已成为粤港合作的焦点。可以认为，在粤港澳大湾区城市群建设的新合作背景下，粤港两地经贸合作的目标已不再仅仅停留于"提升本区域的经济地位"，还在于"拉动更大区域的发展"。

### （二）合作的推动机制

制度安排是推动区域合作的一种重要手段，其根本目的在于通过制度保

---

[1] 立法会工商事务委员．工商及科技局．《安排》对香港经济影响．2005年4月．

障，实现要素在区域内的自然流动，包括各类人员、商业方式、生活方式等的相应调整，都是要素流动下带来的溢出效应。

新中国成立到改革开放的这段时期内，粤港的人员、资金和物资均不能自由流动，导致这一时期两地的合作关系仅停留在供水、供电和供应食品等有限的领域。香港回归以前，受制于粤港两地的人流、资金流不能自由流动，政府层面所涉及的粤港合作主要集中在贸易、加工生产、交通和交通基础设施建设，以及供水、供电、供应食品等领域。两地合作以民间推动为主导，工商社团和一些半官方机构亦配合。两地政府层面尚未涉及构建合作的推动机制，中央对广东涉港事务的授权以处理边境事务为主。经国务院批准，粤港和粤澳先后于1981年6月和1987年7月设立了粤港和粤澳边境联络制度。

改革开放之初，党中央和国务院对毗邻港澳地区的广东省实行"特殊政策、灵活措施"，设立了经济特区。在吸引港资投资的过程中，广东省在国家相关吸引外资的政策指导下，进一步制定出广东省吸引外商投资的政策和规定，打造出有利于港资投资的软环境。以深圳经济特区政策为例，深圳市政府在经过全国人大审议通过的《广东省经济特区条例》的基础上，按照国务院有关鼓励外商投资的规定，制定出经济特区的条例。包括：对在深圳的外商企业，从事生产、经营所得和其他所得，均减按15%的税率征收企业所得税，免征地方所得税，并对不同生产活动的行业提出了针对性的所得税减免办法；满足投资者的土地需要，对不同类型的土地免征、缓征土地使用费；改善外汇管理以及为外商提供入境方便；鼓励外商企业向国际市场销售等。此外，广东省还对各级地方政府在审批权限、税收优惠和产品导向方面，制定了相应规定。随着外部环境的变化，地方的外商投资政策亦有相应的调整。

有研究指出，1979～1995年在中央支持下广东对利用外资的优惠政策包括：1980年、1984年、1988年三次下放利用外资的审批权限，使得港澳厂商投资的中小型加工装配、补偿贸易项目可以简化审批手续，及时转入广东生产；对于外资项目，一些项目免征地方所得税和一些增值税，如外资企业及从事加工贸易企业项目进口设备的免进口税优惠；港澳地区加工运回的印刷品一律免征法定税及征关税等；对港澳同胞投资的企业所得税减免幅度较其他外资更大；同时港澳投资企业经常得到当地政府在土地、人员、水电等配套设施方面的支持,在一些清关、转厂等其他方面亦可以得到协助①。

香港回归后,粤港合作进入了通过制度安排推进全面合作的时期。有分析认为,1998年至今,粤港澳合作可以从机制的演进而划分为三个发展时期②。

1998~2002年机制初建期,粤港商议的合作议题主要在口岸、旅游、环保、教育和金融领域的少数项目上。1998年建立的粤港联席会议机制使两地合作由以市场为主转向了市场、民间、政府协调等多方面推动。

2003~2008年的制度整合期,CEPA的签署,可以被视为通过制度性安排推动粤港经贸合作的重要举措,至此,粤港经贸关系从以往的功能性整合逐步转向由功能性整合与制度性整合共同促进。

2008年至今进入合作的深度整合和创新期。粤港合作被提升至国家战略层面,CEPA在广东先行先试政策的实施、《粤港合作框架协议》的签订、广东自由贸易试验区的设立、服务贸易自由化协议的签署等一系列举措与机制,将粤港经贸合作全面推向深度整合,也为粤港两地的服务贸易合作提供了日益完善的制度框架。

可以认为,随着粤港两地的经济差距的缩小,两地间由于体制的差异所造成营商环境、行政制度、经济政策和法律制度等方面的差异,显现出对于要素自由流动的阻碍,要逐步解决这些由于制度和体制差异而造成的合作阻碍,需要构建更为完善的制度框架,两地政府间的协调沟通机制日益重要。

---

① 郑天祥等. 粤港澳经济关系 [M]. 广州:中山大学出版社, 2001: 147.
② 林迪夫等. 粤港澳合作报告. 中国文化院有限公司, 2015.

# 篇末小结

香港是亚太地区国际化程度最高的城市之一，不但是亚太区重要的国际贸易、金融、信息、运输及服务枢纽，同时也是珠三角的主要对外门户和海外对华贸易投资的渠道。在"前店后厂"合作时期，香港在粤港经贸合作中承担的主要任务包括是为珠三角经济社会发展提供有力的融资和金融服务支持，以及为广东省制造业提供一系列的生产性服务。随着区域经济一体化的发展以及内地经济发展水平的提高，粤港的经济关系日益走向融合与一体化，香港在经贸合作中的作用亦随之发生改变。

实践证明，粤港合作取得了举世瞩目的成就。粤港经贸合作对广东省和香港的发展都有着积极的促进作用。

对广东省而言，粤港经贸合作是广东省经济迅速崛起的重要法宝。改革开放20多年，香港约千亿美元的投资和数万家厂商转移到广东省，使广东省发展成为了全球性的重要出口加工基地，并对加速广东省从农业社会向工业社会的转型，起了关键性作用。一方面，港资的进入使广东经济获得了高速发展，经济实力大大增强，并构建起了开放性的外向经济体系。另一方面，广东还充分利用港澳自由港的资源优势，在港澳地区进行投资。自改革开放至回归之初，类似的投资主要可分为两种类型：一种是广东省、市、县、镇各级政府在港澳设立的公司，主要是作为地方政府对外改革开放的"窗口"；另一种则是在港澳投资的实业公司，这类公司通过不仅为内地引进了资金、先进技术设备和管理经验，还参与了香港经济建设，为国家提供了外汇，国际上许多大公司也通过这些位于香港的广东公司而增加了对广东省的了解，并进而与广东建立经济联系。据2001年的不完全统计，广东省在香港控股上市公司约有6家，其中，粤海集团、越秀集团总资产排名在全国的港中资企业资产前 10 名。另外，比较著名的还有深业集团、珠江集团等①。

  对香港而言，香港将其劳动密集型加工业转移到广东省，有效地利用广东省的资源而降低了生产成本，极大地提高了香港产品的竞争力，成功地完成了从制造业为主到服务业为主的经济结构转型。同时，广东产品经香港转口到世界各地，利用香港筹措外资等行为，强化了香港作为国际金融中心、贸易中心和航运中心的地位。

  改革开放以来，粤港澳合作关系经历了由"自发合作"走向"自觉合作"、由"前店后厂"走向"统一市场"，由"制造业与服务业的合作"走向"服务业与服务业的合作"。现阶段，粤港合作已上升至国家战略层面。国家的"十二五"规划纲要已从国家整体发展的战略高度，明确深化粤港合作是建设中华民族共同家园的一项重要内容，将粤港澳合作从区域战略上升为国家战略。2017年粤港澳大湾区城市群建设任务的明确提出，更是赋予了粤港澳共同打造更具综合竞争力世界级城市群的发展定位。

  改革开放后，香港充分参与了国家的改革开放和工业化进程，并成功将经济模式由制造业为主转至由服务业为主。展望国家未来的发展，推动服务业的发展必将是重要任务之一。目前，服务贸易已经成为粤港经贸合作的重点，探讨粤港在服务业领域合作的制度机制的创新，并探讨其目前最重要的合作载体平台，对推进粤港两地的经贸合作、实现粤港深度整合发展的目标有着重要的现实意义。

---

① 郑天祥等. 粤港澳经济关系［M］. 广州：中山大学出版社，2001：10.

# 第二篇

# 回归以来的粤港服务业合作：
# 制度的创新

通过设立制度框架推进粤港澳合作，是中央政府乃至粤港两地政府近年来的共识。尤其是在服务贸易自由化和投资便利化的制度性安排下，更显示出国家对于推进粤港澳服务业合作、进行制度创新的意图。与广东省经济发展及产业结构升级相对应，粤港服务业合作自香港回归之时便开始蓬勃发展，粤港服务业合作的制度框架自20世纪90年代以来，经历了多次深化。总体而言，粤港两地服务业领域的合作开放范围越来越大，合作深度也日渐加深，同时，服务业也成为粤港澳进一步合作阻碍的主要领域[1]，因此，针对粤港澳合作的制度框架的不断深化，亦将主要注意力放在了服务业领域。

本篇依托笔者自2001年以来多项有关粤港服务业合作的研究成果与调研总结，旨在通过回顾梳理过去对粤港服务业合作的跟踪研究工作成果，客观反映两地服务业合作推进中曾经面临的阻碍；粤港两地业界对推进服务业合作的述求；在粤港服务业合作推进过程中制度创新的历程；以

---

[1] 郭海宏，卢宁，杨城. 粤港澳服务业合作发展的现状及对策思考 [J]. 中央财经大学学报，2009：71-75.

及对应于各制度框架下的不同发展阶段内，粤港服务业合作的特点。

本篇将首先概述近20年来，促进粤港两地服务业合作的各项重要制度、政策设立的时间，其设立的主要意图及在当时的意义。然后，根据香港回归以来促进粤港服务业合作制度创新的时间脉络梳理，按照"CEPA的实施、CEPA先行先试政策实施、服务贸易自由化框架下的推进"这一时间脉络，将回归以来粤港服务业合作分为四个发展阶段：香港回归至CEPA实施前（1997~2003年）、CEPA先行先试策略实施前（2004~2008年）、先行先试框架下（2009~2014年），服务贸易自由化制度框架下（2015年至今）。分别阐述每个制度创新阶段中粤港服务业合作的背景、成效、存在问题及原因，以期通过对各阶段下粤港服务业合作进展的分析，描绘出制度创新对于两地服务业合作的作用，为进一步提出粤港服务业的合作策略提供参考依据。

# 第四章

# 合作制度的建立与演进

## 一、香港回归以来的制度创新历程

### (一) 制度框架演进历程概述

粤港合作历史悠久,早期的主要合作模式是:地缘优势和要素互补促成自发性的经济、社会和民生合作,两地政府给予相应的配套政策支持。两地合作的制度性保障机制行为,可以追溯至始于1998年,由两地的行政首长主持的粤港合作联席会议制度的建立。为促进粤港合作,广东省和香港特别行政区自1998年起,每年一次轮流在广州和香港召开,会议参加成员由广东省与香港特区政府高层人员组成,会议由两地行政首长共同主持。联席会议还下设多个专责小组,旨在协调粤港在贸易、经济、基建发展、水陆空运输、海关等多方面事务。

2003年,为配合中国"入世"的实施,由商务部与港澳特区政府分别签订了《内地与香港(澳门)关于建立更紧密经贸关系的安排》(CEPA),使港澳企业能先于其他外资同类企业进入内地市场[1]。2014年1月1日起两项《安排》正式开始实施,之后每年商务部均与港澳各签署一份CEPA补充协议,力图通过完善实施细则、扩大开放的门类、降低进入的门槛等方式,加快港澳企业进入内地市场的步伐[2][3]。

---

[1] 根据中国"入世"时间表,大部分服务业市场于2006年底向外资企业全面开放。
[2] 钟韵. 粤港合作新阶段香港服务业发展前景分析 [J]. 广东社会科学, 2008 (1), 107-112.
[3] 冯邦彦, 覃剑, 彭薇. "先行先试"政策下深化粤港金融合作研究 [J]. 暨南学报(哲学社会科学版), 2012 (3), 89-90+163.

虽然 CEPA 自签订以来，港澳业内人士已将最近邻的广东作为进入内地市场的首选地，但协议的实施之初，CEPA 条例中并没有十分突出港澳企业进入广东市场的特殊优惠。及至 2008 年，经中央人民政府批准，广东省以"CEPA 先行先试"形式，在 CEPA 的制度框架下，加大 CEPA 的开放力度，将一些暂时在全国范围不具备开放条件的政策措施在广东省先行先试，更将广州、深圳、珠海、佛山、东莞等五个城市确定为 CEPA 先行先试的试点城市。

2010 年，为落实《珠江三角洲地区改革发展规划纲要（2008～2020年）》、CEPA 及其补充协议，进一步促进粤港更紧密合作，广东省人民政府分别与香港特别行政区政府及澳门特别行政区政府，签署了《粤港（澳）合作框架协议》，这两份制度性协议均具有法律效力。

2014 年 12 月 18 日，在 CEPA 签订了 11 次补充协议后，商务部与港澳特区政府分别签署了《内地与香港（澳门）CEPA 关于内地在广东与香港（澳门）基本实现服务贸易自由化的协议》（亦被称为 CEPA《广东协议》，以下简称为 CEPA《广东协议》），并于 2015 年 3 月 1 日起正式实施。这是内地首次以准入前国民待遇加负面清单的方式签署的自由贸易协议，涉及面广、内容丰富。CEPA《广东协议》签署后，内地将在广东率先与香港基本实现服务贸易自由化，同时为内地与香港基本实现服务贸易自由化先行先试积累经验。

2014 年 12 月 28 日，国务院批准设立中国（广东）自由贸易试验区。广东自贸区涵盖三个片区：广州南沙新区片区（广州南沙自贸区）、深圳前海蛇口片区（深圳前海蛇口自贸区）、珠海横琴新区片区（珠海横琴自贸区），总面积 116.2 平方公里，广东自贸区立足面向港澳台深度融合。2015 年 4 月，中国（广东）自由贸易试验区在广州南沙区举行挂牌仪式。

2015 年 11 月 27 日，商务部与香港特区政府在香港签署了《〈内地与香港关于建立更紧密经贸关系的安排〉服务贸易协议》。此项协议是在 CEPA 及其所有补充协议、CEPA《广东协议》已实施开放措施基础上签署的，旨在推动内地与香港特别行政区基本实现服务贸易自由化，逐步减少或取消双方之间服务贸易实质上所有歧视性措施，进一步提高双方经贸交流与合作的水平。

## （二）制度框架演进特点

粤港合作历史悠久，保障合作的制度框架亦随着两地的经济发展需求而不断推进。综上可见,香港回归后粤港合作的制度框架演进有两方面的特点。

第一个特点是,广东省始终是内地与港澳地区合作的桥头堡,近年来为配合服务业合作的深化,合作制度所设定的合作对接平台不断具体化。具体而言,粤港澳合作的对接平台从全省层面的对接发展到 CEPA 试点城市的优先对接,再到最新的以广东自贸区南沙、前海、横琴等片城区的对接。换言之,政府通过以试点区域的形式,设立特定的制度框架,力图加大广东与港澳地区合作的深度、加快行业合作。可以认为,自 2008 年 CEPA 先行先试始,在特定的区域(五个试点城市和南沙、前海、横琴)内实施试点开放政策,成为合作制度框架制定的一个创新点;广东自贸区的设定,更是以制度创新为核心,以深化粤港澳合作为重点,将广东服务业与港澳服务业的重点对接平台进一步具体到南沙、前海和横琴等三个新区。

第二个特点是,根据合作中所面临的阻碍以及现行经济发展的需要,合作的制度框架不断动态更新,促进服务贸易自由化的意图在制度框架演进中得以不断强化。例如,2008 年国家批准对香港服务业开放的 13 个领域 25 项政策措施在广东先行先试,涉及金融、教育、医疗、交通服务、社会服务和电子商务等多领域,此创新性制度成为实施 CEPA 的阶段性突破点。又如,为解决 CEPA 在实践中存在的落实效果欠佳、准入门槛过高和配套法律法规不完善等问题,2014 年底签署的服务贸易自由化的协议,通过制度创新,采用"负面清单"管理模式,以期为粤港澳服务业合作清除了"最后一公里"障碍。再如,广东自贸区的总体方案提出,将以制度创新为核心,致力于打造粤港澳高度服务业融合发展的新高地。

## 二、重要的制度创新

### (一)制度创新对推进服务业合作的意义

粤港经贸合作有着悠久的历史。改革开放后,香港制造业大规模迁入广东,更是增加了两地政府、商界及民间的相互了解。但是必须认识到,香港制造业在内地设厂生产与香港服务业到内地开展业务的经济活动性质完全不同,其市场准入的牵涉面亦存在较大差异,因而亦导致两地服务业合作亟须制度创新，以便营造良好的合作环境。

首先，香港制造业在内地设厂生产与香港服务业到内地开展业务，两种经济行为的性质不同，由此导致粤港服务业合作的开展较之吸引港商到广东省投资设厂所需要的制度环境存在差异。改革开放后香港制造业迁入广东省，所形成的"前店后厂"合作模式在一定程度上属于一种"飞地生产"性质的区域合作模式，香港的制造业在广东开展 OEM 出口加工业，供销两头在外，在内地实际上只有一个加工环节，因而与内地市场的关联度不大，对内地市场的制度环境的要求多涉及生产成本，而不涉及市场准入问题①。因此，香港制造业的进入及营运障碍相对较小。香港服务业企业及服务业提供者到内地开展业务，则是以融入内地市场为前提，与内地的服务业企业及服务业提供者的竞争将无可避免，而其经济活动行为亦不可避免地将遇到深层次的制度、政策等方面的问题。

其次，香港服务业企业与服务业从业人员到广东省开展业务，涉及市场准入的全过程，需要面对一系列复杂问题。例如，香港服务企业进入内地市场，首先将面临设立办事处或分公司的需求。我国的服务贸易保护政策，在企业形态（必须合资或控股一定比例）、投资地域（不同的公司能深入内地区的情况不同）、门槛限制（银行、保险公司必须有足够数量的资产和服务业绩）等方面，对境外服务业都有所限制，以保护内地还很不成熟的服务业②。因此，香港服务业的进入就不可避免地要面对复杂繁琐的限制及审批手续问题。

可以认为，如果说除去营商环境、生产成本、劳动力资源等共同关心的要素，在香港制造业内迁时期，港商还关心货物贸易的关税问题，那么，进入到服务业合作阶段，香港服务业提供者还需要面对的则是服务贸易壁垒问题。

由此可见，制度创新对消除服务贸易壁垒有着至关重要的作用，而制度环境亦成为推进粤港两地服务业合作的首要因素。上文所述制度创新历程显示，香港回归以来中央政府及粤港两地政府均通过不断的制度创新推进粤港服务业合作。

---

①② 龚唯平．粤港区域服务贸易自由化的困境及其对策［J］．广东社会科学，2007（6）：137－141．

## （二）CEPA 的设立与推进

2003 年 6 月 29 日，商务部与香港特区政府签署了《内地与香港关于建立更紧密经贸关系安排》（简称 CEPA）。CEPA 包括货物贸易零关税、服务贸易自由化和投资便利化三大主要内容。由于当时香港已进入"服务经济"社会，CEPA 中服务贸易自由化和投资便利化较之货物贸易零关税更受关注。

CEPA 自 2014 年 1 月 1 日起实施。自 2004 年起，商务部每年均与香港特区政府签订一份 CEPA 补充协议，以完善加强内地与香港经贸合作的细则安排，并就货物贸易零关税、服务贸易自由化和投资便利化三项内容不断增加与补充。可以认为，CEPA 的签订与实施使香港与内地的经贸关系迈入了新的阶段，CEPA 已成为深化内地与香港经贸合作的重要政策平台，为粤港服务业合作创造了良好的制度条件。

作为 WTO 框架下地区性的自由贸易协议，CEPA 必须遵行全球化中的国际多边贸易规则尤其是服务贸易总协议（general agreement on trade in services，GATS）的规则，实施比 WTO 更为自由的市场准入与非歧视的国民待遇，以推进地区的市场开放和区域一体化的发展。CEPA 承诺主要体现在对各类服务市场准入的优惠措施方面，优惠的形式包括允许独资经营、减少持股限制、降低股本要求、扩大业务种类和降低地域限制等。在 CEPA 的执行过程中，对争取市场开发和自由化采取了由易到难、循序渐进的方式，以推进内地服务业市场的大门逐步向香港服务业提供者打开。

服务贸易自由化作为 CEPA 的内容之一，其目的在于"促进香港与内地的服务贸易自由化，逐步减少双方的贸易壁垒"。CEPA 框架下内地向香港扩大开放服务贸易的过程从两方面展开：一是进一步深化原有服务贸易领域的开放内容；二是持续新增服务贸易开放的领域。CEPA 有关服务领域的划分使用《服务贸易总协定》的服务部门分类法，内地对香港服务贸易的开放部门已达到 149 个，占世贸组织分类中 160 个服务部门总量的 93.1%。

由于香港自由港的特殊地位，CEPA 除了具超越 WTO 更为开放的性质外，还具单边开放的特点。内地透过 CEPA 为香港带去了极大的社会和经济效益。虽然 CEPA 具单边开放的特点，但并不意味着在此框架下仅有香港的单方得益。事实上，内地通过加入 WTO 与推进地区性的自由贸易协议，或参与全球多边贸易体系，亦增加了追求巨大的贸易利益的机会。但是，在这个过程中，推进中国的市场化和法治化，最终建立完善的市场经济体制，并进而参与全球多边规则的制定，具有巨大的制度性效益。从 CEPA 的效益看，引进香港服务业不仅仅有助于内地服务业的发展，更有助于内地市场体制的完善。由此可见，CEPA 本身具有推动香港与内地双赢的效应①。

### （三）服务贸易自由化

由于香港的经济结构以服务业为主体，其中，生产性服务在服务业中占了相当大的比重（约占本地生产总值的 50%），而香港的生产性服务对象主要是已把生产业务迁入珠三角的香港制造商，目前全港约有 150 万个职位（超过香港劳动人口的 40%）与珠三角香港公司的工业生产活动有关②。因此，香港商界对 CEPA 中的服务贸易自由化最为关注。

根据制度设计的初衷，CEPA 协议的签订将有助于内地和香港两地政府间的合作协调和资源整合，扩大香港服务业市场半径，刺激香港经济更快发展，同时提升内地服务业发展水平。与此相对应，推进服务贸易自由化便担负着深化香港与内地合作的重要使命。以商务服务业为例，随着服务贸易自由化的推进，两地服务同行可高密度聚集在一起，两地间将不再存在地方服务贸易壁垒，服务人员能够自由流动，并根据各自优势开展业务，由此共同构建出一个协调平等竞争的商务服务体系平台，构建起有利于区域经济整合的体制和协调运行机制，避免因信息不对称而导致的低效率资源配置，实现商品、生产要素自由流动、投资便利化和服务贸易自由化，实现外部服务效应内部化，为产业链的有效延伸降低交易成本③。

2014 年 12 月商务部与香港特区政府签订的 CEPA《广东协议》，其目的便是促进广东率先与香港基本实现服务贸易自由化。CEPA《广东协议》包括四方面特点：一是开放模式新。与以往 CEPA 协议相比，新签署的《协议》以负面清单为主，绝大多数部门以准入前国民待遇加负面清单的开放方式予以推进，个别部门继续采用正面清单的开放方式。二是开放部门多、水

---

①③ 香港特别行政区政府中央政策组大珠三角商务委员会，《"十二五"时期扩大深化 CEPA 开放的政策建议》，2012.2。

② 香港工业总会，珠三角制造——香港制造业的蜕变，2003。

平高。开放部门将达到 153 个，涉及世界贸易组织服务贸易 160 个部门总数的 95.6%，其中，58 个部门拟完全实现国民待遇；在采用负面清单的 134 个部门中，保留的限制性措施共 132 项；采用正面清单扩大开放的部门新增 27 项开放措施，其中，个体工商户新增开放行业 84 个，累计开放行业达 130 个。三是将给予香港最惠待遇以协议的方式进一步明确下来，即今后内地与其他国家和地区签署的自由贸易协定中，优于 CEPA 的开放措施均将适用于香港地区。四是市场开放与深化改革同步推进。根据商务部的消息，为切实推进自由化的工作，内地各有关部门已会同广东省对香港探索建立健全与负面清单管理模式相适应的相关配套制度，将为广东与香港基本实现服务贸易自由化提供制度保证。

2014 年 12 月签署的 CEPA《广东协议》与 2015 年 11 月签署的《〈内地与香港关于建立更紧密经贸关系的安排〉服务贸易协议》同为促进服务贸易自由化的制度安排协议，前者彰显出广东省作为率先与香港基本实现服务贸易自由化试验田的地位。由此亦可以看出，推进服务贸易自由化已成为粤港合作新阶段的一项重点工作。推进服务贸易自由化，对香港巩固国际金融、贸易、航运等中心地位和发展新兴现代服务业，以及为内地经济发展、全面推动内地与香港经济融合，均有着积极的意义。

# 第五章

# 从回归至 CEPA 实施前的合作

## 一、合作的背景

### (一) 产业合作模式逐步转变

1978 年改革开放后至 20 世纪 90 年代，珠江三角洲利用一系列投资的优惠政策、廉价的土地和劳动力，吸引了香港大量的制造业北移。由此形成了"前店后厂"的地域分工模式（见图 5-1），珠三角担当了生产基地的角色，香港则保留和扩大了为这个工业体系提供各种服务的功能，同时还利用其国际通信、金融保险、国际航运中心的优势，使这个分工体系更具有国际竞争优势[1]。粤港两地"前店后厂"地域分工模式，是港澳和珠江三角洲之间形成的一种要素互补的发展方式。

在"前店后厂"时期，广东省制造业发展对香港服务业的贡献甚至大于香港制造业对香港服务业的贡献。但也可以注意到，这一时期香港和内地的产业协作不单是制造业与服务业之间的协作，还包括服务业与服务业之间的协作[2]。换而言之，粤港两地从 20 世纪 70 年代末开始的制造业与服务业之间的合作，至 20 世纪末，已逐渐转变为"制造业与服务业合作，以及服务业与服务业之间的协助"的多元产业合作模式。

不可否认，国内过去的服务贸易保护政策或多或少地人为限制了香港

---

[1] 薛凤旋. 都会经济区：香港与广东共同发展的基础 [J]. 经济地理, 2000, (1): 37-42.
[2] 《建立香港与内地服务产业链的战略构想与对策研究》课题组. 香港与内地服务产业链策论 [M]. 北京：中国经济出版社, 2000.

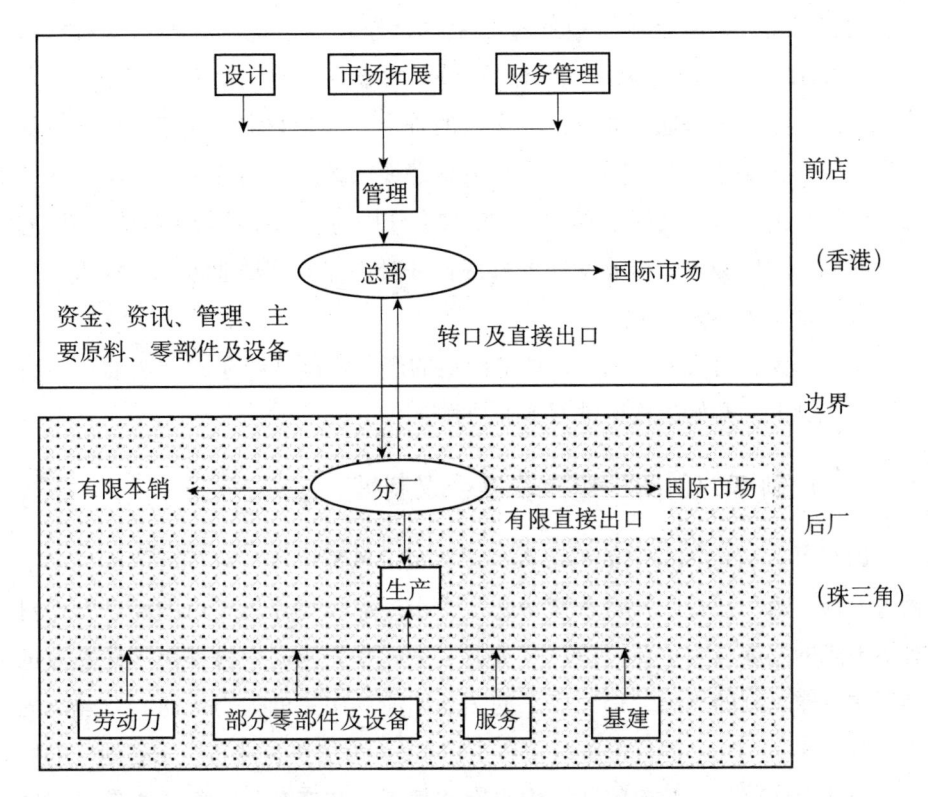

```
┌─────────────────────────────────────────────────┐
│    ┌────┐   ┌──────┐   ┌──────┐                 │
│    │设计│   │市场拓展│   │财务管理│              │
│    └─┬──┘   └──┬───┘   └──┬───┘                 │
│      │         ▼          │         前店        │
│      │      ┌────┐        │                    │
│      └─────▶│管理│◀───────┘                    │
│             └─┬──┘                             │
│               ▼                                │
│             ╭────╮      国际市场        (香港)   │
│  资金、资讯、│总部│─────▶                        │
│  管理、主    ╰────╯                             │
│  要原料、     │  转口及直接出口                   │
│  零部件及设备  │                                 │
└───────────────┼─────────────────────────────────┘
                │                          边界
┌───────────────▼─────────────────────────────────┐
│             ╭────╮                              │
│  有限本销◀──│分厂│───▶ 国际市场       后厂      │
│             ╰─┬──╯ 有限直接出口                  │
│               ▼                                 │
│             ┌────┐                    (珠三角)  │
│             │生产│                              │
│             └────┘                              │
│    ▲          ▲        ▲        ▲              │
│  ┌──┴─┐  ┌────┴────┐ ┌─┴─┐  ┌──┴─┐             │
│  │劳动力│ │部分零部件│ │服务│  │基建│            │
│  │    │  │及设备   │ │   │  │   │             │
│  └────┘  └─────────┘ └───┘  └────┘             │
└─────────────────────────────────────────────────┘
```

**图 5-1　"前店后厂"地域分工模式**

资料来源：薛凤旋，2000。

的服务机构向内地输出服务。但在这一时期，香港特区政府统计署的数据显示，就香港服务输出的目的地看（见表 5-1），中国内地是香港服务的最主要输出地。

**表 5-1　按 2003 年主要目的地划分的香港服务输出（2001~2003 年）** 单位：%

| 年份 | 中国内地 | 美国 | 日本 | 中国台湾 | 英国 | 其他 |
|---|---|---|---|---|---|---|
| 2001 | 24.9 | 22.8 | 8.8 | 6.8 | 5.8 | 30.9 |
| 2002 | 28.2 | 21.1 | 8.9 | 6.6 | 5.9 | 29.4 |
| 2003 | 28.8 | 20.9 | 7.2 | 7.1 | 5.4 | 30.6 |

资料来源：香港特区政府统计处网站。

从 1990 年开始，我国逐步放宽外商对服务业的投资范围，香港资本对广东服务业的投资比重日益上升。服务业企业间的合作关系常见为资本合作和管理合作，例如，由于 20 世纪 90 年代国家政策规定零售业不可设立外商独资公司，因此，港澳企业一般通过与中方合作或以房地产开发形式进行投资[①]。又如，房地产业是港澳企业涉及最多的服务行业，几乎所有的香港著名大财团都在广东房地产业投入了大量的资金，部分香港企业家与内地企业合作，成立房地产中介公司，如珠江恒昌房地产顾问公司即为广东珠江实业与香港恒昌测量师行共同投资建设。管理合作则通常伴随着资本合作而开展。这一时期，两地服务业企业发挥各自特长并联手完成某项业务、企业人才共享的合作现象尚不多见[②]。

可以认为，自香港回归后，粤港两地的产业合作已经在"前店后厂"合作模式基础上，开始出现粤港服务业协作。

### （二）制度的创新：建立联席会议制度

1997年，香港回归后的第二天，亚洲金融风暴爆发，对特区政府提出了重大考验。第一任行政长官董建华先生提出，加强与邻近省市的经济合作对香港未来的发展极为重要。1997年8月，董建华先生向中央提出了建立粤港高层次合作机制的构想，得到广东的热烈回应和中央的大力支持。董建华先生在其1997年10月的首份施政报告中提出，"为加快香港与广东省地区的区域性全面合作，特区政府将联同中央有关部门，和广东省政府成立较高层次的组织"。1998年3月，粤港合作联席会议正式成立，并召开第一次会议。

这是内地省区政府与香港特别行政区政府之间建立的第一个高层次、经常性的协调组织机构。粤港两地通过联席会议开展两地官方层面的合作，联席会议每年一次，轮流在广州和香港两地召开，联席会议的目的旨在加强粤港两地的沟通，全面加强粤港两地多方面的合作，改善两地经济、贸易、基建等方面事务的协调关系。

前五届联席会议由广东省常务副省长与香港特区政务司司长共同主持召开，探讨的内容不仅包括口岸、环保、基建、经贸等多方面具体的合作内容，还涉及逐步在粤港两地建立负责推进合作事宜的官方机构，搭建越来越完善的合作体系。自2003年起，粤港联席会议升格为由两地行政首长共同主持。

---

① 郑天祥，李郇. 粤港澳经济关系 [M]. 广州：中山大学出版社，2001.
② 钟韵. 基于企业视角的粤港服务业合作研究 [J]. 广东社会科学，2011 (2)：107-113.

## 第五章 从回归至 CEPA 实施前的合作

2003 年 6 月 CEPA 签署后，2003 年 8 月，广东省省长亲自率领由有关厅局和广州市、深圳市、珠海市领导组成的广东省代表团赴港，出席第六次粤港合作联席会议。双方同意建立粤港合作新的架构和新的机制，从第六次粤港合作联席会议开始，联席会议规格升级，由双方行政首脑主持。同时，会议决定在联席会议下各设"联席会议联络办公室"，重新整合联席会议下的 15 个专责小组，负责研究、跟进并落实各专题合作项目及继续推进现有的合作项目。粤方增设"粤港发展策略协调小组"，由当时的广东省发展计划委员同广东省政府发展研究中心牵头负责，就粤港经贸发展的广泛领域分课题进行合作研究，成果经联络办公室协调衔接后提交联席会议讨论决策。港方则在联席会议的新机制下成立一个由中央政策组牵头的研究小组，成员包括学者和专家以及相关政府部门的代表，就粤港合作的方向和议题进行全面和深入研究。双方还同意各自成立商界合作组织，让两地企业、行业和商会之间进行经常性的研讨和搭建互动平台。粤方由省贸促会（广东国际商会）负责牵头；港方的商界组织成员包括各主要商会、专业团体、贸易发展局和生产力促进局的代表等。粤港合作联系会议升格由双方行政首长共同主持，体现了粤港合作机制的全面升级与不断完善，亦为合作发展提供了强有力的保障。

鉴于广东省制造业和香港服务业的良好合作基础与发展态势，以及两地毗邻的区位条件，在 2003 年 8 月召开的第六次粤港合作高层联席会议上，两地就粤港合作的总体思路达成共识，按照"前瞻性、全局性、务实性、互利性"的指导原则。在 CEPA 框架下，抓住机遇，优势互补，加强合作，在今后的 10~20 年内，努力将广东、香港在内的"大珠三角"建设成为世界上最具活力的经济中心之一，广东省要发展成为世界上最重要的制造业基地之一，香港要发展成为世界上最重要的以现代物流业和金融业为主的服务业中心之一，实现双赢。简而言之，"珠三角制造 + 香港服务"概念作为粤港合作的新思路被两地政府所采纳，"广东省发展成为世界上最重要的制造业基地之一，香港发展成为世界上最重要的以现代物流业、金融业为主的服务业中心，提高前店后厂的合作层次和水平"成为粤港两地分工合作的基本思路框架。而在此合作思路下所隐含的另一层含义，则是广东省在今后的发展中将更多借助香港所提供的高等级生产性服务，提升其制造业的国际化水平。

为实现上述目标，粤港双方一致认为要进一步促进两地优势互补，推进两地资源更充分整合，提升粤港"前店后厂"的合作水平，把广东省的制造业、技术、市场、劳动力、资源优势与香港的国际商贸、金融、管理、人才等优势结合起来，促进香港作为商贸物流平台与广东作为世界制造业基地的整合，共同营造大珠三角制造业和服务业并举的格局，提高整体国际竞争力，实现共同繁荣和发展。

## 二、香港生产性服务业对广州生产性服务业发展的影响[①]

### （一）对广州生产性服务业的影响

根据中心地理论，区域由多个城市组成，区域内最高等级服务产品通常是由区域内级别最高的城市提供，这主要是由于城市等级的高低对其吸引及培育先进而优质的服务企业有着极大的影响。据此，理论有理由认为，香港的服务企业进入广东，将抑制广州服务业的发展，尤其是服务业部门中与经济增长关系最为密切的生产性服务业（包括金融保险、贸易物流、支援工商业发展的专业服务、科技服务等服务行业），将由于香港同行竞争带来负面影响。

2001年8月与2003年11月，笔者在导师闫小培教授主持的国家自然科学杰出青年基金项目"服务业地理学的理论与方法"支持下，开展了针对珠三角制造业企业与服务业企业的问卷调研，对"前店后厂"时期，香港生产性服务业对广州生产性服务业的影响进行了评估。

对广州的生产性服务业机构和珠江三角洲制造业企业的调查结果显示，虽然香港的生产性服务业对珠三角的制造业有着不可忽视的作用，而且广州的生产性服务业机构也承认来自香港同行的竞争对其自身发展有一定的影响，但却不认为香港生产性服务业对广州生产性服务业发展有较大影响。

2003年的调查结果中，26.5%的被访机构认为来自香港的同类型服务机构对本企业有一定影响，这类机构所占比例最大；其次，是认为影响很小的，

---

① 本小节分析详见：钟韵，闫小培．改革开放以来香港生产性服务业对广州同行业影响研究[J]．地理研究，2006，(1)：151–160．

占 23.5%。换而言之，超过 1/2 的被访机构认为，香港的生产性服务业企业对广州的生产性服务业机构的影响不大，甚至有 15.7% 的被访机构认为来自香港的同行业竞争对自身不存在影响（见表 5-2）。同时，被访的广州的生产性服务机构中仅 5.5% 认为来自香港和深圳的同类服务企业的竞争是其在开拓广州以外的市场中碰到的主要障碍。这也显示了广州的生产性服务机构目前并没有感觉到太多的来自香港同行业竞争的压力。

表 5-2　2003 年广州生产性服务机构对来自香港同类机构影响的评价　　单位：%

|  | 没有影响 | 影响很小 | 有一定影响 | 有不可忽视的影响 | 影响很大 | 不清楚 |
| --- | --- | --- | --- | --- | --- | --- |
| 影响的评价 | 15.7 | 23.5 | 26.5 | 14.7 | 12.7 | 6.9 |
| CEPA 签订后影响的评估 | 12.7 | 15.7 | 27.5 | 15.7 | 9.8 | 18.6 |

资料来源：广州生产性服务机构问卷调查（2003）。

## （二）原因分析

从供给的角度看，前店后厂时期香港生产性服务业对广州同行业的负面影响不大，在一定程度上是由于国内过去的服务贸易保护政策[1]，人为地限制了香港的生产性服务机构向内地输出服务。但是，在此时期香港的服务仍有相当比重输入到了内地。根据香港特区政府统计处的数据显示，中国内地是香港服务的最主要输出地。由于生产性服务是香港服务输出的最主要构成部分[2]，可以认为，在服务贸易保护政策下，依然有大量香港的生产性服务进入了内地。由此可见，服务贸易保护并不是导致广州生产性服务业受香港同行影响较小的唯一原因。

从需求的角度看，在制造业企业调查中发现了目前广州的生产性服务业机构受香港同行业影响不大的另一个原因：回归之初，香港生产性服务业对珠三角的输出有相当部分集中在港资企业中。制造业企业调查问卷的调查结果显示，香港的生产性服务业目前与珠三角的港资制造业企业联系较紧密，

---

[1] 国际服务贸易领域存在自由贸易政策和保护贸易政策，对服务贸易的保护随着服务贸易在全球贸易中地位的日益突出而越来越为各国政府所重视（陈宪，2000）。我国的服务贸易保护政策主要表现在市场准入限制和经营限制两方面（曲如晓，1997）。

[2] 许江萍等主编．我国新兴服务业发展政策研究 [M]．北京：中国计划出版社．2003．

珠三角的制造业企业所使用的生产性服务中，来自香港的比例并非最高，港资的制造业企业对香港的生产性服务的使用明显多于非港资企业。

2001 年对东莞制造业企业的调查显示，港资企业利用香港的生产性服务的比例远高于非港资企业，两个值分别是 18.89% 和 6.53%。2003 年对珠三角制造业企业的调查也同样显示，港资的制造业企业对香港的生产性服务的利用要多于非港资企业；同时，港资企业所使用的企业内部的生产性服务中，也有一部分由来自港方的技术人员提供。调查还显示，港资企业利用香港的生产性服务的比例要略高于利用广州的生产性服务的比例（两个数值分别是 4.11% 和 3.98%），而非港资企业利用香港的生产性服务的比例则明显低于利用广州的生产性服务的比例——非港资企业使用的生产性服务中的 6.71% 来自广州，仅 1.90% 来自香港（见表 5-3）。

表 5-3　被调查制造业企业所使用的生产性服务的来源　　　　单位：%

| 2001 年东莞制造业企业问卷调查 | | | | |
|---|---|---|---|---|
| | 香港 | 珠三角 | 中国内地 | 亚洲其他国家和地区 | 其他 |
| 港资企业 | 18.89 | 11.96 | 24.85 | 2.45 | 0.92 |
| 非港资企业 | 6.53 | 14.04 | 27.39 | 2.84 | 5.18 |
| 2003 年珠三角制造业企业问卷调查 | | | | |
| | 香港 | 广州 | 深圳 | 企业内部 | 其他 |
| 港资企业 | 4.11 | 3.98 | 4.77 | 22.41 | 24.40 |
| 非港资企业 | 1.90 | 6.71 | 3.65 | 20.37 | 23.25 |

资料来源：东莞制造业企业问卷调查（2001），珠三角制造业企业问卷调查（2003）。

改革开放 30 多年来，香港一直是广东省最大的工业资本来源地，珠三角是吸引港资最多的地区，港资企业在珠三角占了相当的比例。在资金来源地、企业的纵向联系等因素的影响下，港资企业与香港的生产性服务业联系较紧密。因此，人们一般认识中的香港生产性服务业对珠三角企业输出了较多的服务，事实上其中有相当部分是服务于港资企业的。

此外，对制造业企业的调查还发现，除港资企业外，大型企业也是香港生产性服务业在珠三角的主要服务对象。珠三角的大型企业由于对服务的需求层次比中小型企业高，因而与服务水平较高的香港服务机构的联系要多于中小型企业。

# 第六章

# CEPA 先行先试策略实施前的合作

## 一、合作的背景

### （一）粤港区域关系从"你我"转变为"我们"

由于经济发展水平的差距，在改革开放之初，粤港两地的经济关系处于"被引领与引领"的状态。随着广东经济多年来年均超过13%的快速增长，在2004~2008年这一合作阶段里，广东省经济总量已超越新加坡以及中国香港和台湾地区。2003年，广东省的GDP总量已经超过香港，制造业及高新技术产业的发展规模和技术水平更是远在香港之上。2009年广东省国内生产总值为39482.56亿元人民币，而香港的国内生产总值为16335亿港元。经济发展水平的巨大落差曾经是粤港合作强劲的内在动力，粤港两地之间的经济落差显著缩小，导致香港经济对广东的扩散效应和牵引作用明显下降。

在此时期，广东省经济在总体上已经进入工业化中后期，面临着从劳动密集型的轻型加工业向资金、技术密集型工业的产业结构转型，并进入了以发展重化工业为主的内源型经济发展新阶段。在这个阶段，广东省已经不可能像以往那样凭借香港的产业转移来实现突破性发展。因为香港制造业转移已经基本完成，且香港本身就没有完成工业升级和转型，因此，无论在产业、投资、技术和管理方面，还是在市场和经济腹地方面，香港都无力直接介入和推动广东产业结构转型。同时，在经济全球化作用的推动下，新一轮国际产业转移为广东产业结构转型提供了巨大机遇，广东省的珠三角地区已经成为这次产业转移的集中地之一，例如，日本四大汽车集团投资于广州、台湾地区电子工业集聚于东莞。国际资本和台资对广东经济的推动作用提升，与之相对应，香港资本对广东省发展的作用也较20世纪80年代大幅度下降，香港投资占珠三角吸引外资的比重从20世纪80年代中期的超过90%下降到2009年的60.8%。由此可见，这一时期港资对广东省经济增长的推动力有所下降。而广东省国际化进程的加快，亦使其对香港中介作用的依赖性有所降低。

在此发展背景下，粤港两地经济关系转变为区域经济一体化下"优势互补、共同发展"模式[①]。粤港两地的经贸关系已由"前店后厂"的合作模式逐步走入了"区域经济一体化"的合作模式。在对香港商界的调研中发现，2004年CEPA实施前，粤港两地尽管已合作多年，但双方仍明显感觉两地合作中处于分清"你、我"的状态；但随着CEPA框架下自由行促成的两地民间交往日益密切以及CEPA实施所掀起的港资在内地投资的新一轮热潮，粤港两地经贸合作中"我们"的概念逐渐确立。

### （二）制度创新：CEPA实施并逐步细化

本阶段的分析周期，是自2004年1月1日CEPA正式实施，至2008年12月底CEPA先行先试策略实施之前。总体而言，这一阶段的制度创新特点是：CEPA开始实施，并逐步推进、细化，但CEPA并未突出广东市场对香港企业的特殊优惠。

2003年6月，为配合中国"入世"的实施，由商务部与香港特区政府签订了《内地与香港关于建立更紧密经贸关系的安排》（CEPA），使港澳企业能先于其他外资同类企业进入内地市场[②]。CEPA包括零关税、投资便利化和服务贸易自由化三大主要内容，服务贸易自由化作为其中一项重要内容，其目的在于"促进香港与内地的服务贸易自由化，逐步减少双方的贸易壁垒"。简而言之，CEPA的实施意图之一，在于通过改变有关服务贸易的法规、降低市场准入门槛，为香港服务业进入内地市场提供政策保障。

从总体上看，CEPA是一个超越自由贸易区且兼有共同市场特征的特殊

---

① 钟韵．区域中心城市与生产性服务业发展［M］．北京：商务印书馆，2007．
② 根据"入世"时间表，中国的大部分服务业市场于2006年底向外资企业全面开放。

制度安排。它不仅要求区域内的贸易自由化，而且要求投资便利化以及生产要素有条件的自由流动。因此，CEPA 的基调和制度导向就是两地经济自由化、一体化，即逐步拆除中国内地与香港之间的各种壁垒，促进人流、物流、资金流的跨地区自由流动。根据预期，CEPA 协议的签订将有助于内地和香港两地政府间的合作协调与资源整合，扩大香港服务业市场半径，刺激香港经济的更快发展，同时提升内地服务业发展水平。

CEPA 打破了香港服务业进入内地市场的外部壁垒，但并不等于消除了国内市场中诸如行政性垄断壁垒、地方保护主义壁垒、不规范的市场垄断壁垒及其他非贸易壁垒等各种各样的商业壁垒。同时，服务业各行业都存在诸多的管理细则与实施规范，香港服务业进入内地市场，意味着将遵循其行业的管理细则，CEPA 并不能涵盖服务业各行业的所有管理细则，因此，当香港服务业企业及服务业者在 CEPA 框架下迈入国内市场的"大门"，其不可避免地将面对各行业自身的管理部门和管理细则所形成的"小门"。为扩大香港服务业允许进入内地执业的行业领域，完善香港服务业进入内地的实施细则，自 2004 年起，商务部与香港特别行政区政府均签署一份 CEPA 补充协议。可以认为，每年一份的 CEPA 补充协议，旨在在将内地服务市场的"大门"逐步全面打开，并协助香港服务业逐步打开各扇行业管理的"小门。"

自 2004 年 1 月 1 日 CEPA 正式实施至 2008 年，中央政府和香港特区政府先后于 2004~2008 年签署了 CEPA 补充协议一至五，使得 CEPA 中服务业开放的内容不断得以充实。就行业数目看，由最初的 17 个行业逐步扩展到 2008 年的 40 个行业，由原来的房地产、法律、银行业、证券业和保险业等 17 个行业逐渐扩大到包含职业介绍、市场调研服务、与管理咨询相关的服务等 40 个行业，其中，商务服务业由原来的 6 个扩大到现在的 13 个。同时，这一阶段 CEPA 的制度演进亦呈现出对服务提供者的要求亦由严渐松，以会计服务和法律服务为例，对比 2003 年签署的 CEPA 至 2008 年签订的 CEPA 补充协议五，服务提供者在内地的居留时间和从业资格考试等方面的要求均有所放宽①。

---

① 饶小琦，钟韵. CEPA 演进的作用解读——以香港商务服务业对广州同行业的影响为例 [J]. 国际经贸探索，2009. 25（3）：40-44.

在此阶段，虽然港澳业内人士将最近邻的广东作为进入内地市场的首选地，但在CEPA协议实施之初及至2008年7月内地与香港签署的《CEPA补充协议五》提出"在广东率先推出的适用于港澳服务业进入广东的政策"之前，CEPA条例中并没有十分突出港澳企业进入广东市场的特殊优惠。

## 二、合作的成效

### （一）推动粤港经贸合作扩大至服务业领域

CEPA实施对粤港服务业合作的一项重要意义在于，CEPA框架下内地向香港开放一系列服务业行业，促使粤港两地经贸合作出现的一个新发展动向——双方合作的重点从制造业为主向制造业与服务业相结合推进，合作领域从以经贸为主向经贸、旅游、科技、教育、文化、环保、体育、卫生等多领域全方位推进。

2005年，笔者曾对CEPA框架下的粤港商界进行调研。调研发现，当时CEPA向香港开放的服务行业虽然只有18个，但这些被开放的行业均表现出对进入内地市场的极大热情：

在银行业方面，CEPA将港资银行进入内地市场的注册资金降至60亿美元，促使香港中小银行纷纷筹划进入广东深圳市。CEPA实施后，香港部分符合条件的中小银行纷纷筹划进入内地开展业务，2004年就有永隆、大新及上海商业银行等多家银行在深圳开设分行，并开始为广东的港资企业甚至民营企业提供服务。

在物流业方面，香港的物流、分销企业积极进军广东珠三角地区。CEPA实施后，物流、分销业成为港资企业到内地投资的热门领域。据香港特区政府的统计，截至2004年底，香港共有668家公司取得《香港服务提供者证明书》，其中，从事物流、分销业务的占大多数，分别有308家和204家。而据我们的调查，2004年CEPA开始实施至2005年6月期间，港商在珠三角各城市投资的服务业中，亦以物流、分销为重点。

在专业服务业方面，粤港两地专业服务领域开始了专业资格互认，以期促进专业服务业人员的交流。2004年，两地已就房地产估价师、注册建筑师和结构工程师的互认达成共识,已有 97 名港人获得了内地房地产估价师资格;此外,近 400 港人参加了中国证券业协会主办的内地证券法规考试。双方还就会计、地产代理等行业的专业资格互认进行磋商。部分获得内地专业服务职业资格的港人已开始了在内地的业务,例如,有获得律师职业资格的港人前往深圳的律师事务所工作。

在教育培训服务方面,粤港两地民间的一些教育、培训服务方面的交流与合作逐步展开。调研中,据东莞纺织协会介绍,由于 CEPA 实施后东莞与香港的交往更为密切,促成了香港提供了两项与东莞纺织业发展有利的服务:一是香港服装学院在东莞设立分校;二是香港生产力促进局与东莞生产力促进中心成立长期的培训中心,以培训内地的相应人员。

### (二) 对香港服务贸易产生积极的作用

由于香港自由港的特殊地位,CEPA 除了具备超越 WTO 更为开放的性质外,还具有单边开放的特点,这就使内地透过 CEPA 为香港带来了极大的社会和经济效益。香港特区政府 2006 年及 2009 年发布的对 CEPA 效益评估的两份报告显示,CEPA 的实施为香港的就业、投资和市场扩张带来很大的收益。CEPA 项下进入内地服务市场所获取的服务收入,从 2004 年的 15 亿港元起步,发展至 2006~2009 年的平均每年接近 670 亿港元的收益;且占香港自内地获取的服务收益总额的比例一直持续提升[①]。总体而言,CEPA 实施加快了香港经济复苏的步伐,已引发了香港资金进入广东的新一轮投资热潮。受非典影响香港经济一度低迷,CEPA 的实施恢复了投资者对香港的信心,刺激了本地及外来投资意欲,服务业出现了良好的发展势头。

香港特区立法会工商事务委员会曾就 2004~2006 年间 CEPA 实施对香港经济的影响做了一次调查分析[②],根据其公布的数据可见香港业界针对 CEPA 实施对香港服务贸易的积极影响。

分析报告指出,总体而言,CEPA 创造了一个全新的经济平台,让香港

---

① 香港特别行政区政府中央政策组大珠三角商务委员会,《"十二五"时期扩大深化 CEPA 开放的政策建议》,2012.2。

② 《内地与香港关于建立更紧密经贸关系的安排》对香港经济的影响,香港特区立法会工商事务委员会,工商及科技局,立法会 CB (1) 1849/06 – 07 (04) 号文件,2007 年 6 月。

能长远加强与内地的经贸关系，CEPA 有助于"非典"后重建对香港经济的信心，虽然过去数年的消费、投资及整体经济复苏的强劲势头并不能全部归因于 CEPA 的实施，但 CEPA 在提升信心方面无疑十分重要，有助于推动经济开始复苏。

在服务贸易方面，74% 的受访机构认为 CEPA 对香港经济有利，47% 认为 CEPA 对所属行业有利，而 92% 则认为 CEPA 对他们所属的机构有利。从事银行服务、会计、审计和簿记服务，以及法律服务的受访公司给予 CEPA 最高的评价，认为 CEPA 对所属行业和公司本身有利。

2004 年，CEPA 所引动的额外资本投资为 10 亿港元，2006 年底累积的额外资本投资已增至 48 亿港元，两年间的升幅达 380%。2007 年及之后再会有 24 亿港元的额外资本投资。按 2004～2007 年及之后的实际和计划额外资本投资额计算，以分销服务和货运及物流业占其中大部分。

多家香港服务业公司申请并取得了《香港服务提供者说明书》，已经（或计划）在内地开设业务所属行业的分支机构。单 CEPA 实施的第一年，已有 668 家香港服务业公司取得了《香港服务提供者证明书》。据估算，这些公司在 2004 年由于 CEPA 实施而增加的其在香港的资本投资额为 10 亿港元，预期 2005 年有关款项会增加至 45 亿港元；2004 年 CEPA 第一阶段带来的服务收益达 16 亿港元，相当于这些公司自内地市场获取的整体服务收益的 2.6%；2005 年有关收益增至 38 亿港元，比例上升至 5.5%。

截至 2007 年 4 月，所签发的《香港服务提供者证明书》数目为 1753 份，获批 1063。其中，运输及物流服务 1032（58.9%），分销服务 337（19.2%），广告服务 79（4.5%），建筑专业服务及建筑相关服务 73（4.2%）。受访的《证明书》持有人当中，有 45% 在 2005 年或之前已根据 CEPA 于内地开设业务，而在 2006 年的则有 14%，另有 10% 表示计划在 2007 年或之后进军内地市场。持有《证明书》并已经或计划在内地开设业务的机构占其所属行业的机构总数百分率，以管理咨询（91%）、银行服务（80%）、视听服务（80%）、职业介绍机构/人才中介机构服务（79%）、法律（78%）以及货运及物流服务（78%）等行业最高。

根据香港特区工商及科技局 2005 年所做的问卷调查，持有《香港服务提供者证明书》的机构中已经或计划在内地开设业务所属的行业，以法律、房地产、银行、广告、管理咨询和建造及相关工程等生产性服务行业为最多。可以预见，这些符合广东制造业发展需要的生产性服务行业将有良好的发展前景。除生产性服务行业，港人在消费性服务行业方面也开始了对内地的投资。以餐饮业为例，近一年来，港资的中小型茶餐厅在广东业务拓展很快，至 2015 年，广东省内有港资茶餐厅超过 1000 家，而仅 2014 年一年开业的就约有 500 家。

### （三）对广东服务业的积极作用

CEPA 实施对广东的服务业发展也发挥了积极的作用。据广东省工商行政管理局统计，2004 年广东省港澳企业增长较快，全年新登记港澳资企业 5066 户、投资金额 96.7 亿美元、注册资本 63.1 亿美元，分别比 2003 年同期增长 17.9%、2.3% 和 7.1%。其中，港澳服务业企业增长迅速，全年新登记 1259 户，投资总额 28.9 亿美元，注册资本 17.8 亿美元，分别比 2003 年同期增长 56.9%、11.6%、14.8%，占全年新登记港澳资企业三项指标的 24.9%、29.9% 和 28.2%。与香港经济联系密切的地区，如位于珠三角东部的东莞、深圳等地，受到 CEPA 影响也相对较大。截至 2005 年 3 月，港人通过 CEPA 到东莞登记注册的工商户已超过 100 家。

自 CEPA 实施以来，香港生产性服务业往内地拓展业务十分踊跃，并且成为新时期粤港合作的新热点和重要领域。以广州为例，据统计，改革开放前的 1979 年至 CEPA 实施前的 2003 年，香港在广州投资的服务项目仅为 362 项，占香港投资项目总数的 5.26%；服务项目合同外资 13.10 亿美元，占港资企业合同外资总额 7.78%；实际使用外资 24.63 亿美元，占港资企业实际外资总额的 16.86%。而在 CEPA 实施的头三年里，香港在广州投资的服务项目已达到 589 个，占 29.97%；合同外资 11.74 亿美元，占 20.97%；实际使用外资占 30.48%。可见，CEPA 实施使香港对广州服务业的投资比重明显加大。

具体而言，从行业结构看，这一阶段进入广东省的香港服务业以运输及物流业、分销业、广告业、建筑及相关工程服务业等生产性服务业为主。从地域分布看，主要集中在深圳、广州两大中心城市，并开始扩展到香港制造业企业集聚的东莞等地。从发展态势看，香港生产性服务业已从 CEPA 实施之初的"忙于进入内地"发展为"忙于拓展内地业务"。从发展模式看，香港生产性服务业进入广东省的方式灵活多变，既有循 CEPA 规定的途径通过申请《证明书》进入内地的企业，亦有通过各种形式的联营、借用内地居民名字申请注册公司、挂靠内地企业等方式进入内地的企业。

### （四）两地服务企业进入更为实质性的合作阶段

随着 CEPA 的实施及不断完善，香港服务业企业进入内地的门槛逐步降低，两地服务业企业的合作出现了在人才资源和业务资源等方面合作的新现象。2008 年，笔者在所主持的国家自然科学基金项目"区域高等级中心城市生产性服务贸易"资助下，针对位于广州的生产性服务企业开展问卷调查，结果显示被调查的服务企业中有 45.2% 与香港的同行存在合作。相比之下，笔者于 2003 年在所参与的国家自然科学基金杰出青年项目"服务业地理学的理论与方法"资助下对广州生产性服务企业的问卷调查结果则显示，仅有 8% 的被调查企业与香港同行存在合作。由此可见，粤港两地服务企业的合作数量已有所增加。

同时，CEPA 亦向服务贸易自由化的目标持续推进。CEPA 的签订旨在促进内地和香港特别行政区经济的共同繁荣与发展，减少或取消双方之间的贸易壁垒，逐步实现服务贸易自由化。CEPA 自 2014 年 1 月 1 日正式开始实施起，之后每年商务部均与港澳各签署一份 CEPA 补充协议，力图通过完善实施细则、扩大开放的门类、降低进入的门槛等方式，加快港澳企业进入内地市场的步伐①。可见，自 CEPA 实施至先行先试策略提出之前，服务贸易自由化的推进为粤港服务业深化合作提供了较为宽松的制度环境。

2005~2008 年，笔者曾多次实地调研香港服务企业对 CEPA 实施成效的评价。对香港服务业界人士的调研中，听到业界对 CEPA 最为普遍的评价是："CEPA 对香港服务业开放程度日益提高"。可以认为，CEPA 实施以来对香港服务业开放的范围逐步扩大、对服务企业及服务人士准入门槛的一再降低，CEPA 中甚至还有一些超越 WTO 条款的开放措施。

---

① 钟韵. 粤港合作新阶段香港服务业发展前景分析 [J]. 广东社会科学，2008 (1)，107-112. 冯邦彦，覃剑，彭薇. "先行先试"政策下深化粤港金融合作研究 [J]. 暨南学报（哲学社会科学版），2012 (2)，83-90+163.

在这一阶段，CEPA 关于服务业开放的内容不断得以充实，开放行业数目逐渐增加，对服务提供者的要求亦由严渐松，香港服务提供者业务选择由少渐多。

## 三、合作中存在的阻碍

### （一）实施条文有待细化和深化

在 CEPA 刚开始实施的几年，在评估 CEPA 实施成效的研究文章以及各类的媒体报道中，经常出现香港业界对 CEPA 框架下服务业开放的一个"大门小门"比喻：CEPA 只是打开了香港服务业进入内地市场的一道大门，众多港人在进入这道大门后发现原来还有许多小门。其时，CEPA 实施条文的不完善对粤港服务业合作的阻碍主要表现在两个方面。

第一，缺乏实施细则引导，相关法规条文不明确，使香港业界感到迷惘。以法律服务为例，CEPA 允许驻内地的香港律师事务所与内地律师事务所联营，但内资和港资联营的相关规定等迟迟未出台，导致两者在利益上缺乏共识，联营得不到落实。在调研中有香港律师业界人士反映，其在广东的事务所在面对客户提出的有关 CEPA 细则性问题时同样十分迷惘，这对其业务开展有着极大的影响。又如会展服务方面[①]，香港展览公司拥有信息资源优势，以举办国际展览为主，港资展览公司在 CEPA 框架下进入内地后，需要具备什么条件才能取得在内地办国际展的资格，应由哪些专业团体或政府部门来认定等问题，在 CEPA 实施之初，亦未有明确规定。

第二，理论上的可行性与实际操作上的可行性之间存在差距。例如，CEPA 实施之初，法律服务在律师的执业资格与开业资格方面存在的问题是：司法部的一些原有规定并没有因为 CEPA 而做出相应调整，香港律师即使通过内地的资格考试、获得资格证，由于有关规定不允许律师同时在两间事务所挂靠，必须取消其在香港的执业资格，方可获得在内地的执业资格，使香港律师在通过资格考试后面临两难选择。

---

① 陈恩. CEPA 下内地和香港服务业合作的问题与对策 [J]. 国际经贸探索. 2006 (1)：20-24.

综上可见，缺乏相关实施细则与条文，CEPA框架下香港服务业进入广东省将面临难以执业或开展业务的阻碍。因此，每年一份的CEPA补充协议，其签署的意图之一便是通过在CEPA实施过程中不断地总结行业的反馈信息，制定更具可操作的实施细则，以期推进香港服务业进入内地市场，与内地服务业开展合作。

### （二）内地的审批程序有待简化

在CEPA实施之初，香港服务业进入内地市场需要通过申请审批的程序，最终审批部门可以分为三类：第一类是国家商务部。需要通过商务部审批方可进入内地执业的行业包括广告服务、建筑专业服务、建筑及相关服务、物流服务、旅游与旅游相关的服务等，这些行业需先报地方外经贸（或商务）主管部门或相关行业主管部门进行初审，再经国家级相应主管部门审批，最后报国家商务部审批。可以认为，这类行业的审批程序最为复杂。第二类是相关的国家部委、机构。需由相关的国家部委、机构审批的行业包括法律服务、保险服务、证券服务、金融服务、会计、审计和簿记服务等。这些行业经地方相关行政主管部门初审后报国家相关部委、机构审批。第三类是省/市级外经贸（商务）或相关行业主管部门，需通过这类机构审批的服务行业包括会展服务、仓储服务、管理咨询服务和房地产服务。可以认为，第三类服务的审批程序相对而言最为简单。

在调研中，香港业界指出，由于对各个审批环节所需要呈交的文件、申请的流程和审批的细节均未能很好掌握，导致顾此失彼，浪费不少时间。同时，在审批手续已然繁琐，实施细则的指引不足的情况下，审批运作的过程的透明度亦显得不足。据业界反映，与在香港按照CEPA申请《香港服务业提供者证书》的时间周期相比，项目申请在内地的审批时间要相对长得多。这主要是由于审批环节相对较多，而每个审批项目的繁简不一，导致审批周期难以确定。

可见，简化审批流程对加快推进香港服务业进入内地具有重要的影响。

### （三）投资营商环境有待进一步改善

发达的市场经济制度、透明公正的商业规则与法制、规范的市场秩序、以及完善且有公信力的市场中介组织,是高素质服务业发展的基础①。CEPA虽然打破了香港服务业进入的外部壁垒,但并没有消除国内市场中各种各样的壁垒,包括行政性垄断、地方保护主义等。国内的市场经济才初步建立,市场经济制度远没有完善,高素质服务业发展的环境条件尚未完善,对香港服务业的大规模进入,产生了种种的制约和障碍。香港服务业的发达,是与香港市场经济制度和法治社会的完备分不开的,而国内仍然处于计划经济向市场经济的转型过程中,高素质服务业发展的环境条件仍有待进一步提高。因此,习惯于按照国际化标准管理的香港服务业进入内地后,认为内地的投资营商环境有待进一步改善。调研中发现,有香港业界认为,内地依然存在市场竞争的无序,内地专业服务人员的职业操守约束机制缺乏,仍然存在地方保护主义,两地市场发育差异所导致的政府监管、行业分工和具体运作等方面都存在不少差异,对香港企业在内地的营运,构成了不少的障碍。

在调研的访谈中,虽然商界普遍认为广东近年的营商环境有了较大改善,但在开放服务业市场方面,有香港专业服务业界人士认为北京、上海、福建、江苏等地在某些开放内容上已走在了广东的前面。以法律服务为例,律师服务业的税制方面,目前的三种计算方式包括按雇员人数纳税、按支出纳税以及按净收入纳税。比较而言,业界认为按净收入纳税的方法最为公平,因为律师事务所在某些业务上会允许客户的钱经事务所中转,这在国外是普遍的情况,但若按支出纳税,这类中转的资金则需要纳税。据其介绍,目前国内部分地区,如北京、上海已开始了律师行业的税收改革,即从按支出纳税转为按净收入纳税,但在广州转税制仍面临着很大的压力。有香港的业界人士甚至认为,目前国内的48家港资律师事务所中仅12家在广东,其余均在北京和上海,税制问题是影响其布局的原因之一。

在调研中还发现,虽然广东有关部门已将港商投资广东的相关手续资料整理成册,并放到网站上,但港商若不知道网站信息,有可能依然无法获取相关信息。可见,信息流通渠道不畅亦影响了香港服务业提供者对广东营商环境的认识。

---

① 龚唯平. 粤港区域服务贸易自由化的困境及其对策 [J]. 广东社会科学, 2007 (6): 137 - 141.

### （四）经营模式的差异所导致的开业困难

目前，我国服务机构的经营运作模式与国外存在一定的差异。以建筑服务业为例，在调研中了解到，根据CEPA香港建筑服务业可以在内地成立公司，港人可以申请开设建设工程设计企业。但是，在内地申请开设建设工程设计企业要求配备符合资格的建筑、结构、水电等相关技术专业人员。而在香港，这类建筑服务企业一般是由专业人士经营的事务所，若干事务所在业务上联系而共同完成某项服务。换言之，经营运作模式的差异使香港建筑专业服务人员认为在内地成立建设工程设计企业存在困难。

若进一步从准入标准和监管模式等方面展开分析，香港建筑师在内地执业困难的原因包括以下三个方面。

首先，内地与香港在建筑机构认定标准上存在较大差异。香港对建筑服务企业的遴选以建筑师为标准，对企业注册资本等未做过多要求，而内地对企业设计资质的准入上，强调注册资本和营业场地面积等物质指标。这就导致在面对内地招标项目需要企业提供牌照和资质的情况下，香港的专业服务业发展模式使其难以适应内地市场的这一要求。

内地的建筑企业往往以提供全面服务为特色，既可以做建筑设计，又可以做工程；而香港的专业服务企业一般以规模较小、专业程度较高为特色，各个环节是由不同企业分开操作的。例如，创建于1952年广东省建筑设计研究院，现有专业技术人员2700余名，其中，工程院院士1名、全国工程勘察设计大师2名、享受政府津贴专家15名、教授级高工54名、高工498名、工程师635名、各类执业注册人员542名；现有建筑工程设计、市政行业设计、工程勘察、工程咨询、城乡规划编制、建筑智能化系统工程设计、风景园林工程设计、建筑装饰设计、工程建设监理、招标代理、工程承包、施工图审查等甲级资质，以及轨道交通设计资质；研究院内设有两个省级科研中心，同时设有高等结构、BIM技术、建筑智能化、机电工程、地下空间、钢结构、绿色建筑与生态城市等专项研究部门，先后完成一批国家及省市重点科研课题和技术攻关项目。而香港的建筑服务事务所的特色在于专业化，事务所多是专项专长于某项业务领域，单个事务所的综合服务能力、员工团队、营业场地等，均难以和内地这些大型设计院机构相比。

其次，内地与香港对建筑师的监管主体不同。内地的注册建筑师的监管主体是注册建筑师管理委员会，而香港的注册建筑师则由建筑师学会和建筑师管理局共同管理。

最后，内地与香港建筑服务的责任主体不同。内地建筑服务的责任主体为承担该服务的建筑机构，而在香港建筑服务的责任主体则是建筑师和认可人士。

此外，由于制度与专业环境的差异，导致香港专业人士在获取内地执业的专业资格方面存在较大的困难，难以通过现行的考试获得内地的执业资格。包括法律、金融、会计、医疗、证券等方面的香港专业人才，均需要通过内地的相关考试方可获得在内地执业的资格，这亦导致了他们在内地开业的困难。

## 四、对进一步推进合作的思考

综上分析，2004~2008 年 CEPA 实施的初期，粤港两地服务业的合作，有两个现象值得关注。

第一，香港业界认为 CEPA 是针对整个内地市场的制度安排，广东在服务业市场的开放程度与国内其他地区相比，并无明显的优势。

在 CEPA 对于香港服务企业进入广东或是上海的优惠一致的情况下，香港业界甚至认为，与上海相比，广东对香港服务业的吸引力有待进一步提高；与北京、上海相比，香港业界认为广东与国际接轨的专业服务人才不足，承接国外现代服务业所需人才的外语水平较低，通晓国际运作的人才不足，这对其开拓广东市场的决策行为造成了一定的影响。

在调研中发现，作为与香港联系最密切的地区，香港商界希望广东能再次走在服务业开放的前列，对香港服务业实行最大力度的开放，并尽快出台完善实施细则。

第二，粤港两地政府面临一个亟需解决的疑虑是，随 WTO 过渡期结束，部分港商对 CEPA 的效用开始出现疑虑，提出了诸如"CEPA 对港资企业开放的优先性是否已减弱""CEPA 是否已经被边缘化"的怀疑。

此处引述香港特区政府中央政策组大珠三角商务委员会 2012 年的一段报

告，以期从侧面解析这一疑虑：2006年底，中国完成了WTO的过渡期，实施对WTO承诺的全部开放，不仅意味着中国开放经济体系的初步建立，同时也意味着CEPA开放对WTO提前性效应的结束。与此相适应，香港服务商进入内地市场，实际上并存着CEPA和WTO的两种路径，具体表现为CEPA的香港服务提供者认定和外商投资的指导政策。内地的市场开放无疑为港商进入内地提供了多种的选择路径。从港商的行为选择看，他们更倾向于投资促进。事实上，符合国家产业政策中鼓励进入的外资，投资鼓励可能比CEPA更具优惠性。有数据表明，自2004年CEPA实施以来，至今为止进入广东的香港服务商总量中，95%以上没有采用CEPA，而是循非CEPA规则进入[①]。

EPA对香港服务业的开放、对促进内地服务业发展具有重要作用，对国内市场经济制度的最终建立同样具有重要的意义。但同时要意识到，服务贸易自由化以发达的市场经济、规范的市场秩序和完善的市场经济制度为前提，而这一前提条件的建立和完善需要一个漫长的历史过程。当内地市场条件和制度环境尚不成熟时，对香港服务业的大规模进入和利用香港服务业迅速缩短广东服务行业与世界的距离，必定产生种种制约和障碍。因此，在CEPA所提供的开放制度仍存在某些由于行业细则、制度差异、市场差异等难以短期逾越的鸿沟，而难以进一步发挥CEPA推进香港与内地服务贸易自由化意图的情况下，寻找新的突破口，继续提升对香港服务业的开放程度，成为推进粤港服务业合作的当务之急。

---

① 香港特别行政区政府中央政策组大珠三角商务委员会，《"十二五"时期扩大深化CEPA开放的政策建议》，2012.2.

# 第七章

# 先行先试框架下的合作

## 一、制度的创新：CEPA 在广东先行先试

### （一）先行先试的概念界定

CEPA 自 2004 年实施以来，加强了粤港两地服务业的合作与交流。2008 年 7 月 29 日，内地与香港签署的《CEPA 补充协议五》提出了"在广东率先推出的适用于港澳服务业进入广东的政策"，即所谓的"CEPA 在广东先行先试"。其后，《CEPA 补充协议六》，再推出了 9 项在广东省"先行先试"措施。

所谓"CEPA 先行先试"，就是在 CEPA 的制度框架下，加大 CEPA 的开放力度，将一些暂时在全国范围不具备开放条件的政策措施在广东先行先试：一方面，针对香港服务业的优势，及时梳理出台相关配套设施，简化审批程序，进一步降低准入门坎，使更多有竞争力的香港服务企业进入广东发展；另一方面，广东也可以借此加大改革力度，打破市场壁垒，推进市场经济，特别是服务业的市场发育程度，与国际接轨，为香港服务业进入创造良好的经营环境，并为全国范围内服务业的全面开放提供经验。CEPA 在广东先行先试，既为香港服务业的发展提供了平台，也为广东省服务业的开放提供了机遇，有利于进一步提升粤港合作的竞争力。

### （二）概念提出的背景

CEPA 在实施初期，粤港两地政府与商界都曾寄予极高的期望。但是，

该协议自2004年实施以来，成效与预期之间的差距，导致部分港商对CEPA的功效产生怀疑。深入分析，其中原因主要有两点。

第一，CEPA开放的全面性，使其准入"门槛"不可能太低，香港中小服务企业试图通过CEPA进入广东存在一定难度。CEPA作为中央政府与香港特区政府签署的制度安排，它对香港的开放是全面性的，即适用于全国各地。在这种背景下，特别是WTO过渡期结束后，一般较大型的香港企业基本都在WTO的框架下进入内地，不必要通过CEPA渠道，而占香港企业绝大多数的中小型服务企业却往往因为"门槛"仍然偏高而难以进入。

第二，内地有关服务业的投资营商环境与市场发育程度与香港存在较大差异。CEPA虽然打破了香港服务业进入的外部壁垒，但并没有消除国内市场中各种各样的壁垒，包括行政性垄断、地方保护主义等。此外，国内的市场经济才初步建立，市场经济制度远没有完善，高素质服务业发展的环境条件较差。当内地市场条件和制度环境尚不成熟时，对香港服务业的大规模进入，必定存在制约和障碍。

可以认为，经过几年的发展，CEPA的进展已经走到深化开放的阶段。CEPA面临的不是大门打开，而是小门打开（即市场开放的深度）的问题。香港工商事务委员会于2005年和2007年对CEPA实施成效的两份报告显示，CEPA项下进入内地的主要香港服务商集中于国际货代、物流运输与分销等传统服务领域，反映了目前CEPA的主要功能是为粤港之间的出口加工体系服务，香港的其他优势服务业并没有实质性地进入广东或珠三角本土市场。例如专业服务业，其中，专业资格取得内地认证最早、数量最多的建筑（包括城市规划、建筑设计、建筑工程等）领域，至今为止无一人成功在内地注册开业。香港服务商以CEPA规则进入广东的数据显示，CEPA实施的效应远未达预期，仍然具有进一步深化与扩展的空间。为进一步启动CEPA功效，提升CEPA的效应，重新审视目前CEPA的开放模式，创新其实施机制，寻找新的突破点，可能是一个可取的路径[①]。

为解决CEPA在实施中存在的上述问题，有必要推动CEPA在广东先行

---

① 香港特别行政区政府中央政策组大珠三角商务委员会，《"十二五"时期扩大深化CEPA开放的政策建议》，2012.2。

先试：一方面，针对香港服务业的优势，进一步降低准入"门槛"，使更多有竞争力的香港服务企业进入广东发展；另一方面，广东也可以借此加大改革力度，打破市场壁垒，推进市场经济，特别是服务业的市场发育程度，与国际接轨，为香港服务业进入创造良好的经营环境，并为全国范围内服务业的全面开放提供经验。

## （三）先行先试策略提出的历程

CEPA 实施的阶段性突破点是 2008 年 CEPA 补充协议五的签署。

2008 年 5 月，广东省政府与国家商务部、国务院港澳办一起向国务院办公厅提出《关于服务业港澳开放在广东先行先试的政策建议》。

2008 年 6 月 28 日，中央批准广东在对香港服务业开放的教育、医疗、环保、旅游、商业服务、海运服务、公路运输服务、社会服务和个体工商户等 13 个领域先行先试，并具体批复了 25 项政策措施。2008 年 7 月 29 日，内地与香港签署的《CEPA 补充协议五》公布将实施其中的 17 项，提出了"在广东率先推出的适用于港澳服务业进入广东的政策"。2008 年底，国家制定公布的《珠江三角洲地区改革发展规划纲要》明确提出："深化落实内地与港澳更紧密经贸关系安排（CEPA）力度，做好对港澳的先行先试工作。"至此，中央关于 CEPA 在广东先行先试的制度安排正式确立，粤港澳合作上升为国家发展战略。

为确保"先行先试"政策运作顺畅，2008 年 10 月，广东省政府出台了加快发展服务业的实施意见，提出深化粤港澳服务业合作的一系列措施，并成立了服务业对港澳扩大开放政策在广东先行先试工作联席会议制度，确定了广州、深圳、珠海、佛山、东莞等市作为试点城市（其中佛山和珠海为国家指定的试点市）重点加强粤港服务业合作。在 2009 年 5 月 9 日签署的《CEPA 补充协议六》中，进一步公布实施了对香港服务业进入广东先行先试的九项措施，涵盖法律、会展、公用事业、电信、银行、证券、海运及铁路运输等领域。

2010 年，为促进粤港更紧密合作，落实《珠江三角洲地区改革发展规划纲要（2008～2020 年）》《内地与香港关于建立更紧密经贸关系的安排》（CEPA）及其补充协议，广东省人民政府与香港特别行政区政府在北京人民大会堂正式签署了具有法律效力的《粤港合作框架协议》，这是首份经国务院批准的内地省份与香港特区之间签署的综合性合作协议。框架协议提出了五条合作原则，其基本原则之一是"坚持先行先试、重点突破，探索推动主要合作区域和领域的体制机制创新，以点带面深化合作"。由此，在《粤港合作框架协议》下，先行先试制度保障得以进一步巩固。

## 二、先行先试对粤港服务业合作的作用

### （一）对香港的影响

CEPA 在广东先行先试政策的实施，促使以生产性服务业为主体的香港服务企业到广东投资大幅增加，对香港经济的繁荣稳定发挥了积极作用。换言之，CEPA 先行先试促使香港服务业到广东的投资大幅增加，其中，又以生产性服务业的投资积极性最高。

根据香港特区政府的统计，截至 2009 年 4 月底，已有 2150 家香港服务提供者按照 CEPA 的优惠措施取得"服务提供者证明书"，申请投资内地；同期 CEPA 为香港服务提供者在内地的业务创造了累计 459 亿港元的服务收益，并为内地创造了 45900 个就业职位。此外，CEPA 的作用还显示在一些无形的效益上。CEPA 使内地与香港之间的跨境人流、专业知识交流和直接投资更加便捷，香港在促进"优质"资本和管理技术向内地，尤其是广东转移方面所扮演的角色具有重要作用，而这正是内地经济长远发展最需要的。

数据显示，CEPA 实施以来，香港的生产性服务业进入内地开展业务的积极性最高，具体涉及运输及物流业、分销业、广告业、建筑及相关工程服务业等行业部门。根据香港特区政府工业贸易署的统计，截至 2010 年 9 月 30 日，香港特区政府批出的 1429 张《香港服务业提供者证明书》中，以从事运输及物流服务和分销服务占大多数，分别有 667 家[①]和 261 家，占批出证明书总数的 46.68% 和 18.26%，两个行业占批出《证明书》总数的 64.94%。CEPA 实施以来，运输及物流业和分销业最热衷于利用 CEPA 进入广东。此

---

① 包含运输服务、物流服务、航空运输服务。

外，广告服务、职业及人才中介机构、建筑专业服务、管理咨询及相关服务等生产性服务行业获批《证明书》的比例也较大，共占批出《证明书》总数的19.17%。截至2012年10月31日，香港特区政府批出的1672张《香港服务业提供者证明书》中，以从事运输及物流服务和分销服务占大多数，分别有737家和265家，占批出证明书总数的44.08%和15.84%，两个行业占批出《证明书》总数的59.93%。此外，广告服务、职业及人才中介机构、建筑专业服务、管理咨询及相关服务等生产性服务行业获批《证明书》的比例也较大，共占批出《证明书》总数的18.48%。由此可以认为，生产性服务企业已成为粤港服务业合作的主体。

先行先试政策从资金限制、人员比例、经营范围等方面，进一步降低了香港服务提供者进入广东的门槛。以银行业为例，2009年先行先试政策实施后，港资银行进驻广东省可以跨区域设立异地支行，而无需开设分行，在分行牌照下即可申请异地支行网点，其营运资金的最低门槛为1000万人民币。

同时，除生产性服务企业，2010年9月底批出的《香港服务业提供者证明书》中，有41张分属于医疗及牙医服务、公用事业服务、旅游和文娱服务等非生产性服务行业。由此显示出，除了金融、物流、旅游、专业服务等具有发展优势的服务行业，香港的其他服务行业同样存在进入内地的需求。

2014年1~9月，粤港澳服务进出口占广东省服务进出口的比重超过四成。2014年1~10月，广东省承接香港的离岸服务贸易外包执行金额为19.73亿美元，同比增加40.18%，占广东省离岸业务总量的34.55%。2013年全国服务贸易进出口总额为5396.4亿美元，同比增长14.7%，广东服务贸易进出口总额高达1396亿美元，广东与港澳实现服务贸易进出口的总额789.36亿美元，其中，与香港服务贸易进出口的总额为777.67亿美元，同比增长40.23%[①]。

## （二）对广东的影响

CEPA在广东先行先试政策的实施，对推动广东现代服务业的发展和经济增长方式的转变也产生了重要的影响。

---

① 林迪夫等主编．粤港澳合作报告．中国文化院有限公司，2015．

由于广东省在地缘、语言和文化上与香港接近，在 CEPA 框架下，广东一直是香港服务企业投资内地的热点地区，已经利用或者计划利用 CEPA 到内地开业的香港服务提供者中，约有超过六成选择在广东省投资。从 2004～2007 年广东实际利用外资情况看，广东省服务业实际利用外资增幅迅猛，其中，批发零售、房地产、科学研究与技术服务和交通运输与仓储业 2007 年比 2004 年分别增长了 847%、397%、268% 和 108%。

香港的服务业不仅占香港生产总值的绝大比例，其服务水平也处于世界前列。CEPA 对香港服务业的开放，不仅扩大了香港服务业，特别是生产性服务业的市场，也为广东现代服务业的发展，提供全新的动力，这个作用可以等同于当年香港制造业北移对广东制造业的作用。在 CEPA 框架下，香港在促进服务业"优质"资本和管理技术向广东转移中扮演了重要的角色，而这正是广东转变经济增长方式所最需要的。

2009 年 2 月的广东省政府工作报告指出，2008 年广东省实施对港澳服务业开放先行先试取得突破，社会民生合作得到加强[①]。据统计，自 2004 年 CEPA 正式实施以来的 6 年间，广东实际吸收香港直接投资 364.9 亿美元，其中，服务业投资达 115 亿美元，占 31.5%。2009 年，广东服务业增加值占 GDP 的比重达到 45.6%，对经济增长的贡献率达到 49.1%，以生产性服务业为主体的现代服务业的增加值占第三产业增加值比重为 57.2%。在先行先试政策执行之际，正是广东省产业升级转型，亟须现代服务业保障之秋，其时，服务业已成为广东经济发展中"保增长"最重要的力量，借助香港高水平、国际化的生产性服务业推动广东现代服务业发展，可谓正逢其时。

此外，广州、深圳、珠海、佛山和东莞五个先行先试试点城市也相继建立了联席会议工作机制，以加强对先行先试的组织和领导，并积极推出了应对的政策。例如，广州市外经贸局拟定了推进广州区域金融中心建设、引入香港知名会展品牌、整合穗港物流资源、推进穗港服务外包合作联手打造全球重要的服务外包基地、加快穗港创意产业合作五项措施，落实 CEPA 先行先试政策，推动穗港现代服务业合作。

---

① 《2009 年广东省人民政府工作报告》。

### (三) 引起香港业界的高度关注和期待

CEPA 全面实施后，在 2007 年对香港服务业界的访谈中，有业界人士曾担心 CEPA 对港资企业开放的优先性将在 WTO 实施后有所减弱，并进而对 CEPA 的作用产生了怀疑。而在 2009 年底，针对 CEPA 先行先试政策执行情况对香港业界人士再次进行访谈时发现，在 CEPA 的"先行先试"措施中，部分涉及医疗、金融业、法律服务业的服务贸易优惠政策被认为是"期待已久""尤其值得关注"。例如，《CEPA 补充协议五》允许香港服务提供者在广东省以独资、合资或合作等形式设立门诊部，该条款自 2009 年实施以来，已批出四张《证明书》。据了解，香港医学会、香港牙医学会、香港中医药管理委员会和香港医学专科学院的医生、公司负责人等均对在广东开设门诊部表现出极大兴趣。

又如，《CEPA 补充协议六》允许香港银行在广东省设立的分行可在广东省内设立"异地支行"①。根据协议的规定，港资银行在广东省设立分行网络，可以申请在省内跨区设立支行，而无须根据过往规定，必须先行在同一城市设立分行。该开放措施已于 2009 年 10 月 1 日起生效实施。对此，香港银行界给予了高度评价，认为是 CEPA 的重大突破。

## 三、合作中存在的障碍

### (一) 审批手续与配套法规

CEPA 实施以来，其在行政审批、法律法规配套等一系列制度安排上存在的问题，一直是香港企业在申请 CEPA 项目时的困扰，包括申请时间过长、审批手续繁复且透明度不高、实施细则和配套政策措施不够完善等问题，在"先行先试"政策下广东得到了一定的改善，但在 2009 年年中对先行先试策

---

① 根据内地法规，商业银行（包括外资银行）可以在同一城市行政区划内设立分行以下的营业性支行（所谓"同城支行"），但如要跨区设立营业点，则需要在有关地区先行设立分行。此开放措施可让香港银行在跨区扩充营业网点时，无须先设立分行，因而有助香港银行能更有效地扩展跨区营业网络，加强对广东省客户提供银行服务。

略推进的调研中发现，香港业界认为这些问题仍然是香港服务提供者进入广东开展业务的主要困难，行政审批的繁复和法律法规的不配套，影响了先行先试政策优势的发挥。

以行政审批手续为例，CEPA 的行政审批，往往由于涉及的部门较多，申请的每个环节和每个部门的要求都不同，手续繁复，需时较长，申请企业需要花费大量的时间和金钱做前期工作。若长时间的等待后仍未能获得批复，对流动资金有限的中小企业而言是个沉重的打击，"输不起"的心态影响了香港中小型服务企业循 CEPA 框架进入内地的决策。

配套政策法规细则不完善使香港业界认为 CEPA 仍然是"大门开了，小门没开"。CEPA 中有关服务贸易自由化的条款主要只是针对"准入"问题所制定的政策，在"先行先试"政策实施前，针对"大门开了，小门未开""小门开了，玻璃门还在"等问题，通过配套政策使企业进入内地开展业务仍然是法律法规配套工作的重点。

但在调研中也发现，在"先行先试"政策实施后，香港业界对配套法律法规的诉求则更多是基于"拓展业务经营范围，以便最终获许经营行业的核心业务"而提出的。可见，配套法律法规细则工作重点在 CEPA"先行先试"政策实施后发生了转变，但香港业界依然认为与广东服务业合作存在着障碍。

## （二）专业人才不足

服务提供者是服务业开展的核心资源，专业服务人才的进入一直是 CEPA 实施中备受关注的问题。虽然经过几年的沟通协商，香港专业人才进入的要求已有所放宽，但业界人士依然认为专业人才的数量、资格互认和培训等问题是影响两地服务业合作的主要障碍之一。

例如，有业界人士认为，专业资格考试一直是香港专业服务人士获得进入内地执业资格的一个障碍，甚至认为，专业资格的阻碍使 CEPA 的理论框架与实际操作之间有较大落差。以注册会计师为例，内地注册会计师考试的六个考试科目中，对香港注册会计师已豁免了其中的四个科目，但由于内地偏向大陆法系，香港偏向英美法系，大陆法系法律条文多且内容详细，内地把会计纳入法律体系内加以规范，使得各事项的会计处理方法规定得较为详细。因此，香港注册会计师要想在短时间内通过内地的《税法》与《经济法》考试难度相当大。无法通过 CPA 考试，则意味着香港会计师无法获得在内地的执业资格。又如，香港律师界有人士认为，内地的法律考试要背的内容较多，这样的考试内容年轻律师尚可应付，但年资较长的律师则觉得考试较为困难。

此外，由于香港服务业企业在内地不允许开独资或控股公司，在合资或联营企业里，港商对内地聘用人员的控制能力导致其难以开展深层次的员工培训，亦难以按照香港员工的相同标准提升内地聘用员工的专业服务水平。

### （三）"国民待遇"诉求

粤港服务业合作具有"跨境"特征，通过调研发现，在 CEPA 先行先试框架下，香港业界对于市场进入门槛、两地业务对接等方面享受"国民待遇"的诉求日益增强，但其时，"跨境"这一特征导致其诉求未能获得解决。

香港服务业界以中小企业为主，约占企业总数的 95% 以上，市场准入门槛问题主要是针对香港的中小型企业而言的。CEPA 作为中央政府与香港特区政府签署的制度安排，它对香港的开放是全面性的，即适用于全国各地。在这种背景下，特别是 WTO 过渡期结束后，一般较大型的香港企业基本都在 WTO 的框架下进入内地，不必要通过 CEPA 渠道；而占香港企业绝大多数的中小型服务企业仍然因为部分行业的进入"门槛"仍然偏高而难以进入内地市场。在与香港特区工贸署的访谈中了解到，CEPA 实施几年来，部分行业的进入门坎已有所降低，但部分行业的业界人士依然认为准入条件仍然过高，尤其是对中小企业而言，进入仍然存在困难。业界常见的疑问是"香港回归已有 12 年之久，为什么还要把港资当成外资来看待？港资企业在内地何时才能获得国民待遇？"以物流服务业为例，虽然物流服务业是目前获批《证明书》最多的行业，但仍有众多中小型物流公司未能如愿进入内地开展业务，尤其是在 CEPA 已实施几年后，有意进入内地开展业务而未能如愿的中小企业，对国民待遇的诉求日益强烈。

此外，香港服务业界还提出，其在内地市场的业务范围拓展亟需"国民待遇"。以银行业为例，虽然其时港资银行在业务上与中资银行已无太大区别，但落到实处时仍有很多障碍。例如，尽管港资银行认为目前已具备相应能力且有投资意愿，但在内地的基建项目融资中，港资银行希望参与，但往往事与愿违。再以法律服务业为例，按照目前管理办法所制定的经营范围，港资内地设立的代表处无法处理实质性的法律工作，造成业务来源狭窄，对代表处经营和生存造成影响。

## 四、对进一步推进合作的思考

CEPA 先行先试框架无疑对加快粤港服务业合作提供了强大的制度支撑，随着香港服务业对加强与广东市场合作的积极性提升，及其进入广东的数量增加、业务经营范围的扩大，粤港两地服务业合作的程度亦相应提高。将香港与内地合作的对接平台具体化，在广东实施 CEPA 的先行先试策略，是内地与香港经贸合作制度安排的一项创新。此举不仅有利于将暂时在全国范围不具备开放条件的政策措施在作为重点合作平台的试验区域加以试验，以便总结经验后向更大区域推广，亦有助于提振香港业界对促进内地与香港合作的制度安排的信心与积极性。

总结对比 CEPA 先行先试前后粤港服务业合作的成效及业界的评价，可以发现推进更深层次的服务业合作亟需两方面的创新。

一方面是将企业资格确定过程从"审批制"转变为"准入制"，以提高服务业合作政策实施的效率。从全球多边贸易体系近年的变化趋势看，地区性服务贸易自由化协定更倾向于否定列表，与此潮流相适应，2000 年以后，全球 60% 以上的 PTA，放弃了 GATS 的肯定清单方式，转向更为透明、自由化程度更高的否定清单方式。2008 年底出台的《珠三角改革发展规划纲要》中提出"支持粤港澳三地在中央有关部门指导下，扩大就合作事宜进行自主协商的范围"的权利，换言之，为免除审批过程的繁琐工作，提高企业进入及业务开放的速度，可以通过制定详细的准入细则标准体系，对于符合标准的新企业或新业务，只需要报备而不再需要审批。可见，为进一步增强广东对香港服务业的吸引力，加快香港服务业在广东的业务开展速度，切实提高先行先试政策的实施效率，需推动广东服务市场实行改革服务市场的准入制度，从计划经济式的政府审批走向市场式自由进入。

将"审批制"转变为"准入制"，通过制定详细的准入细则标准体系，对于符合标准的新企业或新业务，只需要报备而不再需要审批，虽然此举免除了审批过程的繁琐工作，将极大地提高企业进入及业务开放的速度，但同时亦要强调，审批制度的改革仍要根据不同服务行业对国家经济安全的影响程度，选取不同的突破地点进行试点，逐步推进。

另一方面是进一步强化两地的沟通联络机制，完善纠纷协调解决机制。由于某些行业领域内的跨区域协调涉及多个部门，因此，有必要成立跨区域跨部门的专门部门开展协调工作，同时，还需要进一步发挥两地服务行业协会的作用，强化两地业界的对话和沟通。有效的沟通联络机制，将提高合作协商的效率，有助于广东的服务行业管理部门在放宽香港服务业人员进入广东后的执业监管。将由政府直接规制为主的服务行业管理体制转变为以服务行业协会作为市场的直接管理主体，建立粤港两地常态性沟通联络，将有助于提高合作协商的效率。

# 第八章

# 服务贸易自由化制度下的合作

## 一、合作的背景

### （一）制度的创新：准入前国民待遇与负面清单管理模式

以 2008 年争取先行先试政策为起点，广东省不断争取中央支持更多服务业开放的政策措施在广东先行先试，先行先试开放广度与深度在广东省的不断拓展为粤港服务业合作创造了良好条件。

2011 年 8 月，时任国务院副总理李克强访港参加国家"十二五"规划与两地经贸金融合作发展论坛时，宣布了一系列中央政府支持香港进一步发展、深化内地与香港合作的政策措施，涉及经贸、金融、民生和社会事业、旅游以及粤港合作等多方面。其中，经贸方面，提出将进一步扩大服务贸易对香港的开放，并提出争取到"十二五"末通过 CEPA 基本实现内地与香港服务贸易自由化。广东省随后表示希望能提前一年，在 2014 年率先实现有关目标。为实现此目标，2012 年 9 月 8 日，广东省委召开常委会，审议并原则通过《推动率先基本实现粤港澳服务贸易自由化行动计划》。2014 年 1 月 12 日，广东省委出台了《中共广东省委贯彻落实〈中共中央关于全面深化改革若干重大问题的决定〉的意见》，明确指出广东将在 2014 年基本实现粤港服务贸易自由化。

2014 年 12 月 18 日，在 CEPA 签署 11 次补充协议后，商务部副部长高燕与香港特区政府财政司司长曾俊华在香港签署了《内地与香港 CEPA 关于内地在广东与香港基本实现服务贸易自由化的协议》（业界将之称为 CEPA《广东协议》)。这是内地首次以准入前国民待遇加负面清单的方式签署的自由贸易协议，也是首次采用国际同行分类标准制定负面清单。其实施目的可概括为以下四个方面：一是促进内地将在广东率先与香港基本实现服务贸易自由化；二是为内地与香港基本实现服务贸易自由化先行先试积累经验；三是协助香港巩固国际金融、贸易和航运等中心地位并发展新兴现代服务业；四是为内地经济带来新的活力，全面推动内地与香港经济的融合。简而言之，《广东协议》旨在解决 CEPA 在实践中存在的落实效果欠佳、准入门槛过高和配套法律法规不完善等问题，试图通过制度创新，采用"负面清单"管理模式为粤港澳服务业合作清除"最后一公里"障碍。

所谓准入前国民待遇，是指在企业设立、取得、扩大等阶段给予外国投资者及其投资不低于本国投资者及其投资的待遇。准入前国民待遇主要考虑是否存在港澳资和内资的区别对待问题，准入前国民待遇强调市场准入阶段，而国民待遇强调市场准入后阶段[①]。所谓负面清单，则是指凡是针对外资的与国民待遇、最惠国待遇不符的管理措施，或业绩要求、高管要求等方面的管理措施均以清单方式列明。"负面清单"管理模式是指在引进外资的过程中，政府对哪些经济领域不开放以清单形式公开列明，除了清单上的禁区，其他行业、领域和经济活动都许可，即"法无禁止即自由"。这一模式的好处在于可以提高外资的进入效率。据商务部发言人介绍，准入前国民待遇和负面清单的外资管理模式已逐渐成为国际投资规则发展的新趋势，世界上至少有 77 个国家采用了此种模式。为推进粤港服务贸易而采用这一管理模式，亦是为以"开放"促"改革"。

CEPA《广东协议》于 2015 年 3 月 1 日起正式实施。商务部将该协议的特点总结为以下四个方面：一是开放模式新。与以往 CEPA 协议相比，新签署的《协议》以负面清单为主，绝大多数部门以准入前国民待遇加负面清单的开放方式予以推进，个别部门继续采用正面清单的开放方式。二是开放部门多、水平高。开放部门将达到 153 个，涉及世界贸易组织服务贸易 160 个部门总数的 95.6%，其中，58 个部门拟完全实现国民待遇；在采用负面清单

---

[①] 张光南. 粤港澳服务贸易自由化："负面清单"管理模式 [M]. 北京：中国社会科学出版社，2014.

的134个部门中，保留的限制性措施共132项；采用正面清单扩大开放的部门新增27项开放措施，其中，个体工商户新增开放行业84个，累计开放行业达130个。三是将给予香港的最惠待遇以协议的方式进一步明确下来，即今后内地与其他国家和地区签署的自由贸易协定中，优于CEPA的开放措施均将适用于香港。四是市场开放与深化改革同步推进。为切实推进自由化的工作，内地各有关部门已会同广东省对香港探索建立健全与负面清单管理模式相适应的相关配套制度，将为广东省与香港基本实现服务贸易自由化提供制度保证。

2015年11月27日，商务部与香港特区政府在香港签署了《〈内地与香港关于建立更紧密经贸关系的安排〉服务贸易协议》。此项协议是在CEPA及其所有补充协议、CEPA《广东协议》已实施开放措施基础上签署的。2003年CEPA提出之时提出了货物零关税、服务贸易自由化和贸易投资便利化三项内容，而2015年底所签署的此项协议则是CEPA的服务贸易协议。

可见，遵循"'十二五'末，通过CEPA，基本实现内地与香港服务贸易自由化"的目标，国家设立了"准入前国民待遇与负面清单管理模式"的创新性制度框架，以进一步加快推进粤港服务合作。

## （二）设立更紧密合作平台

在2011年出台的国家《"十二五"规划纲要》中，提出了七个粤港澳合作的重要项目，其中，三项分别是深圳市前海区开发、广州市南沙新区开发和珠海市横琴新区开发。三个新区成为"进一步加强粤港澳合作"的重要创新平台，同时亦担负着"创新驱动、转型发展"的发展任务，也是广东转型升级的三个重要的平台。其后，三个新区的发展规划分别获国务院批复。

2014年12月31日，国务院正式批准设立中国（广东）自由贸易试验区（以下简称广东自贸区），实施范围116.2平方公里，涵盖三个片区：广州市南沙新区片区60平方公里（含广州南沙保税港区7.06平方公里），深圳市前海蛇口片区28.2平方公里（含深圳前海湾保税港区3.71平方公里），珠海市横琴新区片区28平方公里。2015年4月，中国（广东）自由贸易试验区挂牌仪式在广州市南沙举行，标志着广东省自由贸易试验区正式启动建设。

自贸区的发展目标是：经过3~5年的改革试验，营造国际化、市场化、法制化营商环境，构建开放型经济新体制，实现粤港澳经济深度合作，形成国际经济合作竞争新优势，力争建成符合国际高标准的法制环境规范、投资贸易便利、辐射带动功能突出和监管安全高效的自由贸易园区。广东自贸区的设立，是中央政府为推进粤港澳服务业合作而设定的最新制度框架。广东自贸区的发展不仅要借鉴和复制部分"上海经验"，更要立足面向港澳的深度融合，突出地方特色，在全球竞争中体现出粤港澳合作的优势。同时，破除制约服务贸易发展的体制机制障碍、探索更加有效的负面清单管理模式、为我国的改革开放进程做出贡献，是广东自贸区建设的任务要求。

简而言之，广东自贸区定位于面向港澳深度合作，承担着创新内地与港澳合作机制的重要任务。广东自贸区的总体方案提出，便是以制度创新为核心，致力于打造粤港澳高度服务业融合发展的新高地。此外，广东自贸区还将在进一步探索粤港澳合作新机制的过程中，加快经贸规则与国际的对接，成为粤港澳合作参与全球竞争的重要平台，打造粤港澳深度合作的示范区。

除了自贸区这一国家设立的粤港澳合作平台，广东省为配合推进实现粤港澳服务业贸易自由化，还确立了一批粤港澳服务贸易自由化示范基地。2015年10月，作为广东《深入推进粤港澳服务贸易自由化实施意见》的重要举措，包括广州天河中央商务区以及前海、横琴自贸片区在内的13个示范区，被确定为首批粤港澳服务贸易自由化示范基地。这13个示范基地包括广州天河中央商务区、广州琶洲国际会展中心区、深圳前海深港现代服务业合作区、珠海横琴新区、佛山南海粤港澳合作高端服务示范区（含广东金融高新技术服务区和三山新城）、东莞松山湖粤港澳文化创意产业实验园区、中山翠亨新区、江门大广海湾经济区、汕头华侨经济文化合作试验区、湛江五岛一湾滨海旅游产业园、潮州电子商务园区、梅州客天下农电商产业园和广东禅文化创意产业园（云浮市）。

广东省港澳办在粤港澳服务贸易自由化示范基地推介会上介绍，粤港澳服务贸易自由化省级示范基地作为粤港合作新载体，将主动适应"准入前国民待遇加负面清单"管理模式的要求，打造国际化、法制化的营商环境，建设制度高地、创新高地、智力高地和人才高地，争创"不是自贸区的自贸区"。

在《深入推进粤港澳服务贸易自由化实施意见》中，明确了下一阶段工作重点就是推进广东自贸试验区和服务贸易自由化重点示范基地建设，积极打造深化粤港澳合作的新载体,并及时总结工作成效及相关的经验做法,争取形成可复制、可推广的"广东经验",为内地与港澳基本实现服务贸易自由化提供示范和借鉴。粤港澳合作将加强商务服务、金融服务、通讯和信息服务、教育服务、健康服务、文娱服务、旅游服务合作、其他专业服务8个服务领域合作及深化行政管理体制改革方面的27项重点工作任务。

可见,设立更为具体而明确的平台作为粤港服务业合作的试验区,是促进粤港服务业更紧密合作的一项重要举措。

## 二、自贸区引进香港服务业的创新举措

总体而言,广东自贸区的三个片区均有较好的发展势头,但相比之下,前海的发展程度相对南沙和横琴更为成熟。前海早在2010年即开始建设前海深港现代服务业合作区,其在投资、贸易和金融等领域的监管体制等方面的创新工作开始较早,为自贸区的建设奠定了良好的基础。截至2015年11月,前海入驻企业的平均注册资本为0.51亿元,远远高于上海自贸区(0.24亿元)、南沙片区(0.38亿元)和横琴片区(0.37亿元)①。

以下试图通过总结深圳前海在引进香港建筑服务和会计服务业的创新举措,从一个侧面折射出自贸区在服务贸易自由化制度框架下促进深港服务业合作的创新行为。

### (一)建筑服务业

第六章已述及,由于内地与香港在建筑机构认定标准对建筑师的监管主体以及内地与香港建筑服务的责任主体不同,使香港建筑服务企业与建筑师在内地开展业务存在障碍。为此,深圳前海为促进深港合作,加快引进香港建筑师到前海开展业务,采取了创新举措。

第一,通过制度建设奠定与香港深度合作的基础。2014年12月,深圳市政府在人民大会堂对外正式发布《前海深港现代服务业合作区促进深港合作工作方案》,明确前海1/3的土地留给港企,并且在土地出让起始价、出让

---

① 上海自贸区"抢注"者渐消退. 南方日报,2015-11-18.

方式、操作模式等方面衔接香港惯例和通行规则，充分听取香港企业的意见和建议，向港企让利，促进香港的经济结构优化和产业升级。这一举措亦是为香港建筑服务机构和人士进入提供了一个稳定的市场。

2016年2月，为"进一步探索研究规划、工程咨询、设计、测量和建造等领域取得香港执业资格的专业人士在前海直接执业和开设工程技术服务有关企业的方式，并制定配套管理办法；探索两地在建筑市场管理、信誉等方面的互动互联机制"等内容，前海管理局、深圳市住房和建设局与香港特别行政区政府发展局三方共同签订了《在深圳市前海深港现代服务业合作区试行香港工程建设模式合作安排》（下称《安排》）。根据《安排》，在前海合作区范围内的港商独资或控股的开发建设项目，将试行香港工程建设模式，即港商独资或控股的开发建设项目，可选聘香港工程建设领域服务业专业机构及专业人士为其提供工程建设领域服务。简而言之，根据《安排》，在前海建设的香港工程，可以适用香港模式进行建设、管理、服务。

第二，建立从业人员的沟通平台与职能部门的管理平台。为加强深港两地专业人士互动交流，深港两地政府部门鼓励香港工程建设领域相关专业学会在前海设立办事机构，此举对于深化深港两地工程建设领域合作，提升专业人士质素和职业操守有着积极的作用。香港特区发展局为此制定了有关建筑类别、屋宇装备类别、工料测量类别和结构工程类别的公司名单，交予前海管理局登记备案。香港工程建设领域专业人士在前海合作区提供服务之前，也可向前海管理局申请登记备案。

香港服务业人员进入内地，需要接受内地职能部门的监管。为提高监管的效率，前海管理局结合建筑市场综合改革的目标举措，参考香港工程建设管理模式，简化、优化行政服务流程，制定了相应的工程建设行政服务指南。以不良行为的监管为例，若香港工程建设领域专业机构及专业人士在前海合作区内从业时违反内地法律法规，或在履约和诚信方面存在不良行为，前海管理局可将相关情况报送深州市住房与建设局的同时，经香港特区发展局反馈给香港有关机构，香港有关机构可根据相关规定对其进行跟进。换而言之，香港的服务从业者若在前海执业时不能按照其在香港时的高专业标准要求自己，若被前海管理局将其不良行为通报给香港有关机构，则会影响其在香港执业时的声誉，这无形中要求香港工程建筑服务人员在前海市场必须提供与香港相同标准，甚至更高标准的服务。

### （二）会计服务业

第二章对内地与香港会计服务业的差异进行了比较，由于诸如难以通过内地的注册会计师考试考试、难以满足合伙人"必须在内地有固定住所，其中每年在内地居留不少于 6 个月"的条件、难以成为合伙制的主导者、难以在特定区域寻找新合伙人等原因，当下香港会计服务业进入内地市场仍面临一些障碍。为此，依托作为深港现代服务业合作区和自贸试验区的双重优势，前海在探索引进香港会计服务业方面的创新举措如下：

2013 年，深圳市政府出台了《香港特别行政区会计专业人士申请成为前海深港现代服务业合作区会计师事务所合伙人暂行办法》，明确了香港会计专业人士担任合伙人的前海合作区会计师事务所的条件：一是由内地居民担任的合伙人人数不得低于合伙人总数的 51%；二是应在合伙协议中对重大经营管理决策事项予以列明并做出约定，无论会计师事务所对重大经营管理决策采用何种表决方式，合伙人中内地居民的累计表决权不得低于 51%；三是首席合伙人或者履行最高管理职责的其他职务者，应当是执行合伙事务的合伙人，并由内地居民担任。

同年，《香港注册税务师服务深圳前海深港现代服务业合作区管理暂行办法》正式实施，明确香港注册税务师在前海开展服务的条件。为推动香港注册税务师服务前海，深圳又相继推出一系列配套服务措施：一是公布香港注册税务师备案事项办事指南；二是优化注税系统，增设香港注册税务师管理模块，提供业务事项报备远程服务；三是建立信息交换机制，定期与香港税务学会沟通交流，收集香港注册税务师的意见建议；四是定期举办"税与争锋"专业论坛，搭建深港两地注册税务师专业合作交流平台；五是向国家税务总局申请将香港注册税务师前海执业试点的作法在自贸区进行复制推广。

2015 年，深圳对在原来办法进行修订的基础上，制定《香港特别行政区和澳门特别行政区会计专业人士担任深圳经济特区会计师事务所合伙人试行办法》，将适用地区由前海扩大到深圳经济特区；适用对象除香港特别行政区会计专业人士外，增加澳门特别行政区会计专业人士。2016 年，为加快引进香港专业服务业，深圳决定在前海建设一栋接近 60 万平方米的香港专业服务大厦，以最优惠租金专门引进香港专业机构入驻，以期有利于引进香港会计服务业。

## 三、经验与启示

总结深圳前海在引进香港建筑服务业、会计师服务的创新模式，对粤港服务业的深度合作得出如下经验与启示。

### （一）将深度合作的试验平台进一步具体化

广东自贸区前海新区在推进与香港建筑业的合作中，目前仍存在由于两地行业差异、制度细则对接等因素所导致的合作障碍，为学习香港建筑业先进经验、强化与香港建筑业合作交流，在前海新区内再划定 1/3 土地专门留于出售给香港企业，在这些特定的港资项目上，对其使用香港建筑服务采取更创新的引进和管理模式。简而言之，在前海新区划出特定的 1/3 土地用于港资项目，为引进香港的建筑服务标准、服务人员和服务模式创造了可能。

前海新区在这个特定的合作平台上运作的项目，在《深圳经济特区前海深港现代服务业合作区条例》、CEPA 及其补充协议等现行制度框架下，持续开展各项创新并推向实践，积极将这一平台上创新的一些思路和行动向国家和省市相关部门进行上报，并进行相应试点，取得了一定的合作成效。

由此可见，将与香港服务业合作的制度试验区进一步具体化，有利于创新举措的推行。

### （二）积极向部委争取充分授权

行业管理细则由相关部委负责制定。在建筑领域，前海新区向建设部成功申请到建筑企业/个人单项备案制度。获批委托实施的省级管理事项主要有：在前海注册的外商投资工程服务公司省级审批权限工程设计乙级及以下资质的审批；在前海注册的外商投资建筑工程公司施工总包序列省级审批二级资质、专业承包序列省级审批一级资质审批；在前海注册的外商投资建筑施工企业安全生产许可证审批。另外，根据《深圳经济特区前海深港现代服务业合作区条例》，深圳充分授权前海深港现代服务业合作区管理局开展各类行政审批和行政服务事项。

简而言之，行业合作的创新模式需要得到相关部委的支持，合作试验平台需要积极汇报反馈创新合作过程中的进展与业界述求，以寻求获得更充分的审批授权。

### （三）密切与香港的联系

深圳与香港已建立密切的政府间联系机制，如一年一度的"深港合作会议"，旨在促成深港合作的思路转化为具体的政府行为，持续促进和完善两地已开展的合作项目，同时探讨新的合作领域，强化两地合作共识。在建筑业领域，深圳与香港发展局共同成立建筑领域合作专责小组等。

密切与香港的联系，搭建日常沟通交流的平台，不仅有利于两地业界在平台中寻求合适的服务提供者，亦有利于合作述求的实施与推进。

# 篇末小结

粤港合作历史悠久,两地服务业合作始于特定的经济发展背景与制度环境。内地的改革开放和中国加入世界贸易组织是粤港服务业合作的两个重要背景,这两大背景分别是内地经济从基本封闭向局部开放转变和从局部开放向全方位开放转变的两个重要标志[1]。香港回归以来,粤港服务业合作的推动及保障制度随着三地的经济发展需求而不断推进、创新。通过设立制度框架推进粤港合作,是中央政府乃至粤港两地政府近年来的共识。可以认为,制度的变迁是粤港合作的外在动力。

梳理香港回归20年来粤港服务业合作的进程可以发现两个特点。

第一,近年来为配合服务业合作的深化,合作制度所设定的合作对接平台不断具体化。具体而言,粤港澳合作的对接平台从全省层面的对接,发展到CEPA试点城市的优先对接,再到最新的以自贸区南沙、前海、横琴三个新区,以及粤港澳服务贸易自由化示范基地等特定区域的对接。换言之,政府通过试点区域的形式,设立特定的制度框架,力图加大广东与港澳合作的深度、加快行业合作。可以认为,自2008年CEPA先行先试开始,在特定的区域(五个试点城市和南沙、前海、横琴)内实施试点开放政策,是粤港合作制度框架制定的一个创新点;广东自贸区的设定,更是以制度创新为核心,以深化粤港澳合作为重点,将粤港服务业的重点对接平台进一步具体化。前海新区中再划定1/3土地专门留予香港企业投资开发,并为在此空间上跨越内地现行行业管理规定,为这些港企项目启用更为

---

[1] 陈广汉主编. 港澳珠三角区域经济整合与制度创新 [M]. 北京:社会科学文献出版社,2008.

开放的香港建筑服务准入机制，亦是沿着将服务业合作平台进一步具体化思路的进一步推进。

第二，根据合作中所面临的阻碍以及现行经济发展的需要，合作的制度框架不断动态更新，促进服务贸易自由化的意图在制度框架演进中得以不断强化，此制度更新过程需要不断创新。例如，2008年国家批准对香港服务业开放的13个领域25项政策措施在广东先行先试，涉及金融、教育、医疗、交通服务、社会服务和电子商务等多领域，此创新性制度成为实施CEPA的阶段性突破点。又如，为解决CEPA在实践中存在的落实效果欠佳、准入门槛过高和配套法律法规不完善等问题，2014年底签署的服务贸易自由化的协议，通过制度创新，采用"负面清单"管理模式，以期为粤港澳服务业合作清除了"最后一公里"障碍。再如，广东自贸区的总体方案提出，将以制度创新为核心，致力于打造粤港高度服务业融合发展的新高地。

展望未来，粤港服务业合作在未来一段时期内将是两地经贸合作的重点。CEPA各项先行先试措施的深入实施，为粤港率先基本实现服务贸易自由化奠定了坚实的基础，同时也有力地深化了粤港澳各领域的全方位合作。服务贸易自由化的推进需要负面清单管理模式进一步发挥作用，但也要意识到准入前国民待遇加负面清单是全新的开放模式，没有现成经验可借鉴，事中事后监管创新等配套措施也需要不断积累经验。由于深入的服务业合作推进将涉及行业的多项细则，牵涉多个管理部门，因而难以全面深化推进，作者认为较为有效的推进思路是：把握合作的重点行业与领域，粤港两地政府需达成基本共识，针对甄选出来的重点合作行业理清合作思路与两地各自的需求，运用创新思维制定相应的合作推进办法；提供两地人才交流平台，通过交流增加合作的意愿与需求；加强两地行业管理部门和行业协会等机构的沟通，搭建管理平台，通过签订特定区域内服务业合作的具体细则并呈送上级部门审批备案的方法，充分发挥负面清单管理模式在服务业合作中的作用。针对目前两地经济发展的需求与状况，金融服务业、专业服务、航运物流及贸易服务、科技创新服务和文化创意服务等行业，将是两地未来服务业合作的重点领域。

值得指出的是，通过制度安排的变迁推动区域合作是一种手段，其目的在于实现要素的自由流动，通过要素流动促进区域的经济合作与发展，是区域经济学研究的一个基本共识。而所谓的要素流动，要素的流动不仅包括各类人员、资金和物资的流动，还包括由于要素流动的溢出效应所导致的商业存在方式，乃至生活方式的改变。因此，在进一步的制度创新研究中，要遵循实现要素在区域间的自由流动这一目标，为制度创新探讨更深入的理论依据和发展模式。

# 第三篇

# 合作平台的建设

2014年12月，国务院决定设立中国（广东）自由贸易试验区（以下简称广东自贸区），广东自贸区涵盖三个片区：广州南沙新区片区（广州南沙自贸区）、深圳前海蛇口片区（深圳前海蛇口自贸区）和珠海横琴新区片区（珠海横琴自贸区），总面积116.2平方公里。在2015年4月公布的《中国（广东）自由贸易试验区总体方案》中，广东自贸区被定位为全国新一轮改革开放先行地，21世纪海上丝绸之路重要枢纽和粤港澳深度合作示范区。其发展目标是经过3~5年的改革试验，营造国际化、市场化、法治化营商环境，构建开放型经济新体制，实现粤港澳经济深度合作，形成国际经济合作竞争新领域，力争建成符合国际高标准的法制环境规范、投资贸易便利、辐射带动功能突出和监管安全高效的自由贸易园区。

区域合作通常配合以合作平台的建设，一般而言，区域合作平台可以分为虚体平台和实体平台两种。具体而言，虚体平台通过签订区域合作协议等制度性文件打造，并没有具体的空间载体；而实体性平台则常见为区域性合作产业园、经济走廊等，实体性平台是区域经济合作的具体空间载体，其任务在于实现区域资源要素的优化。而制度环境的建设，尤其是法制制度的完善，是解决区域合作中的经济利益冲突的最基本途径[1]。

---

[1] 刘秀生，廖运凤，胡愈越. 新制度经济学 [M]. 北京：中国商业出版社，2003.

服务贸易是我国新一轮对外开放的重点领域，也是粤港澳合作向纵深发展的主攻方向。设立广东自贸区是新形势下推进改革开放和促进内地与港澳深度合作的重要举措，对加快政府职能转变、积极探索管理模式创新、促进贸易和投资便利化以及为全面深化改革和扩大开放探索新途径、积累新经验，具有重要的意义。

一直以来，广东都是内地与香港合作的桥头堡。近年来，为配合服务业合作的深化，合作制度所设定的合作对接平台不断具体化。具体而言，粤港澳合作的对接平台从全省层面的对接，发展到 CEPA 试点城市的优先对接，再到最新的以自贸区南沙、前海、横琴等城区的对接。换言之，政府通过以试点区域的形式，设立特定的制度框架，力图加大广东与港澳合作的深度、加快行业合作。可以认为，自 2008 年 CEPA 先行先试始，在特定的区域（五个试点城市和南沙、前海、横琴）内实施试点开放政策，成为合作制度框架制定的一个创新点。广东自贸区的设定，更是以制度创新为核心，以深化粤港澳合作为重点，将广东服务业与港澳服务业的重点对接平台进一步具体到南沙、前海和横琴等三个新区。

本篇将对广东自贸区的三个片区分别展开描述，以期通过分析其发展沿革、发展定位、经济发展现状和重点产业与香港对接与合作的进展，进一步探讨通过自贸区加强与香港服务业合作策略提供基础。

# 第九章

# 广州南沙新区片区

南沙新区处于珠江三角洲的地理几何中心，距香港70公里、澳门76公里，是广州通向海洋的唯一通道，也是连接珠江口两岸城市群的枢纽。25公里长的海岸线，一边对着香港，另一边对着澳门，是珠江口上的天然良港。南沙新区距离广州、香港、澳门三地市中心均不超过70公里，对外交通联系便捷，港口航运、高速公路、轨道交通等综合交通架构已经建成。在其方圆100公里内，有香港、广州、深圳、珠海和澳门五大国际机场。目前，南沙新区与广州中心城区高速公路路程约40分钟，与深圳、珠海高速公路路程约1小时，与佛山、东莞高速公路路程约30分钟，坐船约1小时30分可到达香港。根据规划，港珠澳大桥、深中通道的建成与开通，将进一步缩短从南沙到港澳以及珠江口西岸地区所需的时间。

## 一、发展沿革与发展定位

### （一）地区发展沿革

截至20世纪80年代，南沙还是广州市所辖的番禺县最南端的一块待开发的区域。

1993年5月，国务院批准设立国家级南沙经济技术开发区，下辖15个管理村（农村）、200多家三资企业，人口7万多人，陆地面积54平方公里。同年7月8日，中共广州南沙经济技术开发区委员会、广州南沙经济技术开发区管理委员会挂牌，行政上为番禺市政府的派出机构。同年，原南沙镇改设南沙街，与南沙经济技术开发区管理委员会合署办公。经国务院批准，广州南沙经济技术开发区于2003年调整并扩大规划范围，面积增加17.7平方公里，黄阁镇和新垦镇的部分区域被划入经济开发区中。

2000年开始，广州开始实施《广州城市发展总体战略规划》，广州"东进、西联、南拓、北优"的城市发展战略从此开始全面推进，广州南部的番禺县撤县设区，成为番禺区，位于番禺区最南端的南沙开发区成为广州城市南拓的核心区域。2002年8月，广州市委、市政府为了实施"南拓"战略，成立了享有广州市级审批权限的广州南沙开发建设指挥部。在2001年开始编制、2004年公布实施的《南沙地区发展规划》，确定了"生态优先"的产业发展战略，形成了"大工业、大物流、大交通"的发展思路。由于对项目的多方面评估考量，一度计划选址落户南沙的大型钢铁项目和石油化工项目，最终落户湛江东海岛。

2005年4月，广州行政区划调整，国务院批准设立广州市南沙区。番禺区的南沙街，万顷沙镇，横沥镇，黄阁镇，灵山镇庙南村、七一村和庙青村的部分区域，东涌镇庆盛村、沙公堡村、石牌村的各一部分区域划入南沙区。南沙区下辖三镇（万顷沙、黄阁、横沥）两街（南沙、珠江），辖区面积527.65平方公里。

在国家2009年1月颁布实施的《珠江三角洲地区改革发展规划纲要（2008~2020年）》中，明确提出建设南沙新区等合作区域，作为加强与港澳服务业、高新技术产业等方面合作载体的要求。

在2009年8月的广州市委全会上，时任南沙区区长罗兆慈透露，南沙东南部将划出40~50平方公里，准备作为建设穗港澳合作特别试验区的重点区域。随后，南沙拟建"小特区"的消息不胫而走，此后，"小特区"的正式名称又有过多次修改。

至2010年6月30日，广东省政府批准设立广州南沙实施CEPA先行先试综合示范区（以下简称"南沙CEPA示范区"），提出要把南沙打造成为广东省集中展示CEPA实施成效、率先探索CEPA下一步开放政策措施的先行先试区，并决定成立省政府分管副省长任组长的专门协调小组。根据当时的规划，南沙CEPA示范区总面积约108平方公里，重点在城市规划建设管理、专业服务、科技创新与研发设计、教育培训、休闲旅游与健康服务、航运物流、文化创意与影视制作等领域深化合作。

在2011年3月发布的《中华人民共和国国民经济和社会发展第十二个五年规划纲要》中提出，将南沙新区打造成为"服务内地、连接港澳的商业服务中心、科技创新中心和教育培训基地，建设临港产业配套服务合作区"。

2012年9月，国务院正式批复《广州南沙新区发展规划》。南沙新区成为继上海浦东新区（1992年）、天津滨海新区（2010年）、重庆两江新区（2010年）、浙江舟山群岛新区（2011年）和兰州新区（2012年）之后的第六个国家级新区。其时，广州市常住人口约为1270万人，南沙区常住人口约为73.6万人。南沙新区的区域范围亦发生了调整，将广州沙湾水道以南、原来属于番禺区的大岗、榄核和东涌三镇划归南沙新区管辖。区划调整后，南沙新区规划总面积为803平方公里，其中，陆域面积570平方公里，水域面积233平方公里。

2014年12月31日，国务院正式批准设立中国（广东）自由贸易试验区，实施范围116.2平方公里，其中，广州南沙新区片区为60平方公里（含广州南沙保税港区7.06平方公里）。

从南沙的发展沿革可见，其发展自20世纪80年代已建立与港澳的联系与合作。20世纪80年代，祖籍广东番禺的香港爱国商人、已故全国政协副主席霍英东先生便已投资建设南沙。其后，南沙被赋予了拓展广州城市发展空间架构的任务，亦肩负了探索粤港澳合作全面融合、打造新型城市化典范的使命。当前，南沙正处于国家实施"一带一路"倡议、自由贸易试验区战略、珠三角建设国家自主创新示范区等多重战略机遇集中叠加期，国家赋予了南沙新区服务内地、连通港澳、面向世界，打造广东省对外开放大平台、建设"21世纪海上丝绸之路"战略枢纽的历史使命。在国家"十三五"规划中，南沙新区再次被强调推进粤港澳合作的发展重任。

## （二）产业定位

根据《中国（广东）自由贸易试验区总体方案》的要求，广东自贸区的发展目标是经过3~5年改革试验，营造国际化、市场化、法治化营商环境，构建开放型经济新体制，实现粤港澳深度合作，形成国际经济合作竞争新优势，力争建成符合国际高标准的法制环境规范、投资贸易便利、辐射带动功能突出、监管安全高效的自由贸易园区。

南沙新区片区重点发展航运物流、特色金融、国际商贸和高端制造等产业，建设以生产性服务业为主导的现代产业新高地和具有世界先进水平的综合服务枢纽。按海关监管方式划分，广州南沙新区片区重点探索体制机制创新，积极发展现代服务业和高端制造业。

广东自贸区广州南沙新区片区总面积60平方公里（含广州南沙保税港区7.06平方公里），共7个片区，下辖片区包括：海港片区、明珠湾起步区、南沙枢纽片区、庆盛枢纽片区、南沙湾片区、蕉门河中心区片区和万顷沙保税港加工区片区（见图9-1），分为中心板块、海港板块和庆盛板块。

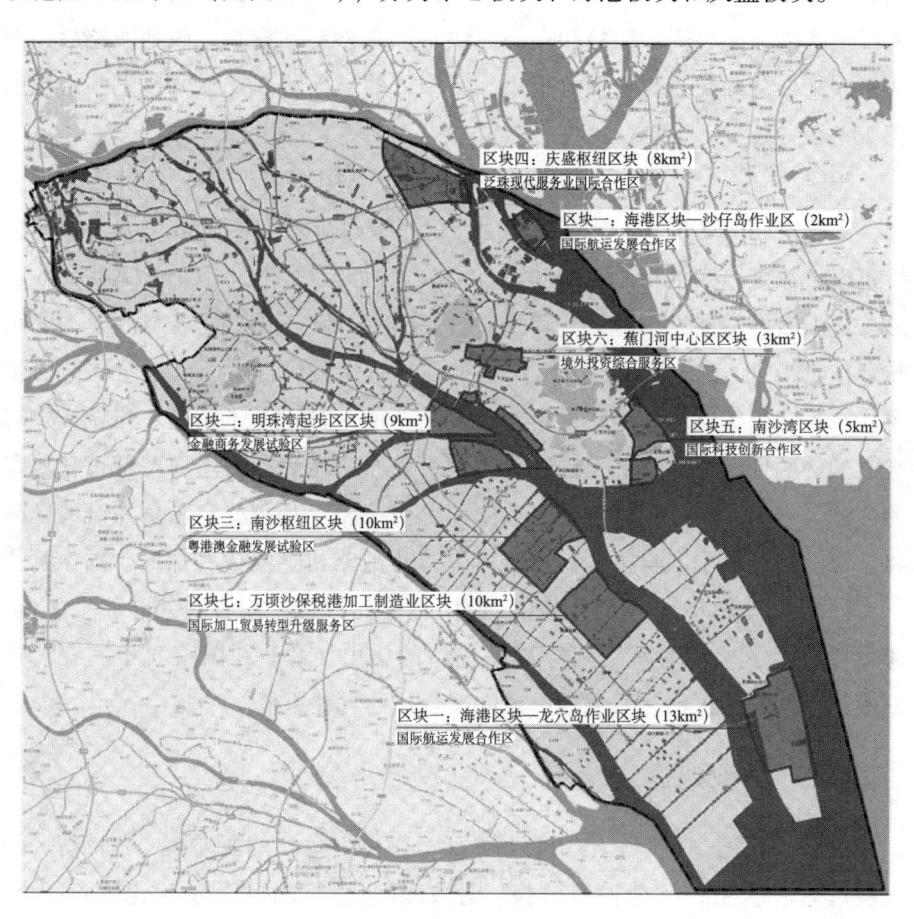

**图9-1 南沙新区各板块发展规划**

资料来源：广东自贸区广州南沙新区官方网站。

各片区功能如下。

片区一：国际航运发展合作区。重点发展航运物流、保税仓储、国际中转、国际贸易、大宗商品交易、汽车物流等航运服务业。在国际航运服务和通关模式改革领域先行先试，联手港澳打造泛珠三角地区的出海大通道。

片区二：金融商务发展试验区。重点发展总部经济、金融服务和商业服务。推动粤港澳金融服务合作，探索开展人民币资本项下可兑换先行试验。进一步构建粤港澳金融和商贸服务合作新机制。建成服务珠三角、面向世界的珠江口湾区中央商务区。

片区三：粤港澳融合发展试验区。重点发展资讯科技、金融后台服务、科技成果转化和专业服务等，打造粤港澳生产性服务业发展基地，探索内地和港澳社会管理创新及经济融合发展新机制。

片区四：国际教育和医疗合作试验区。重点发展教育培训、健康医疗等产业，率先探索在教育、医疗等领域对港澳和国际深度开放。

片区五：粤港澳科技创新合作区。重点发展科技创新、文化创意、服务外包和邮轮游艇经济。创新粤港科技研发合作新模式，建设粤港澳创新成果产业化基地和国际化科技创新服务中心。

片区六：境外投资综合服务区。重点发展商务服务产业、培育外贸新业态和集聚中小企业总部。为港澳中小企业开拓国内市场、国内中小企业开拓国际市场提供支撑，建设成为国内企业和个人"走出去"的窗口和综合服务平台，构建"走出去"政策、促进服务保障和风险防控体系。

片区七：加工贸易转型升级服务区。重点发展加工制造、研发孵化、数据服务、电子商务和检测认证服务等生产性服务业。搭建促进加工贸易企业转型升级的技术研发、工业设计和知识产权等公共服务平台。

### （三）与香港相关的规划定位

2012年国务院批复的《南沙新区发展规划》（以下简称《规划》）中，南沙新区与香港相关的关键词可以总结为以下三个。

第一，"粤港澳全面合作"。《规划》在战略定位部分提出，"把南沙新区建设成为粤港澳优质生活圈、新型城市化典范、以生产性服务业为主导的现代产业新高地、具有世界先进水平的综合服务枢纽、社会管理服务创新试验区，打造粤港澳全面合作示范区"。据广州市相关领导介绍，突出粤港澳合作，是《规划》编制和审批的最基本依据，规划实施的目标便是要充分发挥南沙新区在连接港澳、服务内地方面的独特优势，打造粤港澳全面合作的综合示范区，以合作促发展，促进三地优势互补、互利共赢。所谓的"全面"，则是指与港澳除了经济方面的合作，还要开展包括生活功能、公共服务、社会管理等方面的合作[①]。

第二，"生产性服务业"。《规划》提出，大力推动粤港澳科技联合创新和重大科技成果产业化，促进战略性新兴产业跨越式发展，构筑开放型、国际化的区域创新体系；强化与港澳在金融保险、文化创意、研发设计、航运物流、休闲旅游等现代服务业领域的合作，提升区域产业核心竞争力；充分利用临港区位优势，加速汽车、船舶、重大装备等先进制造业发展；引导产业高端发展，打造以生产性服务业为主导的现代产业体系。以生产性服务业为主导的现代产业新高地，是为了突出软实力建设，这是未来南沙新区国际竞争力的重要组成部分。这要求必须大胆创新经济、社会、文化、城市等领域体制机制，形成与国际接轨的营商环境和做事规则，才能持续不断地增强南沙新区发展的活力、动力和竞争力。

第三，"粤港澳优质生活圈"。《规划》提出，依托南沙新区优越的地理区位、丰富的生态资源和独特的岭南水乡文化，对接港澳先进的城市规划、公共服务和社会管理理念，共同保护区域生态安全，强化跨界基础设施对接，完善公共服务领域跨界合作机制，提升三地通关便利程度，共建健康生态的生活环境、集约有序的空间格局、舒适优美的城乡景观、绿色便捷的交通网络、优质高效的公共服务和紧密顺畅的协作机制，建设粤港澳优质生活圈。突出与港澳共建优质生活圈，利用南沙新区的地理优势及环境优势，将其打造成连接港澳的门户，将有利于将港澳人才吸引到南沙来就业生活。

2015年批准的《中国（广东）自由贸易试验区总体方案》提出，南沙新区片区重点发展航运物流、特色金融、国际商贸和高端制造等产业，建设以生产性服务业为主导的现代产业新高地和具有世界先进水平的综合服务枢纽。生产性服务业是香港的产业发展主导，航运物流、金融、商贸等行业是其支柱产业，广东自贸区南沙片区的产业发展定位与香港产业发展密切相关。

---

① 详见 http://politics.people.com.cn/n/2012/c1001-19227376-2.html。

## 二、发展现状

### (一) 经济发展态势

自 2005 年设行政区以来,由于经济发展基数较低,南沙保持着较快的发展速度。2005~2011 年七年间 GDP 平均增长率达 26%,远高于广州市 13% 的 GDP 平均增长率(见图 9-2)。2011 年南沙 GDP 总量直逼 600 万元大关。设区之初,南沙区在广州市的经济总量与人口规模在广州十区中排名靠后,但增长速度强劲:2011 年 GDP 增速达 13.05%,比广州平均水平高出两个百分点,仅次于番禺区,位居全市第二(见图 9-3 和表 9-1)。2016 年,南沙

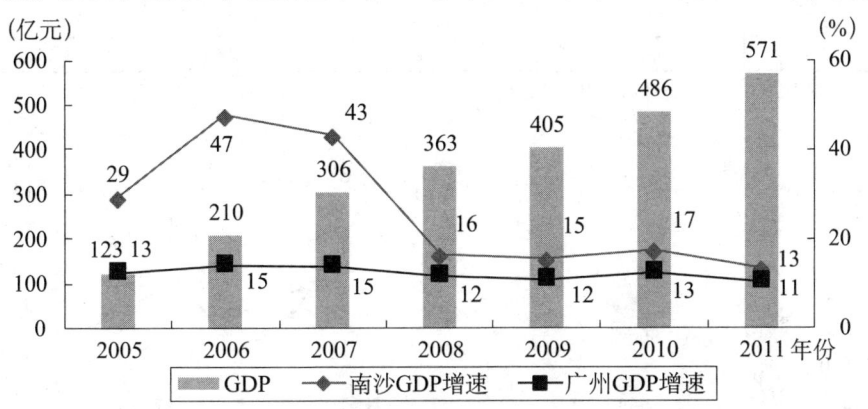

**图 9-2　2005~2011 年南沙区 GDP 及增速**

数据来源:广州市统计局、南沙统计局。

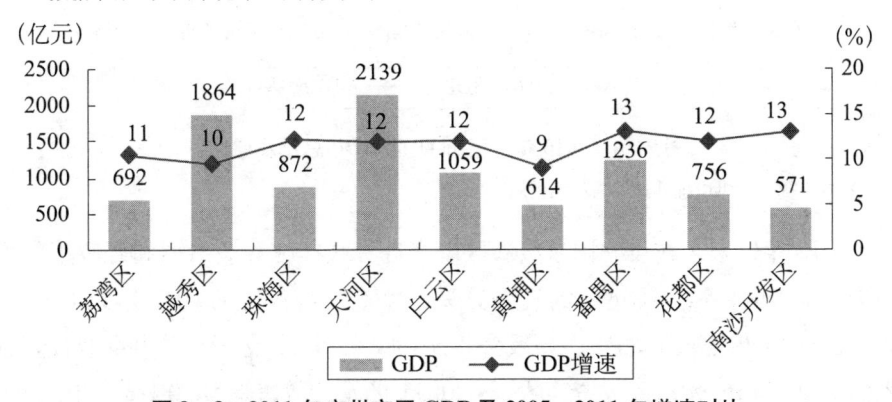

**图 9-3　2011 年广州市区 GDP 及 2005~2011 年增速对比**

数据来源:广州市统计局、南沙统计局。

GDP 较 2015 年增速仍然领先全市其他区域,达 12.9%,其 GDP 亦从设区之初居于全市各区的末尾,上升至全市 11 区中的第七位(见图 9-4)。

表 9-1　　　　　　　　　2011 年广州十区经济指标

| 行政区 | 土地面积<br>(平方公里) | 年末常住人口<br>(万人) | 常住人口密度<br>(人/平方公里) | GDP<br>(万元) |
| --- | --- | --- | --- | --- |
| 荔湾 | 59.10 | 89.15 | 15085 | 6943338 |
| 越秀 | 33.80 | 114.89 | 33991 | 18971604 |
| 海珠 | 90.40 | 156.63 | 17326 | 8736481 |
| 天河 | 96.33 | 143.65 | 14912 | 21677181 |
| 白云 | 795.79 | 223.67 | 2811 | 10763528 |
| 黄埔 | 90.95 | 46.10 | 5069 | 6168374 |
| 番禺 | 786.15 | 177.64 | 2260 | 12410829 |
| 花都 | 970.04 | 94.86 | 978 | 7631871 |
| 南沙 | 527.65 | 26.77 | 507 | 5761810 |
| 萝岗 | 393.22 | 38.06 | 968 | 16061514 |

数据来源:广州市统计局、南沙统计局。

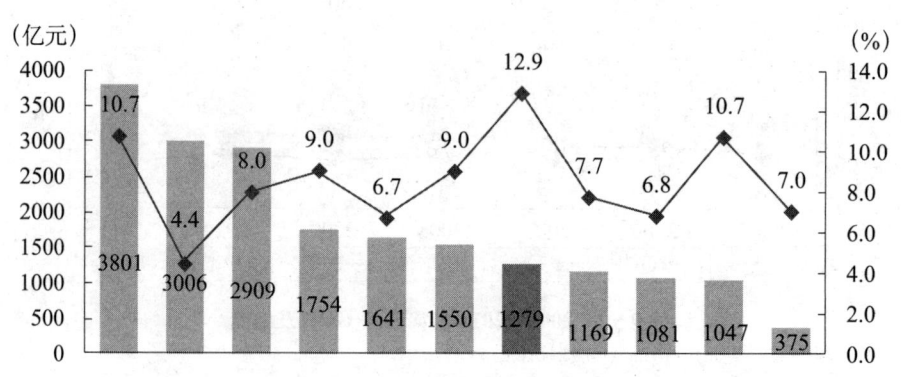

图 9-4　2016 年广州市 11 区 GDP 总量及增速

数据来源:广州市统计局、南沙统计局。

2012 年以来,在设立国家级新区以及自贸区挂牌等一系列利好政策的推动下,南沙区显示出了迅猛的发展势头。2015 年南沙区的 GDP 达到 1133 亿元,比 2014 年增长 13.3%;一般公共预算收入 71.25 亿元,公共财政预算收入的增速是 13.3%;固定资产投资 620.55 亿元,增速是 54.0%;"十二五"期间,上述指标年均增速分别为 18.3%、23% 和 38.4%,增速均位列全市首位。2015年，南沙区进出口总额增速是17.2%，合同利用外资金额的增速是64.7%，亦位居广州各区第一。此外，2015年南沙区的商品销售总额达875亿元，是2010年的6倍，社会消费品零售总额的增速是16.8%，是2010年的3.8倍，均反映出南沙零售、餐饮和住宿等生活服务业的发展态势良好。

2017年3月，亚信大数据全球总部和国新央企运营投资基金管理有限公司这两家投资达百亿元级企业与广州签下战略协议，并在南沙完成注册，这两个项目落地后预计将为南沙带来超过上万亿元产业投资。其中，亚信集团拟投资30亿元，在南沙区建设亚信数据全球总部，作为亚信数据全球业务的研发、人才、运营和服务中心，全面整合亚信集团在全球的数据资源和技术，通过进一步升级业务功能、完善产业链条，在南沙区形成全球领先的大数据产业生态圈、中国大数据产业发展的核心试验区和人才汇聚基地。按亚信集团的计划，将在三年内陆续在南沙形成5000人以上规模的信息产业技术服务及研发团队，形成超百亿的产业规模。通过行业引领作用，助力南沙逐步打造全球领先的基于大数据的现代信息产业新高地。亚信还计划在南沙发展全球领先的人工智能产业，充分发挥其技术和创新优势，率先牵头在广州南沙打造基于大数据的人工智能高级研究院，建立人工智能产业园，引领广州人工智能产业的快速发展。此外，与广州签约的中国国新控股有限责任公司拟在广州成立国新央企运营投资基金，总规模1500亿元，首期规模500亿元，计划3~5年完成投资，并根据基金运作及投资进度进行后期募集；基金采用有限合伙制，存续期为10年。2016年12月29日，中国国新在广州南沙区设立"国新央企运营投资基金管理有限公司"。

### （二）产业发展态势

2005年设行政区之初，南沙新区的经济发展以第二产业为主导，占地区经济总量的比例高达八成，是区域经济的主要驱动力；近七年来，南沙的第二产业以年均31%的增幅高位增长，约是广州同期第二产业增长速度的2.5倍，成为广州当前及未来一段长时间内发展现代工业的重点区域。2011年南沙第二产业增加值增速为12.9%，较广州平均水平高出超过1.4个百分点。相比之下，南沙的服务业在产业体系中所占份额较小（见图9-5），与广州市其他区域相比亦处于较后位置（见图9-6）。

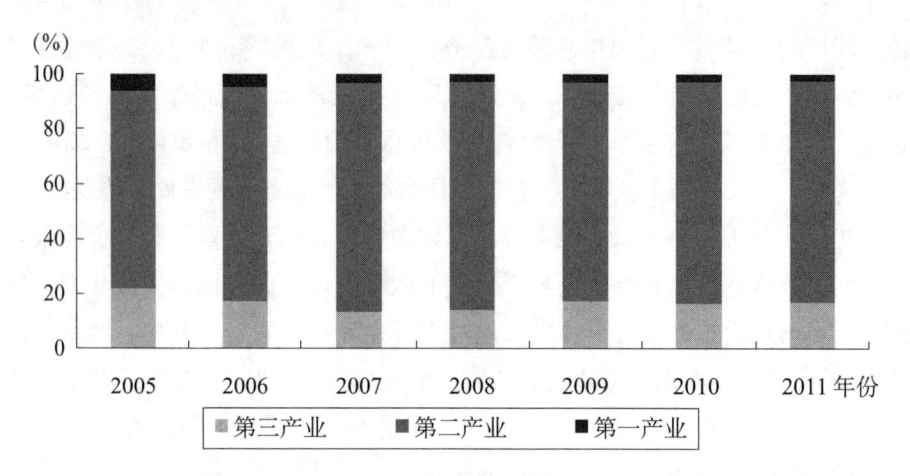

图 9-5　2005~2011 年南沙区三次产业结构

数据来源：广州市统计局、南沙统计局。

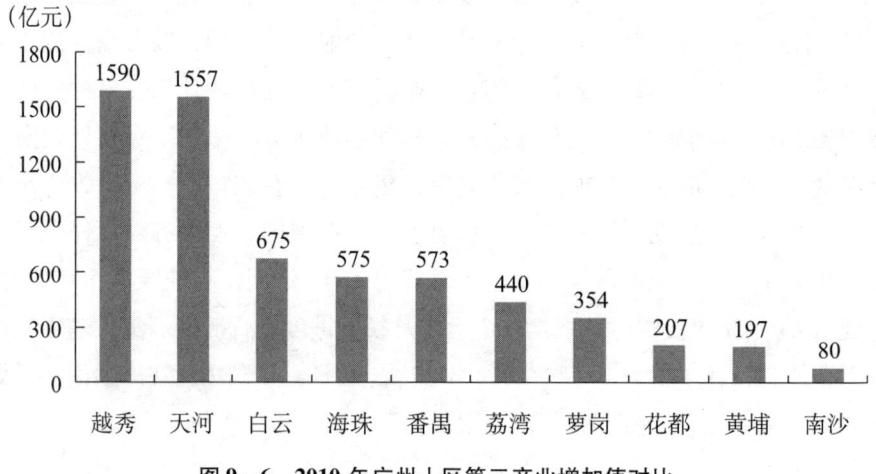

图 9-6　2010 年广州十区第三产业增加值对比

数据来源：广州市统计局、南沙统计局。

在一系列利好政策推动下，随着经济规模的不断壮大，南沙的产业结构近几年亦开始发生变化，南沙新区的第一、第二、第三产业结构也在适度调整。2010~2015 年，南沙新区的第一、二、三产业结构由 4.9∶74.2∶20.8 调整为 4.55∶70.96∶24.49。第三产业开始了飞速的发展。2015 年南沙区第三产业的增速达 23.6%，远高于第二产业（11%），同时是 2014 年增速的 2 倍多。

从南沙新区产业结构构成来看，目前，工业对南沙新区经济社会的发展支撑作用较为明显。南沙新区不断延伸汽车、造船、重型装备、港航物流、生物医药、科技智慧、粮油加工等优势产业的产业链条，占全区规模以上产值比重80%的53家重点企业工业产值同比增长21.1%。同时，南沙大力发展新兴产业，中海集团全球散货总部、王老吉大健康总部、中化方兴华南总部等25家总部陆续落户，总部经济初具规模。科技智慧产业和旅游健康产业等一批项目加快推进。南沙新区围绕广州市"三中心一体系"的发展目标积极开展系列招商引资引智引技工作，成功引进了法国欧莱雅、中铁建、中铁隧道、平安综合金融电商物流园等一批国际化、高质量、创新型项目，在总部经济、航运物流、特色金融等领域形成产业集聚态势。截至2015年，已有50家世界500强企业投资落户南沙，超过50家各类总部型企业进驻，集聚了108家融资租赁企业、654家金融和类金融机构、709家跨境电商企业、1200多家航运服务企业。

目前，南沙新区已初步建成"一带两区"的产业总体布局雏形。"一带"是沿海产业集聚带，拥有汽车、精细化工、船舶制造、港口物流业等产业集聚区，"两区"是以重化工业为主导的东部经济区和以生态产业为主导的西部经济区。以汽车、装备制造、造船、化工等为主体的产业形成相当规模，已经发展成为珠三角装备制造业和核电装备制造业基地，国家汽车及零部件出口基地，以及全国三大造船基地之一。

数据亦显示出南沙目前发展的一些问题，例如，2015年南沙合同利用外资额增速高达64.7%，但实际利用外资的增速只有1.9%，这或许说明不少外资还处在观望阶段；又如，服装、钢材和发电量等主要工业品产量去年是负增长，在固定资产投资增速高达54%的情况下，规模以上工业总产值增速只有8.5%，说明南沙的固定投资仍然主要流向基础设施建设，企业投资的积极性有待提高。

此外，据广州市前市长陈建华2016年在两会期间介绍，广东自贸区南沙片区在开放政策、税收政策方面的政策扶持与同为广东自贸试验区的深圳前海片区、珠海横琴片区相比，存在较大差距。例如，国家明确前海和横琴对符合准入条件的企业减按15%的税率征收企业所得税，而南沙片区执行的是国内25%的企业所得税税率。又如，国家明确前海、横琴片区对符合规划产业发展需要的境外高端和紧缺人才，暂由政府按内地与境外个人所得税差额给予补贴，相关补贴免征个人所得税，而南沙片区则缺乏此类政策。此外，在跨境数据服务、飞机租赁保税进口业务、人民币资金回流、金融业开放、"走出去"便利投资等市场准入和对外开放方面，与前海、横琴相比政策差距明显①。

### （三）大型央企进驻

自2015年至2016年年中，已有26个央企投资项目落户南沙，涵盖航运物流、高端制造、创新金融等多个领域。2016年以来，央企布局南沙行为明显加快，包括中远海运、中铁建、中国中铁、中交建、中化集团、中船集团等央企或是把总部迁入南沙，或是在南沙注册，或是在南沙扎根建基地②。

例如，在2016年3月中国广州国际投资年会上，中船集团公司党组书记、董事长董强表示，未来五年中船集团将投资150亿元在南沙建设广州龙穴海洋装备产业基地。中铁建也表示将在南沙建设中国高铁"走出去"基地，涵盖高铁部件的加工和融资租赁等业务，而且未来还将把投资公司总部、华南区域的区域管理总部、境外项目管理中心、国际物流业务中心、金融财务业务中心等等部门集中到南沙，预计总投资额将超500亿元，国际投资业务结算总额超1000亿元。同时，国机集团则要在南沙建进口汽车服务贸易基地。中国中铁和广州市政府签订的战略协议已有三个项目选址在南沙，中铁港航局、中铁隧道局以及中铁基金公司均已在南沙注册，项目规模超过千亿元。2016年6月2日，全球规模最大的散货运输船队，中国远洋海运集团散货运输公司总部落户广州南沙，注册资金20亿元，专注水上运输业。

据南沙投促局统计，仅2016年上半年，就有10家央企投资项目先后进驻南沙。这在一定程度上说明，南沙作为大型央企华南区域总部、国际业务总部首选地的地位正日益提高。

央企选择布局在南沙新区的主要原因，可以概括为四个方面。

第一，广州作为"国家中心城市"的发展定位。2016年2月，国务院公布了《关于广州市城市总体规划的批复》，这意味着未来10年广州发展定位

---

① 南沙政策扶持不及前海横琴？陈建华建议"同一平台同一政策"，南方网，2016.3.10.
② 什么情况？一年半内26家央企看中广州这个地方，第一财经，2016-06-30.

是"国家中心城市之一，我国重要的国际商贸中心、对外交往中心和综合交通枢纽，南方国际航运中心"。这一定位说明，广州从过去华南中心城市升级为国家中心城市。《规划》同时提出要重点建设南沙新区，要将广东自贸区建设成为粤港澳深度合作示范区、21 世纪海上丝绸之路重要枢纽和全国新一轮改革开放先行地。

第二，南沙作为国家战略的政策叠加地的发展优势，具有巨大的发展潜力和广阔的市场前景。当前，南沙正处于国家实施"一带一路"战略、自由贸易试验区战略、珠三角建设国家自主创新示范区等多重战略机遇集中叠加期，国家赋予了南沙服务内地、连通港澳、面向世界，打造广东省对外开放大平台、建设"21 世纪海上丝绸之路"战略枢纽的历史使命，并已正式列入国家"十三五"规划发展重点，南沙迎来了跨越式发展的良机。例如，中国交通建设集团表示，南沙重点面向发达国家、建设以生产性服务业为主导的现代产业新高地和具有世界先进水平的综合服务枢纽的定位都契合中交国际业务发展需要，基于对南沙发展前景的看好，中交建将与南沙在区域总部建设、片区开发、运输及物流产业、金融业务、智能交通与智慧城市建设、PPP 项目等开展全面战略合作。

第三，南沙推出了一系列政策创新举措，为企业带来了便利、降低了成本。比如，市场准入前置审批事项大幅缩减，对外资和内资项目均实施负面清单管理模式，推行注册公司"一口受理"模式，市场准入实现"十二证三章"联办，研究制定南沙港高速路集装箱车辆免费政策，打造智能化通关体系等。

第四，南沙的区位优势所决定的战略地位。珠三角将是未来中国参与世界竞争的核心力量之一，央企在珠三角选址过程中，南沙目前相对较低的土地成本以及资源获取成本、作为广州唯一出海口的区位优势，促成了央企的布局选址。2016 年 6 月，以铁矿石、煤炭、粮食、散杂货等干散货运输为主，运力规模位居世界第一的中远海运散货公司总部正式落户南沙，便是由于南沙的良好区位，以及看好南沙海港、铁路港和公路港的发展前景。

大型央企投资项目的集聚，为南沙带来了大量的资金、技术及高端人才，强化及延伸南沙现有的优势产业链条同时，亦推动了南沙区在跨境金融、融资租赁及平行汽车进口等新领域的快速发展，进一步推动城市功能的完善提升。

### (四) 基础设施建设

随着南沙轨道交通、高快速路、市政道路逐渐成形以及商务基础规划建设，南沙正从地理几何中心向区域交通中心"升级"。南沙的固定资产投资快速增长，2016 年数据显示，地区新增固定资产投资近 813 亿元，固定资产投资总量居全市第二，增速亦处于全市第二，反映出南沙新区正处于大规模建设的快速发展阶段，且各项资金到位情况良好（图 9-7）。

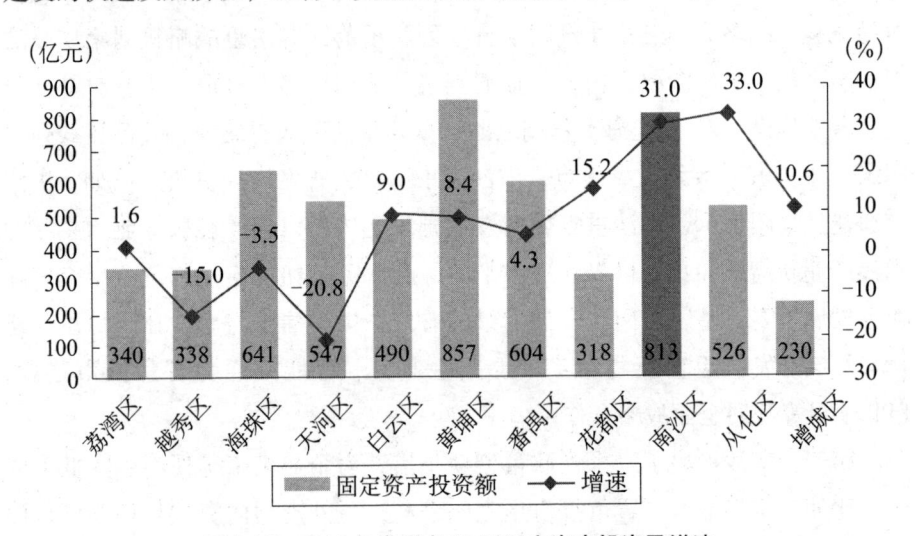

| 区 | 固定资产投资额（亿元） | 增速（%） |
|---|---|---|
| 荔湾区 | 340 | 1.6 |
| 越秀区 | 338 | -15.0 |
| 海珠区 | 641 | -3.5 |
| 天河区 | 547 | -20.8 |
| 白云区 | 490 | 9.0 |
| 黄埔区 | 857 | 8.4 |
| 番禺区 | 604 | 4.3 |
| 花都区 | 318 | 15.2 |
| 南沙区 | 813 | 31.0 |
| 从化区 | 526 | 33.0 |
| 增城区 | 230 | 10.6 |

图 9-7　2016 年广州市 11 区固定资产投资及增速

资料来源：2008~2016 年广州市统计公报。

目前经过南沙区内的有地铁 4 号线，其南延段（金州—南沙客运港）预计 2018 年开通，以及列入近期建设规划的地铁 18 号线、地铁 22 号线；南沙港铁路南沙段已开工建设，深茂铁路、肇顺南城际等项目进展顺利；深中通道启动前期工作，虎门二桥主塔基础施工全面完成；南沙港区三期主码头建成六个泊位，南沙港四期、邮轮母港和国际通用码头等一系列"高大上"项目。南沙交通中心逐步稳固，相关物流、进出口业务大幅增长。据统计，南沙自贸试验区挂牌一年多来，全球跨境电商一线平台全部聚集南沙，保税仓一仓难求；高端船舶出口交付艘数翻番；南沙口岸整车进口量同比增长近两倍，南沙港的"汽车海上大通道"现雏形。2016 年底，"处女星号"和"云顶梦号"邮轮在南沙首航，使广州与上海、天津同处中国邮轮产业"第一梯队"。

2015年，南沙新区全区完成基础设施项目投资152.55亿元，同比增长75.7%，产业项目完成投资468亿元，同比增长47.98%。14项市重点建设项目完成年度投资计划的129.6%，93项区重点建设项目完成年度投资计划的92.95%。明珠湾起步区目前已形成146万平方米在建规模，导入了中交城投总部、中铁隧道总部、中化华南总部和省交通集团等一大批重点项目。南沙港区三期主码头六个泊位基本建成，粮食及通用码头已建成投产，近洋码头、江海联运码头等项目加快推进。地铁4号线南延段完成土建总工程量的75%，地铁18号线、22号线已列入广州市轨道网近期建设规划，南沙港铁路南沙段已开工建设，深茂铁路、肇顺南城际等项目前期工作进展顺利。高快速路加快建设，深中通道已明确线位并启动前期工作，虎门二桥主塔基础施工全面完成，黄榄干线争取今年上半年通车，广中江高速公路的番中大桥、放马互通立交及其连接线正加快建设。南沙商务机场投资建设运营主体已组建。

但是，南沙新区相对于前海、横琴两地及广州市主城区，交通网络还存在较大差距。缺乏与珠三角城市在城市轨道交通等方面的陆路交通对接；与京广、京九和贵广等铁路大动脉尚未接轨，由于缺乏疏港铁路，依赖公路运输，集疏运体系较不健全，大大限制了南沙港的集散能力。南沙新区距离广州白云机场、深圳宝安机场、香港国际机场等大型机场相对较远，制约了国际高端离岸服务人才的交流。总体而言，从内部看，南沙新区缺乏整合区域交通网络与区内交通网络的综合枢纽，虽有高铁庆盛站、南沙客运站、南沙客运港和南沙港等主要交通站点，但相互之间在空间上分离且联系不便，均不具备衔接区域交通网络与区内交通网络的功能；从外部看，在广州城市交通网络及珠三角的区域交通网络中，南沙都不是重要的节点，与其发展定位不匹配。

## 三、与香港的合作对接

南沙新区在发展过程中积极推进粤港澳全面合作新载体建设和体制机制创新。2014年1~10月，南沙新区共引进港澳投资项目44个，总投资9.3亿美元，粤港澳在金融服务、科技创新、总部经济、高端商务、生物制药、港航物流、教育培训和城市综合体等多个投资领域的合作日渐深入[①]。2015年底,南沙已落户港澳投资企业749家,总投资额约104亿美元。此外,南沙与港澳人才交流、游艇自由行、数据传输、社会事务和专业服务等专项合作亦正加快推进。

### (一) 中国南沙国际仲裁中心

粤港澳在南沙的合作亦以共同成立服务机构,为境内外客户提供服务。以中国南沙国际仲裁中心为例,该中心是由广州仲裁委员会与广州南沙开发区管委会、香港仲裁司学会和澳门世界贸易中心仲裁中心共同设立的,于2012年10月23日在南沙揭牌,旨在为进一步完善市场经济体制和现代社会法治管理格局,增强南沙新区发展的活力和动力,南沙国际仲裁中心作为相应的配套设施,为境内外当事人提供优质高效的专业仲裁服务。

仲裁中心采用与国际惯例接轨的运行模式,以《联合国国际商事仲裁示范法》为蓝本,结合《中华人民共和国仲裁法》及香港、澳门特区仲裁法律和仲裁规则,制定中心的仲裁规则,建立国际化的专业仲裁员名册,同时允许双方当事人一致选择适用香港、澳门等地的仲裁规则和商事规则,亦可选择英语、葡萄牙语等外国语言进行仲裁。简而言之,即今后香港企业和商人来南沙投资,就如同在香港一样可以自主选择香港法律、香港规则、香港仲裁员;澳门亦同理。此外,外国人亦可以选择适用《联合国国际仲裁示范法》来处理仲裁事务,当然选择适用内地的法律也同样可以。仲裁中心提供的多样化选择更凸显市场主导、法治保障的优势作用。

中国南沙国际仲裁中心在南沙运行的重要意义在于:一方面,对南沙的营商环境有着重要作用。自中国南沙国际仲裁中心开始运作,在南沙发生的商事纠纷,经协商后可以在南沙选择香港或澳门等地的仲裁规则和商事规则进行仲裁,这意味着南沙新区营商环境进一步与国际接轨,被业内认为是南沙提高经济往来服务水准和效益、融入国际经济大环境的重要一步,亦意味着广州在融入港澳及国际商事中先行一步。南沙国际仲裁中心作为与之经济

---

① 林迪夫等主编. 粤港澳合作报告. 中国文化研究院, 2015.

发展相配套的法律纠纷解决机制，将成为促进南沙五大产业发展的有机组成部分。另一方面，为粤港澳三地仲裁机构提供了一个合作平台，符合南沙新区所承担的"粤港澳深入合作"的发展规划任务。这不仅发挥了广州仲裁多年来在广东省乃至全国建立起来的行业领军地位之优势，亦发挥香港了仲裁的国际化、专业化之优势以及澳门仲裁蓬勃发展劲头之势。三地仲裁机构优势互补、强强联合，在南沙新区开拓仲裁业务、推广仲裁品牌，为南沙新区的经贸发展提供高效、优质的仲裁服务。

## （二）航运物流业

物流业在香港服务业的就业人数与产值中一直占据重要地位。2010 年，物流业为香港带来 825 亿港元的增加值，占 GDP 的 4.7%；就业人数约为 20 万人，占总数的 5.5%[①]；2011 年，香港完成标准货柜箱吞吐量为 2440 万个。

CEPA 实施以来，物流业是 CEPA 框架下粤港服务业合作成效最为显著的行业领域，同时亦是在粤港服务业合作中发展最为迅速、两地联系最为密切的行业之一。根据香港特区立法会工商事务委员会 2010 年所做的一份 CEPA 评估报告显示，在 CEPA 框架下香港物流业投资者自内地获取的服务收益数额从 2004 年的 111.83 亿港元增加至 2007 年的 228.14 亿港元；香港运输及物流服务提供者在内地设立企业获得广东以外业务收益，亦从 2007 年占总收益的 79.7% 上升至 2009 年的 84.7%。从投资额看，香港在内地客运及物流的投资额从 2004 年的 72600 万港元增加至 2007 年的 145400 万港元，资本投资呈稳定上升趋势，运输及物流服务是同期 22 个开放的服务行业中投资份额最大的领域。此外，香港物流业在内地设立企业，为两地创造了大量就业机会，数据统计显示，2004 年香港物流企业在内地设立企业的从业人员数仅为 2842 人，2009 年此数字上升至 40558 人[②]。另外，据香港特区工贸署统计显示，截至 2013 年 3 月 31 日，全服务行业《香港服务提供者证明书》申请书总数为 1792 份，申请获批数达到 1735 份，其中，运输服务及物流服务申请书总数为 615 份，申请获批数达到 607 份，两项数据占总数比例均接近 35%，

---

[①] 智经研究中心数据，坐上高增值快车，香港物流业的未来，2013-02-06. http://www.bauhinia.org/analyses_content.php?id=12.

[②] 香港特区立法会工商事务委员会，《〈安排〉首三个阶段对香港经济的影响》，2008。

位列所有服务业之首①。而根据香港特区政府开展的一项针对香港服务提供者对 CEPA 整体意见的报告亦显示，受访物流业中有 70% 认为 CEPA 对香港经济有促进作用，受访者 100% 认同 CEPA 实施对机构本身有利。

根据规划，航运物流服务业是南沙新区重点发展的产业之一。航运物流业是南沙产业发展的最大优势所在，南沙的航运物流业在南沙新区获批之前已开始发展，目前具备较好的基础。广州港集团南沙港区位于南沙区龙穴岛，是中国交通部批准并重点发展的华南地区枢纽港和集装箱干线港。从 2001 年交通运输部批准设立南沙港区以来，广州港集团新建码头项目主要集中在南沙港区，2004 年已建成南沙港区一、二期集装箱码头、沙仔岛汽车码头、小虎石化码头、港发石化码头和建滔石化码头等码头工程项目，南沙港区目前已可以接纳当今世界最大型的集装箱船舶，港区功能亦改变了广州港以往缺乏大型集装箱、汽车滚装和油品专业深水泊位的历史。2015 年，广州南沙港区三期工程累计完成投资 12.11 亿元，主体工程现已基本完工。加上此前已建成的南沙一期、二期，南沙港区拥有 16 个大型集装箱专用泊位，拥有华南最大规模的驳船岸线 2771 米，整体集装箱通过能力将超过 2000 万标准箱。

港区基础硬件的夯实带来了吞吐量的稳步上涨。据统计，2010 年南沙港区一、二期集装箱突破了 700 万箱；2011 年广州港集团在南沙港区的码头完成货物吞吐量达到 1.38 亿吨，集装箱吞吐量为 884 万标准箱，分别占广州港全港的 31.9% 和 61.9%，集装箱吞吐量年增长在 15% 以上。2012 年上半年广州港集团完成货物吞吐量 1.58 亿吨、集装箱吞吐量 597.6 万标箱，同比增长 12.4% 和 14.9%；完成主营业务收入 29.36 亿元、实现利润 5.98 亿元，同比增长 20.5% 和 58.1%，南沙港区业务量占整个广州港约 60%②。马士基、中远、中海等多个世界航运巨头，以及世界前 20 大班轮公司已全部进驻南沙港区。截至 2011 年底，南沙港区已开通集装箱班轮航线 48 条，其中，外贸航线 35 条，覆盖了美洲、欧洲、非洲、大洋洲、地中海、红海及东南亚地区③。2011 年，由广州港集团与招商局集团、马士基集团三方合作，共同

---

① 数据来源：香港工业贸易署网站．
② 广州港上半年完成货物吞吐量 1.58 亿吨．大公报，2012 - 07 - 29．
③ 南沙港区未来 5 年获广州港百亿投资，南方都市报，2012 - 11 - 7．

投资运营广州港南沙港区三期集装箱码头的意向，这将有利于发挥三方在管理、资金、业务和对外关系等方面的优势，运用先进的技术、管理和优质的服务吸引集装箱运输业务，并开辟更多的国内外集装箱班轮航线。

2015 年，广州港累计完成货物吞吐量 5.21 亿吨，同比增长 3.99%；完成集装箱吞吐量 1762.49 万 TEU（国际标准箱单位），增长 6.01%。据广州港务局介绍，这一增长速度已经超过了深圳和香港，而集装箱的吞吐量则略超青岛港，在国内沿海集装箱港口中排名上升到第四位。在全球航运市场普遍较为低迷的势态下，广州港的发展势头喜人。

南沙港是广州港的组成部分之一，2015 年，其与香港的合作对接亦取得了可喜的进展：首先，2015 年 11 月，在南沙区成立了广州国际航运仲裁院，这意味着有关航运方面的纠纷事件都可在本地接受专业仲裁，亦完善了广州航运的服务体系。其次，落实了南沙金融创新 15 条，试点开展航运支付与结算、融资租赁等业务，培育航运金融服务市场，一年来，航运金融和保险业务都有大幅增长，船舶管理公司和船舶融资租赁公司也逐渐增多。最后，目前航运经纪公司可以在南沙进行工商注册，而在以前，这类公司几乎只能在上海注册。据统计，2015 年南沙区新注册港航服务和物流企业超过 1000 家，是自贸试验区获批前南沙航运企业总数的 3 倍[①]。

目前，广州不断推进粤港物流合作的相关制度，为南沙开展与香港的物流合作提供了良好的环境。例如，2015 年，广州出台了"三互大通关"模式，即海关、检验检疫等部门信息互换、监管互认、执法互助通关，即一个货柜打开一次，数据便在各部门之间共享。在该新型模式下，关检双方通过整合优化管理资源，加强执法合作，避免了重复监管，全面实现了口岸监管的"减法"，提升了口岸通关效能和效率，企业可以享受到更加高质、便捷的通关服务。目前已在南沙港落实了七天工作制、出口全关通和进口舱单分流、国际中转"即卸即装"、快速验放和境外入区货物减免滞报金等制度，并实行了政府购买查验服务费、引航费八五折等优惠政策。业界反馈：单是信息互换一项，就可以节省起码一半的时间；广州港实行七天工作制，增加了客户装柜的天数，避免耽误行程，使企业出港更便捷了；广州海关

---

[①] 壮锦，李霄．广州深耕海丝"打造国际航运中心"．经济参考报，2016.2.24．

通关更加便利，免去中转的麻烦，降低了成本，未来直航船的承运量将有所增加①。

为促进南沙与香港的航运物流业合作，建议粤港两地以南沙为平台的物流业合作亦应以打造具亚太地区影响力，乃至具国际影响力的航运中心为发展方向：一方面，通过积极将香港的高端航运物流业引入并延伸至南沙，使其和南沙的航运制造业形成互动关系，促进香港高端航运服务业与珠三角先进航运制造业相结合；另一方面，通过与香港的合作，促进南沙的航运服务产业迈向高端的产业链，完善航运服务体系，形成现代化的物流体系，培育航运金融服务的发展，促进粤港地区共同发展为国际航运中心和区域航运金融中心，提升粤港地区的航运物流业在国际航运服务产业链中地位。

广州航运交易所目前已迁至南沙新区，作为华南地区目前唯一的行业内交易所，这将加快粤港航运要素的整合。粤港两地可以通过航运经纪服务、船舶交易、航运资信评估体系建设、航运信息研究和发布体系培育、船舶技术和海事法律及仲裁等服务的合作，共同实现两地航运物流业向高端化发展。在航运金融方面，根据南沙新区的相关规划，要积极鼓励和配合符合条件的香港金融机构在南沙设立产业投资基金和研发关于航运金融的新产品，以努力打造航运金融功能区。香港可以充分发挥其国际金融中心的优势，与广东共同探索南沙新区航运的新型融资方式，以支持航运制造业、航运金融部门及其相关产业的发展。

在航运交易估计中心的基础上，粤港两地还可以进一步在南沙共同设立航运产业基金，探索一种新的融资方式，支持香港的航运相关企业在内地发展，拓宽资金营运渠道，加强航运与金融的联系，为航运业营造更为有利的经营环境。这将有利于更好地发挥金融支持航运的作用，加快两者的融合与创新。

## （三）人才交流

2012年10月，中央批复建设广州南沙、深圳前海、珠海横琴"粤港澳人才合作示范区"，作为全国人才管理改革试验区。广东省认真贯彻落实，

---

① 壮锦，李霄．广州深耕海丝"打造国际航运中心"．经济参考报，2016.2.24.

着力用好国家和省现有人才工作政策,积极构建人才管理法规与政策创新体系。2015年以来,在李克强总理提出"大众创业、万众创新"理念、鼓励青年创新创业、粤港及粤澳签订合作框架协议、广东自贸区挂牌成立等一系列推动粤港澳深度合作发展的宏观背景下,南沙、前海和横琴三个新区涌现出一批以扶持粤港澳青年人创新创业实习为主要目的的平台。其中,既有由粤港澳政府部门联手建立并推进的平台,亦有由企业与政府共同联手设立打造的平台。

其中,目前南沙区内运作较为成熟的涉及港澳青年创业实习的基地包括以下四个。

第一,粤港澳(国际)青年创新工场。2015年1月,为进一步发挥霍英东研究院在粤港澳科研及教育合作平台的作用,广州市香港科技大学霍英东研究院启动了"粤港澳(国际)青年创新工场"建设。在南沙区青年联合会和南沙区人社局的协助推动下,该基地已获评广州市(国际)创业基地的资质,并与澳门特区经济局签订了青年创新创业合作协议。目前,创业基地已完成相关功能区建设,开始开展国际化创业辅导,并举办了"红鸟创业苗圃"育苗活动、创新创业之旅、"第一届两岸四地大学生科技创新实训营"等主题活动;同时,亦将第六届"香港科技大学百万奖金创业大赛"引入基地。

第二,广州南沙(国际)创业基地。2015年7月,作为广州"众创空间"组成部分的"南沙(国际)创业基地"在南沙自贸区的广州市香港科大霍英东研究院揭牌。创业基地目标是发展成为"人才汇谷",为香港、澳门、台湾、内地高校创业者的"奇思妙想"提供实现条件和展示平台。南沙创业基地设有粤港澳(国际)青年创新工场、红鸟创业苗圃、粤港澳(国际)大学生实习基地等功能性的创业服务区,总建筑面积31500平方米,可同时容纳约100家创业团队入驻。目前,创业基地面向大学生推出了40个高科技创新项目,招募研发团队。其中,作为基地成员单位之一的霍英东研究院,通过整合香港科大、国家"千人计划"专家学者及海外高层次领军人才,已形成30人的创业导师队伍,并为入驻孵化的创业团队在南沙发展提供商事登记、财税、人事、法律、知识产权等代办服务。

第三,"创汇谷"粤港澳青年文创社区。2015年10月,由南沙青年联合会推进建立了"创汇谷—粤港澳青年文创社区"。根据规划,园区内将建设青年创业孵化基地、青年创业学院、青年创意工作坊和青创公寓四个功能区,建设面积达两万平方米,建成后可容纳100个创业团队入驻;园区重点面向粤港澳地区文化创意的青年人才,以文创、传媒营运、创意设计为切入点,其目标是建成"低成本、便利化、全要素、开放式"众创空间,以期成为广东自贸试验区南沙新区片区的一片创意创业聚集孵化平台以及粤港澳文化创意青年创新创业人才聚集地。

第四,港澳青年学生实习就业基地。2016年8月22日,港澳青年学生首期实习分享活动暨港澳青年学生实习就业基地授牌仪式在粤港澳(国际)青年创新工场举行。首批15家"港澳青年学生实习就业基地"单位现场接受授牌,首批挂牌单位包括:中国(广东)自由贸易试验区广州南沙新区片区工作办公室、广州南沙开发区金融工作局、中国南沙国际仲裁中心、广州航运交易所、广州南沙产业投资有限公司、中国银行股份有限公司广东自贸试验区南沙分行、广州银行广东自贸实验区南沙分行(筹)、九江银行广东自贸试验区南沙支行、香港科技大学霍英东研究院、广州南沙开发建设有限公司、广州天创时尚鞋业股份有限公司、兆科药业(广州)有限公司、广州安费诺诚信软性电路有限公司、广州卓才集团有限公司、广东敬海(南沙)律师事务所等。挂牌单位涵盖政府机关、知名港企和科研院所,这些单位全部位于南沙自贸区内。实习就业基地的挂牌,标志着港澳生到南沙自贸区就业实习将进入常态化发展。根据发展设想,就业实习基地将贴合南沙航运物流、特色金融、高端商贸和先进制造等产业发展方向,动态保持100家企业(用人单位),通过暑(寒)假实习、毕业实习、课程实习、专业实习等多种形式,每年吸引1000人次的港澳青年学生来南沙实习。2016年8月,实习就业基地已引入首批港澳学生进驻实习。

目前,南沙针对港澳的人才引进机制正逐步建立。南沙自贸区针对引进和培育人才,人才政策体系不断完善,先后出台了《南沙区关于加强人才工作的意见》《南沙区中高级人才引进暂行办法》《南沙区突出贡献人才奖励暂行办法》等人才引进政策,通过设立人才发展专项资金、为创新创业人才提供创业场所、免费代理人事关系和评选突出贡献人才奖等方式,积极实施人才强区战略引进优秀人才。

针对港澳青年人才，为配合实习就业基地的建设，亦出台了相关的人才培育机制：2016年1月，由南沙区青联为港澳青年专业人才量身订制推出了"港澳青才卡"。持有者享有南沙区青联委员权益，在到访南沙前可预约个性化专属服务；2016年6月，澳门特区经济局与南沙区青年联合会签署《关于共同推进广州南沙、澳门青年创业孵化的合作协议》，以期通过穗澳青创主管部门紧密合作，共同推动两地青年企业的深化合作，相互认可青创项目，推介两地青年企业入园孵化，为青年企业家提供多元化的创业支援和专业顾问咨询服务。根据协议，青创项目及企业可以全方位使用园内各项配套措施，包括办公地点及商业配对等服务，促进两地青年合作与交流，这为澳门青年在广东省自贸区拓展创业的发展空间。

根据2016年暑假执行的对港澳青年学生的一次问卷调查分析，由于南沙新区在港澳青年中知名度仍显不足，对南沙的了解极其有限、信息量的不足，影响港澳青年到南沙创业甚至是实习的意愿。此外，南沙区位距离广州市中心较远，虽然有地铁和通勤车等较为便捷的交通工具，但毕竟通勤时间较长，以及南沙的生活配套设施有待完善等问题，影响了香港青年到南沙创业或实习的意愿。

为此建议可从以下三方面推进粤港青年人才交流，吸引港澳青年到南沙创业和实习。

第一，采用"政府支持、市场化运营"的管理模式，成立第三方机构对创业基地履行鼓励和服务职能，以此提高港澳青年创业基地的工作效率。鼓励青年创业者按照相关申请入创业基地，对于符合条件成功入驻的港澳青年创业项目可免办公场地租金一年；满足条件的企业和团队可以申请政府创业投资引导基金；享受南沙的企业税收及个人所得税优惠政策；享受广州市对创业团队在科研经费安排方面给予政策支持；享受广州市高层次人才创新创业政策支持。

第二，建立具有可操作的评估清退机制。青年创业基地不仅为企业提供各种服务，还对已进驻的企业开展定期评估机制，对连续三次评估有待改进的基地企业，劝其退出创业基地，终止合作协议；而对于第一次评估不合格的基地创业企业，亦劝其退出创业基地，终止合作协议。这一评估清退的机制可以保障创业基地内有限的场地资源的使用效益大幅提升。

第三，推动南沙实习就业基地的建设，通过短期实习期，促进港澳青年对南沙的发展条件及经济潜力等方面的了解，增强其到南沙的创业的意愿。在 2016 年针对港澳学生到南沙实习意愿的调查结果显示，从未到过南沙新区的港澳学生中，曾经到南沙新区实习、对南沙新区了解较多的港澳青年学生中，有 44.4% 的人表示"很希望"到南沙实习，而对于那些对南沙新区"基本不了解"的港澳青年学生而言，仅有 23.89% 的学生很希望到南沙新区实习。可见，增加宣传，使港澳青年更多地了解南沙新区，是促进港澳人才交流的重要任务。

# 第十章

# 深圳前海蛇口片区

深圳前海蛇口自贸片区是中国（广东）自由贸易试验区的一部分。片区总面积 28.2 平方公里，分为前海区块（15 平方公里，含前海湾保税港区 3.71 平方公里）和蛇口区块（13.2 平方公里）。前海地区位于深圳南山半岛西部，珠江口东岸，跨越深圳南山区和宝安中心区。

前海内外交通便利，在与香港的连接方面，区域内有西部通道与香港相通，连通香港及深圳机场的快铁将经过此区，并将设立前海站及口岸，建成后将成为现有西部通道之外另一条来往香港的快速通道。周边布局有深圳宝安国际机场、深圳西部港口群，包括大铲湾、妈湾、赤湾及蛇口等货柜及散货港和临港工业区。区内有高速公路、临港铁路（接入九广铁路）、珠三角城际快铁及海运、空运等连接与区外连接。前海地区距离深圳宝安机场直线距离仅 15 公里，距离香港机场的水面直线距离仅 30 公里；距离福田中心区仅 10 分钟车程，通过西部通道与香港联系，仅 30 分钟车程。

## 一、发展沿革与发展定位

### （一）地区发展沿革

前海作为国家级的深港现代服务业合作区，土地面积为 15 平方公里，长期处于未开发状态。1996 年，在《深圳城市总体规划（1996~2010）》中提出，将前海地区作为城市发展的预留用地，以应对城市发展的需求。

2000 年深圳为加快物流业的发展，提出在前海地区发展物流业，主要发展港口、仓储、物流等功能。2003年，《珠江三角洲城镇群协调发展规划（2004~2020）》提出，前海地区位于珠三角区域发展脊梁与沿海功能拓展带的十字交汇点，具有重要的战略区位，应作为地区性副中心之一。该规划提升了前海在珠三角城镇群中的地位。2006年，《深圳2030城市发展策略》提出，前海湾是布置区域大型商贸服务设施的最佳区位，深圳应加强与香港的合作，发展现代服务业，把前海湾建设成为区域性现代服务业中心之一。2007年，根据《深圳市城市总体规划（2009~2020）》确定的城市发展结构，"福田中心"和"前海中心"被定位为深圳的城市双中心。福田中心由福田中心区和罗湖中心区组成，主要发展市级行政、文化、商业、商务等功能；前海中心包括前海、后海和宝安中心区，主要发展区域功能的生产性服务业与总部经济。

2008年，《珠江三角洲地区改革发展规划纲要（2008~2020）》提出，建设广州南沙新区、深圳前后海地区、深港边界区等合作区域，作为加强与港澳服务业、高新技术产业等方面合作的载体。《规划纲要》明确了前海作为粤港澳合作新载体的战略地位。2008年10月，深圳前海湾保税港区批设立，成为国内第九个保税港区。

此后，涉及前海的各项发展规划都将前海的发展与香港联系在一起。2009年，国务院批复的《深圳市综合配套改革总体方案》明确提出，应借助香港服务业发达、国际化水平高的优势，在前海高起点、高水平基础上，集聚发展现代服务业，引领环珠江口高端服务业发展，推动珠三角及内地现代服务业的跨越式发展，打造世界级的现代服务业基地。此《总体方案》明确了前海作为区域现代服务业集聚区的战略定位。

在CEPA先行先试实施时期，深圳前海已成为粤港合作的重点之一。2010年8月，国务院批复原则同意《前海深港现代服务业合作区总体发展规划》，要求广东和深圳利用前海粤港合作平台，简称粤港现代服务业创新合作示范区。同年10月，国家发改委下发《关于引发前海深港现代服务业合作区总体发展规划的通知》，明确要求"前海管理机构享有相当于计划单列市的管理权限政策，积极创造条件下放审批权限，简化审批程序，出台配套扶持政策，推动建立促进前海现代服务业集聚发展的体制机制"。香港特区行政长官曾荫权亦在同年10月的2010/2011年度施政报告提出，把握前海机遇加强与内地合作，香港可以利用国际金融、贸易和航运中心的优势，结合两地的力量，一起推进前海现代服务业发展。2010年12月深港合作会议决定让常住深圳的非广东户籍居民在深圳办理香港的个人游。

在2011年3月关于"十二五"规划草案的报道中，对前海开发的描述是："加快城市轨道交通、铁路网、城市道路、水上交通和口岸建设，到2020年建成亚太地区重要的生产性服务业中心，把前海打造成粤港现代服务业创新合作示范区"。

2012年，国务院对支持前海深港现代服务业合作区开发开放的政策做了细化和补充。6月，国务院发布《国务院关于支持深圳前海深港现代服务业合作区开发开放有关政策的批复》；12月，习近平主席在考察前海深港现代服务业合作区时指出，中央决定批复发展建设前海，是为了进一步促进粤港和深港更深层次的合作发展。前海发展要依托香港、面向世界，作为改革的试验田，为全国探索经验。

2014年12月，国务院正式批准设立中国（广东）自由贸易试验区，实施范围116.2平方公里，其中，深圳前海蛇口片区28.2平方公里（含深圳前海湾保税港区3.71平方公里）。

2015年4月，广东自贸区前海蛇口自贸片区正式挂牌，前海蛇口自贸区管委会亦同时成立。同时，深圳市政府与招商局签订了《关于深化合作加快推进中国（广东）自由贸易试验区前海蛇口片区发展建议的框架协议》。

### （二）发展定位

在2010年获国务院批复的《前海深港现代服务业合作区发展规划》中，前海被定位为"粤港现代服务业创新合作示范区"，规划中提出，"支持深圳前海深港现代服务业合作区实行比经济特区更加特殊的先行先试政策，打造现代服务业体制机制创新区、现代服务业发展集聚区、香港与内地紧密合作的先导区、珠三角地区产业升级的引领区"。

根据2014年12月4日深圳市在北京人民大会堂发布的《前海深港现代服务业合作区促进深港合作工作方案》，合作工作的主要目标是——通过深港现代服务业紧密合作，到2020年，在前海实现"万千百十"的发展目标，即由港资、港企开发的建筑面积超过900万平方米，港资服务业规模突破一千亿元,成功孵化培育港资创新创业领军企业超过 100 家,建设香港优势产业十大集聚基地。

2015 年 4 月印发的《中国(广东)自由贸易试验区总体方案》指出,深圳前海蛇口片区重点发展金融、现代物流、信息服务、科技服务等战略性新兴服务业,建设我国金融业对外开放试验示范窗口、世界服务贸易重要基地和国际性枢纽港。其中,对于各行业发展重点亦有明确定位。

对于金融业的发展定位,一是推动以跨境人民币业务为重点的金融领域创新合作;二是稳步推进深港资本市场合作;三是大力推进保险创新发展试验区建设。

对于现代物流业的发展定位,一是打造区域生产组织中枢和国际供应链管理中心;二是积极发展港口航运配套服务。

对于信息服务业的发展定位,一是高水平发展信息传输服务业;二是大力发展软件和信息技术服务业;三是全力打造南方物流信息交换中枢和国际电子商务中心;四是大力发展信息内容服务业。

对于科技服务和其他专业服务的发展定位,一是优先发展科技创新服务;二是大力发展创意设计服务;三是大力发展专业服务。

对于港口服务业的发展定位,是提供港口装卸服务、港口产业链延伸的综合物流及相关支持性服务。共拥有生产性泊位 41 个,其中,万吨级以上泊位 36 个,集装箱专用泊位 24 个,码头岸线总长 12256 米。

对于网络信息、科技服务的发展定位,是通过旧工业区改造和产业置换等途径,已形成广东最有影响力的战略新兴产业发展基地。入驻移动互联网、电子商务、物联网企业总数已超过 300 家,总产值超过 170 亿元。

对于文化创意服务业的发展定位,是引入高端文化创意资源,聚焦新媒体、工业设计、艺术活动与交易等产业内容。打造以原创内容为龙头,以新文化媒体为核心,与新科技相结合的文化创意产业运营平台。

而在 2015 年 7 月公布的《中国(广东)自由贸易试验区深圳前海蛇口片区建设实施方案》中,提出了未来 3~5 年的 10 项任务,71 条具体措施,其中,金融开放创新是重中之重,一共涉及 22 项具体措施,包括加大金融创新开放试验力度、研究建设离岸证券交易中心(前海国际板或"丝路板")、推动形成双向人民币融资渠道、积极推动银行业对内外开放、深化外债宏观审慎管理改革和促进深港两地保险市场融合发展等。

根据产业形态，广东自贸区前海蛇口片区分为三个功能区，每个功能区的发展定位如下。

一是前海金融商务区，即前海区块中除保税港区之外的其他区域，主要承接服务贸易功能，重点发展金融、信息服务、科技服务和专业服务，建设我国金融业对外开放试验示范窗口、亚太地区重要的生产性服务业中心。

二是以前海湾保税港区为核心的深圳西部港区，重点发展港口物流、国际贸易、供应链管理与高端航运服务，承接货物贸易功能，努力打造国际性枢纽港。

三是蛇口商务区，即蛇口区块中除西部港区之外的其他区域，重点发展网络信息、科技服务、文化创意等新兴服务业，与前海区块形成产业联动、优势互补。

前海片区与广东自贸区的其他两个片区在发展定位上的一个显著差异在于，前海自2008年被明确定位为区域合作平台开始，由于紧邻香港的区位条件，其发展定位与香港密切相关。而南沙片区和横琴片区，其作为区域合作平台的定位均为针对粤港澳三地合作的对接平台。

## 二、发展现状

### （一）投资与税收

近年来，前海蛇口片区呈现出一片蓬勃发展态势。在固定资产投资方面，2016年，前海蛇口自贸片区全年完成固定资产投资389亿元，在2015年增长75%的基础上，实现了45%的增长，是全市平均增速2倍。片区以占深圳全市1.4%的土地面积，贡献了9.6%的投资额，对深圳投资额增长的贡献率达到15%。至2017年2月底，前海蛇口自贸片区"三城一港"形象已初步展现，一批产业和总部项目拔地而起，2017年片区的固定资产投资将定在420亿元[1]。

---

[1] 今年前海蛇口自贸片区拟完成固定资产投资420亿元. 南方日报. 2017-02-28.

就企业入驻情况看，截至 2016 年底，前海蛇口自贸片区注册的企业 12.6 万家，其中，入驻的外资企业数量达到 3363 家，已有 4.93 万家企业开业运作，注册企业实现增加值 1416.19 亿元，同比增长 39%。片区注册资金 10 亿元以上的企业现已达 826 家，实缴资本 100 亿元以上的企业有五家，其中，中国国有资本风险投资基金股份有限公司注册资本达 1000 亿元。此外，截至 2016 年底，深圳商业保理企业的注册量为 4363 家（含有限合伙企业 45 家），占广东省总量的 99%，占全国总量的 80% 以上。其中，深圳商业保理企业注册地主要集中在前海，占比超过 90%[1]。

在企业创税方面，深圳市地方税务局数据显示，2016 年前海蛇口自贸片区新增纳税登记户 4.8 万户，共实现税收收入 269.33 亿元，同比增长 48.8%；全年纳税超亿元的企业有 24 户，港澳台投资企业 5563 户，贡献税收 27.1 亿元；现代服务业税收占比超过 80%，具有总部特征的商务服务业税收占比 29.7%，金融业税收占比 20.7%。值得一提的是，为发挥前海蛇口自贸片区优势并激发市场活力，深圳地税确保政策红利落地，为前海蛇口自贸片区全年减免各项税收 5.7 亿元。其中，落实企业所得税低税率政策减免 2.9 亿元，认定前海境外高端人才享受个人所得税返还优惠 6100 万元，为小微企业减免各项税收 1289 万元[2]。

### （二）制度创新

2015 年，前海蛇口自贸片区积极复制推广上海自贸区 35 项试点经验，围绕国际经贸规则、金融、法治、人才、深港合作、体制机制六大方面开展改革创新，推出 102 项扩大开放的创新举措。2016 年，又紧紧围绕中央关于自贸试验区以制度创新为核心、以风险防控为底线，形成了 106 项改革创新举措和 93 项改革创新案例，改革创新举措包括投资便利化 24 项，贸易便利化 31 项，金融创新 26 项，粤港深度合作 4 项，事中事后监管 10 项，法治建设 11 项。在累计推出的 208 项制度创新成果中，全国首创或领先达 67 项，制度创新质量持续提升，23 项在全省复制推广，31 项在深圳复制推广。

---

[1] 前海各项经济指标实现跨越式增长．深圳商报．2017-01-20．
[2] 深圳市地方税务局．前海蛇口自贸片区税收增速领跑．2017-02-04．

各行业各领域制度创新成效也不断展现,其中,海关、检验检疫、海事等口岸部门和经信委、交委等部门,推进了国际贸易"单一窗口"进一步升级,初步实现商流、物流、信息流和资金流"四流合一";在人民银行深圳中心支行以及深圳银监局、证监局、保监局等部门的支持下,跨境人民币业务成功试水,粤港澳金融合作、创新金融平台建设不断加快,金融业服务实体经济的能力不断增强;在市场监管委、经贸信息委等部门的支持下,"放管服""多证合一""证照分离"和信用体系建设等领域取得多项成果,自贸制度创新体系进一步完善;在国税、地税部门的支持下,"互联网+税务"全面发力,减免企业税负逾 6.6 亿元,形成结余资金循环的内生性优势;在法制办、前海法院和检察院的支持下,负面清单制度深入推行,法治环境和营商环境进一步优化[1]。其中,在税收创新方面,2016 年前海蛇口自贸片区取得了三方面的成果——体制机制创新、征管服务科技创新和纳税服务全面创新。2016 年在自贸片区率先取消管理员,将 138 项管理事项清单化梳理,打造协调同步的"放管服";实施税收管理事项数据化、风险化改造,对催申报等 24 项大工作量的简易事项实现"人机替代"的信息化批量处理,对信息维护等 48 项零散事项实现"集约化替代";出台减免税管理办法,取消全部非行政许可审批事项,简化全部减免税事项,228 项税收优惠不报即享,占总数的 81%。

制度创新还体现在促进投资便利化方面。片区探索制定了全国最短的负面清单,发布《前海蛇口自贸片区国家安全审查指引》,获得商务部高度肯定;推行"证照分离"改革,建立"一口受理、一网服务、一门审批、一颗印章对外"的"一门式"审批服务模式;在贸易便利化方面,推进国际贸易"单一窗口"建设,探索了基于跨境贸易全产业链的"前海模式"[2]。企业成为贸易便利化的最大受益者,进出口贸易业成为片区经济发展的重大支柱。例如,通过开展国际海关 AEO 互认,中国 3000 多家高级认证 AEO 企业在欧盟 28 个成员国通关时,均可享受到对方境内 AEO 企业一样的通关便利。企业货物通关平均查验率将降低约 70%,通关速度将提高 50% 以上。2017 年,

---

[1] 前海制度创新取得重大突破. 深圳商报. 2017-01-16.
[2] 全国首创或领先创新举措达 67 项. 南方日报. 2017-03-06.

片区将争取在投资便利化方面进一步扩大外商投资备案的管理范围和实现路径,推进外商投资后置备案;在贸易便利化方面完成国际贸易"单一窗口"建设,实现口岸管理相关部门信息互换、监管互助、执法互认,构建口岸综合监管格局,开展跨境电商生鲜品区港一体化试点;促进跨境支付服务创新发展,推进深港支付服务同城化建设。

### (三) 金融业

金融业是前海片区较早被确立的重点发展行业之一。自贸区成立以来,在各级政府的支持下,前海在推进人民币跨境使用、资本项目扩大开放、金融机构创新、创新型金融业务、要素交易平台、创新金融业态、产业集聚等方面不断探索,并实现了多个全国首次和第一,为我国金融业的扩大开放提供了许多可复制、可推广的经验。

在2012年6月公布的《国务院关于支持深圳前海深港现代服务业合作区开发开放有关政策的批复》中指出,前海先行先试政策涵盖了金融、税收、法律、人才、医疗及电信六大领域,共22条,其中,金融领域的优惠政策占了八条,具体包括:允许前海探索拓宽境外人民币资金回流渠道,构建跨境人民币业务创新试验区;支持设立在前海的银行机构发放境外项目人民币贷款;积极研究香港银行机构对设立在前海的企业或项目发放人民币贷款;支持在前海注册、符合条件的企业和金融机构在国务院批准的额度范围内在香港发行人民币债券,用于支持前海开发建设;支持设立前海股权投资母基金;支持包括香港在内的外资股权投资基金在前海创新发展,积极探索外资股权投资企业在资本金结汇、投资、基金管理等方面的新模式;支持在CEPA框架下适当降低香港金融企业在前海设立机构和开展金融业务的准入条件;支持前海试点设立各类有利于增强市场功能的创新型金融机构,探索推动新型要素交易平台建设,支持前海开展以服务实体经济为重点的金融体制机制改革和业务模式创新;支持香港金融机构和其他境内外金融机构在前海设立国际性或全国性管理总部、业务运营总部,加快提高金融国际化水平,促进前海金融业和总部经济集聚发展等。

在优惠政策推动下,前海金融业发展如火如荼。2012年5月,前海股权交易中心正式成立,首批39家深圳企业与该中心签订了挂牌意向协议。该中心设立是推动广东金融强省、深圳金融中心建设的一项重要举措。截至2012年底,已有37家国内外重要金融机构与前海签署战略合作协议,协议投资总金额超过3000亿元;确定入驻前海的163个项目中有70%来自金融相关领域。数据显示,2011年,深圳前海所处的南山、宝安区的金融业增加值发展速度分别为10.1%和10.6%,高于地区第三产业增速(见图10-1)。

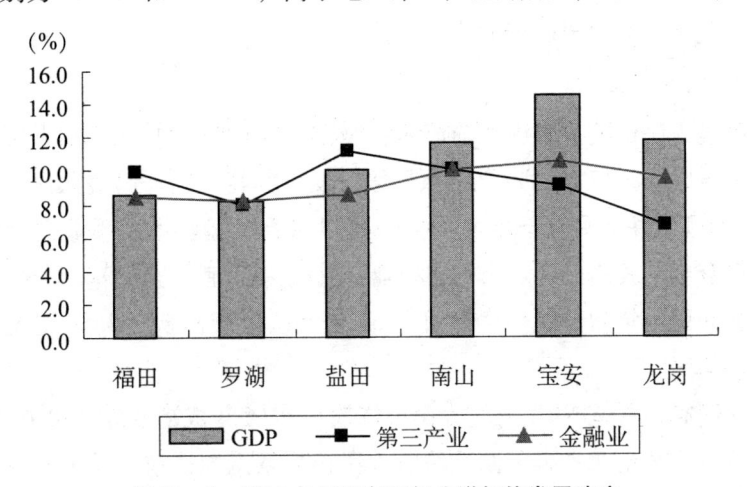

图10-1 2011年深圳各区行业增加值发展速度

资料来源:深圳市统计年鉴。

2013年3月,国家发改委发布了《深圳前海深港现代服务业合作区产业准入目录》,包括金融业、信息服务业、现代物流业、专业服务业、科技服务业、公共服务业六大领域共计112条产业条目,其中,金融业以23个条目居各行业首位,显示前海重点打造金融产业的意图。2015年7月公布的《中国(广东)自由贸易试验区深圳前海蛇口片区建设实施方案》中,提出了未来3~5年的10项任务,71条具体措施中有22项涉及金融开放创新,包括加大金融创新开放试验力度、研究建设离岸证券交易中心(前海国际板或"丝路板")、推动形成双向人民币融资渠道、积极推动银行业对内外开放、深化外债宏观审慎管理改革、促进深港两地保险市场融合发展等。

截至2014年第一季度,前海入区企业累计5197家,完成合同利用外资39亿美元,其中,超过六成是金融机构,包括银行、证券、保险、公募基金以及互联网金融等,已经形成了相对完善的金融产业生态圈。至2016年底,自贸片区累计注册金融类企业51188家,注册资本44112.79亿元,入驻金融持牌机构 195 家，对片区税收增长贡献率达 43.0%。金融产业全年实现税收 95.35 亿元，同比增长 99.86%。金融业实现增加值 378.29 亿元，同比增长 45.48%。2017 年 3 月最新统计显示，入驻前海的金融企业 51581 家，前海注册的商业保理企业约占全国的 2/3，融资租赁企业约占全国 1/3[①]。前海已经形成各金融业态集聚的态势，并具备产业生态良好、要素集聚明显、跨境优势突出、创新能力凸显的产业特点。

1. 人民币国际化

在跨境人民币使用方面，前海是在全国范围内首先开展跨境人民币贷款业务的自贸区。2012 年，深圳市人民银行发布实施《前海跨境人民币贷款管理办法》，规定在前海注册成立的企业可以从香港经营人民币业务的银行借入人民币资金，并通过深圳市的银行业金融机构办理资金结算。截至 2016 年底，跨境人民币贷款备案金额超过 1100 亿元，累计提款 364.57 亿元，业务规模领先全国。

与此同时，首笔 NRA 跨境人民币贷款于 2016 年成功发放。2016 年 4 月，前海银行与香港企业签署了两笔跨境人民币贷款意向协议，其中，招商银行对香港瑞嘉投资实业有限公司 2 亿元用于债务置换的跨境人民币贷款于 6 月顺利发放，意味着前海跨境人民币业务实现双向打通，跨境人民币新政在前海实质性落地。

在跨境双向资金池业务方面，前海自 2015 年启动跨国公司外汇资金集中运营试点和集团内跨境双向人民币资金池业务试点以来，为"走出去"的中资企业、跨国公司全球资金集中运营和跨境结算创造了条件。截至 2016 年 5 月，已有包括中集集团、腾邦集团在内的九家跨国企业通过其前海注册的机构作为主办企业开展跨境本、外币资金池业务[②]。

2. 资本项目开放

自 2015 年 3 月前海外债宏观审慎管理实现实施细则下首批业务落地后，该试点便不断扩大推广。2016 年 1 月，央行已将此试点面向 27 家金融机构

---

① 前海：深圳改革开放新平台．深圳特区报，2017 - 03 - 06．http：//qhxqgsj. szgs. gov. cn/art/2017/3/6/art_ 2084_ 51470. html．

② "全面提升年"金融创新谱新篇．前海传媒，2017 - 03 - 07．http：//qhsk. china-gdftz. gov. cn/zwgk/dtxw/dtzx/201703/t20170307_ 40627331. html．

和注册在上海、天津、广州和福建四个自贸区的企业启动。本外币一体化的全口径跨境融资宏观审慎管理的试点在前海的基础上扩大到各个自贸区。数据显示，截至2016年底，共有21家前海企业办理了外债10.6亿美元，平均降低企业融资成本1~2个百分点。

同时，在资金"走出去""引进来"方面，前海在合格境内投资者境外投资（QDIE）与外商投资股权投资（QFLP）上均已达到一定规模。数据显示，截至2016年底，已有41家前海企业获得了QDIE试点资格，累计备案41家境外投资主体，净汇出资金8.2亿美元；在前海QFLP试点方面，前海管理企业已达106家，基金20家，规模为36.1亿美元[①]。

3. 要素交易平台建设

依托前海在金融领域不断激发的活跃度，要素平台亦有了新的发展。其中，前海股权交易中心作为全国唯一全方位服务中小企业的金融机构，突破传统交易所市场模式，首创了区域性股权交易中心的挂牌展示模式，业务覆盖全国29个省区、直辖市，挂牌企业突破万家。平台通过私募债、资产收益权转让等方式为企业实现融资约208亿元，超过千家企业得到各类型融资服务全方位服务。

成立于2010年9月的深圳排放权交易所，是全国首批温室气体自愿减排交易机构，深圳市范围内唯一指定从事排放权交易的专业化平台和服务性机构，也是全国唯一一家允许境外投资者直接参与投资的要素交易平台，其交易配额在全国排名前列，流动性在七个试点省市中排名最高。2016年3月，该平台开展了国内首单跨境碳资产回购交易业务——交易双方为英国石油公司（BP）与深圳能源，交易标的达到400万吨配额。同时，平台启动了全国碳市场能力建设试点，全国碳市场能力建设深圳中心也于2016年3月正式揭牌[②]。

除此之外，聚集于前海的要素交易平台还包括前海保险交易中心推出的全国首个"保险创客平台"、前海金融资产交易所以及2016年新落成的港交所前海联合交易中心等。这些要素交易平台在支持创新型保险交易、打造双

---

[①②] "全面提升年"金融创新谱新篇. 前海传媒. 2017-03-07. http://qhsk.china-gdftz.gov.cn/zwgk/dtxw/dtzx/201703/t20170307_40627331.html.

向跨境投资平台和机构间非标金融资产交易平台、激化前海金融活力等方面均具有积极的意义。

4. 融资租赁情况

融资租赁与银行信贷、证券交易并列为金融工具的前三甲。前海蛇口片区通过打造与国际接轨的法治环境，积极开拓多层次融资渠道，大力吸引融资租赁企业，致力于建设深港跨境融资租赁产业发展的生态圈。目前，深圳与天津、上海两地位列全国融资租赁业的三强，深圳98%以上的租赁企业都布局在前海，因此，前海成为我国融资租赁业集聚发展的重要区域。截至2016年12月30日，前海融资租赁企业注册总数为2015家，同比增长1.8倍，合同余额总量约合2000多亿元人民币，其中，世界500强企业6家，国企投资企业12家，上市公司22家[1]。可以认为，前海深港跨境融资租赁产业发展生态圈已初现雏形。

综合而言，前海发展金融业的优势表现在以下三个方面。

第一，拥有较为有利的政策支持环境。近年来，人民银行、银监会和证监会和保监会发布了一系列支持前海的金融创新政策，例如，国家外管局支持境外机构参与深圳碳排放权交易试点；银监会同意根据 CEPA 相关安排，合格的港澳金融机构可在广东（含深圳）试点设立消费金融公司；证监会同意在符合两地监管要求的前提下，在前海设立服务两地互通的创新型证券期货经营机构，开展面向两地的证券期货业务；保监会支持深港保险融合发展，积极探索深港两地保险市场在产品、服务、资金、人才等领域互联互通的方式和途径。国家促进广东前海南沙横琴建设部际联席会议第一次会议，赋予前海10条对港开放政策等。

第二，金融企业进入前海的意愿强烈。截至2014年11月30日，前海注册企业17778家，企业注册资本总额11974.8亿元。入区企业中，金融企业10196家，占比57%，从行业分类来看，金融业是前海的第一大产业，企业类型多，业务领域涉及范围广，涵盖银证保传统业态和 VC/PE、私募基金管理、资产（本）管理、金融服务外包等领域，基本形成了横跨不同行业、多

---

[1] 前海成为我国融资租赁业发展的重要区域. 深圳特区报, 2017－03－17. http：//qhsk.china-gdftz.gov.cn/zwgk/dtxw/dtzx/201703/t20170317_40627421.html.

元化、多层次的金融生态圈。

第三，其他新兴业态在前海的集聚有助前海金融业发展。互联网金融、要素交易、融资租赁、商业保理和消费金融等新兴业态近年在前海注册的数量亦有增加。据 2015 年统计，前海商业保理企业达 592 家，位居全国第一；融资租赁企业 263 家，注册金额 430 亿元，快速跃升为国家融资租赁新极，与津沪呈三足鼎立之势；全国第一家互联网消费金融公司——招银消费金融公司落户前海，全国第一家互联网民营银行——前海微众银行正式运营，全国第一单跨境电商出口退税通道打通；14 家要素交易平台正式运营，业务范围涉及碳交易、股权、农产品、石化、稀贵金属、酒类、电子商品、租赁资产等多个领域；前海股权交易中心挂牌企业总计 4245 家，累计债权融资金额超过 10 亿元，成为国内股权交易中心中挂牌企业最多、市场规模最大、扩容速度最快的股权交易中心。

## 三、与香港的合作对接

自从明确作为粤港澳合作新载体的地位以来，前海抓住"依托香港、服务内地、面向世界"的定位，不断努力打造高水平的对外开放门户枢纽，提升深港合作对外开放的战略能级。通过在基础设施建设、打造国际化法治化营商环境、落实优惠政策等方面着力，为港人港企拓展空间，为香港企业进入前海提供良好条件。同时，前海和香港在金融、航运、贸易、两地青年创业和专业服务业等范畴优势互补、互利共赢的合作模式正逐步成熟，共同开发建设的合作格局逐渐形成。

### （一）企业关联与港企引进

吸引香港资金投资前海，是推进前海与香港合作的最直接途径。

2014 年底，深圳市政府在前海开放开发新闻发布会上介绍：深港现代服务业合作的主要目标是，到 2020 年，在前海实现由港资、港企开发的建筑面积超过 900 万平方米，港资服务业规模突破 1000 亿元，成功孵化培育港资创新创业领军企业超过 100 家等。为大力引进港资、港企，前海明确 1/3 左右的土地向港企出让。2014 年，前海新增港企 861 家，同比增长 540%；投资超过1000万美元的港企占40%以上,港企平均注册资本比区内企业平均注册资本高62%;落户的港企中,从事金融、现代物流、信息服务、科技服务和专业服务的企业分别占50%、15%、11%、21%。共接待港人1万多人次,港企4000多批次,是2013年同期的10倍,达到了前海与香港关联度的历史高点。

2015年1月,前海2015年首块商业用地被香港本土最大房地产开发企业之一的嘉里建设拍得,成为前海自2013年7月以来拍卖的14块地中,被真正意义上的香港企业拍得的交易。在此之前,前海的拿地企业包括腾讯、华润、恒昌科技、弘毅资本、香江集团、世茂等,这些"港企"或是在香港上市,或是实际控制人注册地在香港,但它们的主要经营市场还是在内地。因此,在不少人看来,这些企业并非正宗香港本土企业[1]。这亦从一个侧面显示出前海与香港合作中隐形存在的问题——截至2015年底,入驻前海自贸区的企业中港资比例较小。据统计,截至2015年10月25日,前海蛇口片区累计引进企业60530家,注册资本27878.57亿元,其中,港资企业2315家,港资企业占进驻企业总量不到0.05%;到2015年12月7日,港资企业也仅增加到2743家[2]。究其原因,一定程度上是由于港企对合作政策尚未有足够了解,亦未能看清企业投资的实质性的好处,导致港资进入前海的积极性不强。

但总体而言,前海对港企的吸引力逐渐增强,前海亦积极争取政策,近年来港企入驻的数量亦不断上升。据前海管理局长介绍,截至2015年2月底,前海入驻港企1171家。总的企业注册数量约3万家;港铁集团、汇丰银行、恒生银行、渣打银行、亚洲保理等一大批香港优质本土机构纷纷入驻前海;在两地重点合作的金融领域,50余家香港金融持牌机构入驻前海,预计引进外商股权投资资金70多亿元。入驻前海港企体量大,效益好,前海目前30%税收都是由港企提供的。

据广东自贸区官方网站信息,2016年,片区新增注册港企1894家,累

---

[1] 合作区到自贸区的转变 破局而出的前海发展史. 深圳本地宝,2015 – 03 – 31. http://sz.bendibao.com/news/2015331/678539.html.

[2] 前海蛇口自贸片区挂牌半年新增注册企业逾2万家,2015 – 10 – 26. 中国新闻网:http://www.chinanews.com/cj/2015/10 – 26/7590296.shtml.

计港资背景企业达到4223家。全年注册港企实现增加值占片区27.7%；完成固定资产投资占片区41.2%，纳税占片区31.7%；合同及实际利用外资分别占片区的95%和94.8%，港资作为经济支柱作用日益显著。截至2017年1月，前海蛇口自贸片区注册的企业12.6万家，有4.93万家企业开业运作。前海蛇口成为全国经济最活跃、发展最快、效益最好自贸片区[①]。在入驻前海的企业中，香港企业贡献突出。此外，为加强深港产业合作，在有关部门支持下，前海降低港企进入内地证券市场的准入门槛，香港汇丰、恒生银行、东亚银行分别成立港资控股的内地首家证券和基金公司。同时，还成功引入了汇丰集团、周大福、新世界、东亚银行、香港嘉里和九龙仓等知名港企。

  为配合港企的进驻，前海在基础设施及服务方面亦有相应的成果，例如，港交所前海联合交易中心已落户前海；已建成华南地区唯一集"海、陆、空、铁"于一体的太子湾国际邮轮母港，为深圳通连香港、走向世界打开了"海上门户"；2017年前海深港基金小镇将建成并投入使用。其中，为港企量身定做的前海深港创新中心已经投入使用，这是目前世界上最大的装配式模块化办公建筑群。该项目在全国范围内率先实现了建筑工业4.0的生产方式，树立了模块化建筑新标杆。项目建设运营者、前海控股力争将深港创新中心打造成为深港产业合作先导区、香港创意产业与专业服务企业集聚平台，主要引进港企、持牌金融机构入驻，推动港企及金融企业集聚前海。目前，港交所大宗商品交易中心、普华永道、深港文化中心、深澳青年梦工场等多家企业、组织已进驻。值得一提的是，港交所前海大宗商品交易平台项目（以下称"港交所项目"）是深圳市和前海引入的深港合作重点项目，预计从业人员将达1000人。深圳市对此项目高度重视，从各方面推动该项目的进展：为了加快项目进驻前海，在港交所项目办公楼建成前，前海控股以优惠价格，将前海深港创新中心约4000平方米物业租赁给港交所，作为过渡性办公用房；为解决员工吃饭问题，前海控股不仅对其开放餐厅，还设有专用包间；甚至在二次装修和物管服务方面，前海控股亦根据港方要求，为其配备专门

---

① 前海着力打造粤港深港合作新平台. 深圳特区报. 2017 - 03 - 07.

的礼宾安保，班组专门招聘香港人提供港式服务，细致到如绿植高度、消杀剂的专门定制，均按照港式标准进行①。

## （二）行业对接

金融业、物流业、信息服务业和科技产业是前海蛇口片区的重点发展行业，前海蛇口片区在这四个重点行业以及跨境电商方面，亦与香港建立了合作与关联。

香港作为国际金融中心，有许多成熟的经验值得前海金融业发展所借鉴。在两地金融市场互联互通方面，前海在全国率先推动实现跨境人民币贷款、跨境双向发债、跨境双向资金池和跨境双向股权投资"四个跨境"。特别是跨境人民币贷款保持快速增长，截至2016年11月底备案1100亿元，累计提款364.57亿元，业务规模领先全国。前海正携手香港，积极推动国务院出台深港金融创新的"20条"政策措施②。

前海与香港的金融合作在政策层面亦得到了相关支持。例如，根据CEPA补充协议十，自2014年1月1日起，允许港资证券公司在申请境外机构投资者资格时，按照集团管理的证券资产规模计算。此外，补充协议允许符合条件的港资金融机构按照内地有关规定在前海设立合资基金管理公司，港资持股比例可达50%以上。再者，符合设立外资参股证券公司条件的港资金融机构，可按照内地有关规定在上海市、广东省、深圳市各设立一家两地合资的全牌照证券公司，港资合并持股比例最高可达51%。金融合作方面，CEPA中指出，同意积极研究前海与香港基金产品互认。这些CEPA条款对鼓励前海证券及期货公司使用香港的金融服务平台有着积极的作用，亦为香港和前海带来更多跨境商机。

随着跨境电商进出口双向通道在前海全流程开通，前海跨境电商产业链集聚规模逐渐显现。天猫、聚美优品、小红书、华润万家、走秀网、品尚汇、递四方、环球易购、傲基、有棵树、爱淘城等一批跨境电商优秀企业进驻前海。同时，跨境电商线下体验店在前海迅速发展起来，周大福全球商品购物

---

① 前海着力打造粤港深港合作新平台. 深圳特区报. 2017 – 03 – 07.
② 深圳特区报，2017 – 03 – 07，前海着力打造粤港深港合作新平台. http://qhsk.china-gdftz.gov.cn/zwgk/dtxw/dtzx/201703/t20170307_ 40627326.html.

中心、前海购、联泰开心购、星辰汇、1号海淘、前海港货中心、深圳跨境购、华润e万家、招商自贸城等众多跨境电商线下体验店在前海蛇口片区集聚。跨境电商"前海模式"已经成为前海最有影响的创新成果，走向全国。此外，深国际西部物流"前海（全球）跨境电子商务产业园"项目与招商局集团"蛇口网谷"项目获商务部批准，成功被纳入第二批国家电子商务示范基地，亦显示出前海蛇口片区大力发展跨境电商的势头。片区的跨境电商业务发展，与香港有着密切的联系。前海周大福全球商品购物中心（以下简称"港货中心"）是前海重点打造的民生工程，于2016年12月7日正式开业。作为前海首家真正"港资建设、港企运营、港人收益"的购物中心，它以跨境电商叠加购物中心的创新模式，集聚了美容、保健、母婴、衣服、箱包、珠宝首饰等众多品牌，覆盖消费者生活的方方面面。来自香港本土的莎莎化妆品、美心、万海丰、余仁生、太兴等70余个香港本土品牌入驻"港货中心"，为深圳市民提供正宗港式服务。因其出售商品大部分来自纯正香港商家，被深圳消费者称为"港货中心"。该项目不仅为深圳消费者购买香港商品提供了便利，同时扩大了香港零售商的市场空间，对缓解香港自由行的游客压力亦有一定的作用[①]。

值得一提的是，为了在前海蛇口片区保障深港合作的推进，前海从土地出让环节便有相关规定：前海蛇口片区对香港企业的土地出让计划是，向香港企业出让前海不低于1/3的土地，建设银行、证券、保险、基金、跨境要素交易平台、供应链管理、信息服务、科技服务、专业服务及文化创意等香港服务业产业基地，试行"港人、港资、港服务"，为香港产业转型升级和创新发展服务。2016年，前海共公开出让8宗土地，其中，有4宗定向对香港企业，面积5.86万平方米，占比65.6%。目前，前海通过挂牌出让、公告出让方式，累计向香港出让土地14宗，嘉里、东亚银行、新世界、周大福、华润、世茂、弘毅等知名港企皆已在前海拿地。

### （三）人才交流

人才交流是区域经济和产业合作的基本保障之一。前海通过一系列举措

---

① 前海着力打造粤港深港合作新平台. 深圳特区报，2017－03－07. http：//qhsk.china-gd-ftz.gov.cn/zwgk/dtxw/dtzx/201703/t20170307_40627326.html.

吸引香港各层次人才流入前海。

在拓展香港专业人士就业创业空间，建立人才合作交流机制以及创新深港人才合作发展模式方面，深圳市在2014年12月发布的《前海深港现代服务业合作区促进深港合作工作方案》中提出了七条举措：第一，落实国务院批复的有关政策，允许取得香港执业资格的专业人士经前海管理局或相关政府部门备案后，直接为前海企业和居民提供专业服务，服务范围限定在前海；第二，建设前海深港青年梦工场，打造青年创新创业和就业服务平台，为香港青年提供成长阶梯；第三，推动两地对口专业协会及商会开展交流合作；第四，鼓励香港高等院校学生到前海实习，推动前海成为香港大学生实习基地；第五，选聘港籍人士到前海管理局及局属企业任职，与香港法定机构实行人才对口交流；第六，支持香港服务提供者在前海建设独资或合资的国际学校和医院；第七，研究与香港专业资格互认的实施步骤，纳入经国家批准的广东省专业资格互认试点范围。

港澳青年人才是前海重点吸引的人才群体。为此，2013年12月，前海管理局、深圳青联和香港青协三方发起成立前海深港青年梦工场。这是国内首个深港合作国际化青年创新创业社区，占地面积约5.8万平方米，可同时容纳200家创业企业或团队入驻。其发展目标是服务深港及世界青年创新创业，成为帮助广大青年实现创业梦想的国际化服务平台。梦工场以现代物流业、信息服务业、科技服务业、文化创意产业及专业服务为重点行业，培育的对象目标是"具创新创业意念的18~45岁青年"以及初创企业。

梦工厂内有八个孵化平台，创业企业或团队只要通过这八家孵化平台中任何一家的审核，即可以入驻，而其后的办理工商注册、税务登记、银行开户等手续，均由梦工厂提供代办服务。梦工厂内的办公场地配备有百兆光纤的高速网络、整个园区的高速免费WIFI覆盖、舒适的办公设备、酒店式管理运营模式，使入驻团队可以享受拎包入驻的便捷。同时，服务平台还提供从企业注册到上市的投融资、会计、法律等咨询服务，协助企业与团队渡过在创业过程中遇到的各种困难与问题；入驻企业还能申请租金减免的优惠，以及企业所得税和个人所得税的优惠。值得一提的是，梦工厂内大疆、厚德、中科院、电信、联想之星、香港互联网专业协会等八大创新创业孵化器，对初创企业发展发挥着极为重要的作用。以大疆孵化器为例，孵化器为经筛选入孵化器内的每个创业团队配备一名专职创业导师跟进，制定孵化路线图，每月设定目标。半年后，孵化团队由评估委员会考核，决定是否毕业。大疆还将孵化团队的毕业会办成投融资见面会，联系投资人，为孵化团队创业提供融资机会。而这些创业导师亦都是大疆公司的中坚力量，都是具有丰富一线经验的技术管理人员，区别于社会上穿梭于各种讲堂的职业导师。

梦工厂有1/3的面积直接供给香港企业，同时，对入园企业实施"一年免租两年减半"的"一减两免"服务。梦工厂充分借鉴香港经验，以"港人、港味、港服务"为特色，建立了深港合作管理机制，为创业青年提供了工商注册、税务登记、法律咨询等"一站式"创业服务。此外，梦工厂还与深港两地银行、天使投资人等机构合作，设立了"梦工厂创投广场"，并将成立"创业导师基金""深港青年发展梦基金"，为创业青年提供全方位的金融支持。

在管理与服务方面，根据入驻梦工场企业的初始发展程度、业务规模不同，梦工场将入驻平台分为"苗圃、孵化器和加速器"三个层面，入驻苗圃的企业或团队，孵化期原则上是半年，期间租金全免；入驻孵化器的企业或团队，第一年租金全免，第二年减半，第三年全价，为80元/月/平方米。企业"毕业"后，可以选择转入更高一级的层面，或选择迁出寻求更大空间。

作为前海深港合作的重要成果，前海深港青年梦工场自2013年成立以来，通过孵化服务机构、专业服务机构引进了不少深港国际创业团队。2016年，由香港青年专业联盟发起成立的众创空间，带领26个香港青年创业团队入驻前海深港青年梦工场，开启他们在前海的创业之路。目前，在前海青年梦工场，孵化香港创业团队77家。为了吸引更多的香港专才来前海就业，前海制定相关配套管理办法，保障香港工程管理模式应用效果，为香港专业人士及企业参与前海深港合作区开发建设提供便利。此外，为方便香港人才在前海就业，前海还实施了开通了深港两地电话卡，为港企业提供人才公寓，开通前海到香港的直达班车等一系列举措。

此外，前海还注重建设深港人才双向流动通道，推动注册税务师、注册会计师、房屋经理等10多类香港专业人士在前海直接执业；启动深港设计创意平台项目，安排4000~6000平方米的空间，引进香港设计创意专业机构和人才；对包括港籍高端人才在内的境外人才仅按15%征收个人所得税，已认定的境外人才中，港人占比超过五成；打造香港青年交流考察与实习就业的基地，为香港青年提供了666个实习岗位，接待8000名香港大中专学生来前海考察交流；成功举办首届前海深港青年创新创业大赛，吸引超过100个香港青年创业团队参与；与哈罗公学香港办学主体签订合作协议，探索建立国际化教育体系，解决港籍高端人才子女就学问题。

根据官方网站介绍，2017年前海在人才交流方面的工作包括：将进一步促进两岸三地青年交流，做大做强前海深港青年梦工场，新引进香港青年创新创业团队80个，提高孵化成功率；继续开展前海创新创业大赛，组织A20青年跨境马拉松暨深港青年万人大联欢，开展"粤港澳暑期实习计划"；引进一批澳门、台湾地区创新创业团队，探索实行港澳台人才就业备案登记制度，建立港澳台青年内地创业社保对接机制等。

### （四）营商环境

香港完善的法制环境是其具有国际竞争力营商环境的一项重要保障。前海蛇口片区亦致力于在营商的法制环境建设方面，与香港更好地接轨。前海是国家批复的中国特色社会主义法治示范区，根据国家的授权，大胆进行法治创新，先行先试，积极探索在前海选择适用香港法律之路，着力打造对标国际一流的法治化营商环境。

2015年9月，最高人民法院在前海设立中国涉港澳台和外国法查明研究中心、最高院涉港澳台和外国法查明研究基地、最高院涉港澳台和外国法查明基地。"一中心两基地"是目前唯一的国家级的法律查明基地，填补了国内域外法律查明机制的空白。

2016年底，香港东亚银行收到了前海法院调解后深圳两家公司分期偿还的首笔欠款。这是前海法院适用香港法裁判的首宗案件。适用香港法裁判案件全流程的打通，提高了前海区际、国际司法公信力，增加了香港籍、外籍当事人在前海投资创业的法治信心。前海法院受理的选择适用域外法的案件，当事人绝大部分选择适用香港法律，首创"港籍调解"与"港籍陪审"制度。

深圳国际仲裁院是在前海设立的全国第一家按法定机构模式治理的仲裁机构，也是全国唯一的以国际化理事会为核心的法人治理机构。深圳国际仲裁院充分考虑了香港元素，11 名理事中超过 1/3 来自香港和海外，350 名境外仲裁员有 1/2 来自香港。深圳国际仲裁院成立粤港澳商事调解联盟，开展粤港澳三地专业调解员联合培训和资格互认。

前海积极推动落实粤港律所联营政策，争当粤港律所联营的试验田、排头兵。全国九家粤港联营律师事务所中有八家落户前海。其中，设立在前海企业公馆的华商林李黎联营律师事务所，是全国首个粤港联营律所。

### （五）金融业合作

金融业是前海重点发展的四大产业之一，香港作为国际金融中心之一，金融法治化、国际化、市场化程度较高，有许多值得前海学习和借鉴的地方。

目前，前海正开展多项金融开放、人民币国际化方面的试验，例如，资本账户的逐步开放，特别是跨境人民币的业务方面，如前海借回来的跨境人民币可以在全国范围内使用、前海的企业可以用外币借债。据介绍，前海正在探索更多的资金走出去的方式，并开始了前海结合香港去试验资本账户的开放，这些是国内很多其他地方没有被赋予的试验[1]。

在两地金融市场互联互通方面，前海在全国率先推动实现跨境人民币贷款、跨境双向发债、跨境双向资金池和跨境双向股权投资"四个跨境"。特别是跨境人民币贷款保持快速增长，截至 2016 年 11 月底备案 1100 亿元，累计提款 364.57 亿元，业务规模领先全国。前海正携手香港，积极推动国务院出台深港金融创新的"20 条"政策措施[2]。2016 年上半年，落户前海的港企中，金融类企业占比达 38.19%，增加值为 27.24 亿元，占比总体 12.47%[3]。

---

[1] 前海香港携手并进 加强全方位更紧密合作. 香港商报, 2016 - 11 - 01, http：//www.szqh.gov.cn/ljqh/sghz/sg_ gzdt/201611/t20161101_ 40092912.shtml.

[2] 前海着力打造粤港深港合作新平台. 深圳特区报, 2017 - 03 - 07, http：//qhsk.china-gdftz.gov.cn/zwgk/dtxw/dtzx/201703/t20170307_ 40627326.html.

[3] 前海注册港企已达 3377 家. 深圳商报, 2016 - 10 - 12, http：//www.szqh.gov.cn/ljqh/sghz/sg_ gzdt/201610/t20161012_ 39554252.shtml.

# 第十一章

# 珠海横琴新区片区

横琴新区片区位于珠海横琴岛。横琴岛是珠海市第一大岛，位于珠海市南部，珠江口西侧。横琴岛与澳门的氹仔岛、路环岛隔夹马口水道相望，和澳门路氹城之间由莲花大桥连接，最近处相距仅约为200米。横琴岛总面积约106平方公里，其中横琴新区片区占地28平方公里。

横琴岛距澳门机场3公里，距珠海机场约8公里，距香港41海里，距离华南枢纽港珠海港也只有50分钟车程。目前已形成较为完善的陆海空交通体系，已建成的横琴大桥和莲花大桥可连接澳门与横琴，岛上的横琴口岸为国家一类口岸。根据规划，广珠城际轨道交通将延长至横琴口岸与澳门轻轨衔接，此外，规划建设中的两条连通澳门的海底通道将使横琴与澳门的联系更为便捷。

## 一、发展沿革与发展定位

### （一）发展沿革

20世纪70年代，通过人工的围垦修筑，大小横琴岛被合并为现在的横琴岛。1992年，横琴岛被广东省定为扩大对外开放的四个重点开发区之一，其管理机构为珠海市委、市政府派出机构。1998年，横琴岛被确定为珠海市五大经济功能区之一。

1999年12月澳门至横琴岛的莲花大桥落成启用，横琴成为拱北口岸之外，澳门来往大陆的第二个陆路通道。

2004年6月，广东、福建、江西、湖南、广西、海南、四川、贵州、云南九省（区）政府和香港、澳门特别行政区政府（9+2）共同签订《泛珠三角区域协作框架协议》，由此构建了泛珠三角区域合作的架构。其时，曾提出推进9+2共同开发珠海横琴岛[①]。

2008年底，国家发改委颁布《珠江三角洲地区改革发展规划纲要（2008~2020年）》，珠海横琴新区与广州南沙新区、深圳前后海地区、深港边界区和珠澳跨境合作区等合作区域，被作为珠三角未来一段时期发展中加强与港澳服务业、高新技术产业等方面合作的载体。

2009年8月，国务院正式批准实施《横琴总体发展规划》，将横琴岛纳入珠海经济特区范围。为充分发挥横琴毗邻港澳的区位优势，抓住《珠江三角洲地区改革发展规划纲要（2008~2020）》赋予珠三角"科学发展、先行先试"的重大机遇，推进与港澳紧密合作发展，促进珠江口西岸地区经济发展形成新的增长极，以及促进澳门经济适度多元发展和港澳地区长期繁荣稳定，《横琴总体发展规划》中对横琴新区的定位是"逐步把横琴建设成为带动珠三角、服务港澳、率先发展的粤港澳紧密合作示范区"，具体而言，是将横琴建设成为"一国两制"下探索粤港澳合作新模式的示范区；深化改革开放和科技创新的先行区；以及促进珠江口西岸地区产业升级发展的新平台。2009年12月16日，继上海浦东新区、天津滨海新区之后，横琴成为我国第三个国家级新区。

2011年3月，珠海横琴新区开发被列入国家"十二五"规划纲要，与深圳前海、广州南沙新区并列成为进一步加强粤港澳合作的三个平台。同年3月6日，粤澳两地政府在北京签署《粤澳合作框架协议》，将"合作开发横琴"作为粤澳合作的"重中之重"，并为此提出了一系列的制度创新安排，提出了共建粤港合作产业园等一系列合作举措。2011年7月国务院批复同意横琴实行比特区更特殊优惠政策[②]。

2014年12月，国务院正式批准设立中国（广东）自由贸易试验区，实施范围116.2平方公里，其中，珠海横琴新区片区面积为28平方公里。

---

① 胡军等主编. CEPA 与"泛珠三角"发展战略 [M]. 北京：经济科学出版社，2005.
② 国务院批复同意横琴实行比特区更特殊优惠政策. 中央政府门户网站，2011-08-07.

2015年4月23日，中国（广东）自由贸易试验区珠海横琴新区片区挂牌。挂牌仪式后澳门与珠海相关负责人分别签署了广东自贸试验区横琴片区建设珠澳合作机制协议，以及多项珠澳合作的国家级战略合作项目。

### （二）发展定位

根据2009年获国务院批复的《横琴总体发展规划》，横琴新区主要发展目标是：经过10~15年的努力，把横琴建设成为连通港澳、区域共建的"开放岛"；经济繁荣、宜居宜业的"活力岛"；知识密集、信息发达的"智能岛"；资源节约、环境友好的"生态岛"。产业发展定位，充分发挥横琴的区位、环境和政策优势，吸引港澳和国际高端人才和服务资源，重点发展商务服务、休闲旅游、科教研发和高新技术等产业。

在2015年4月公布的《中国（广东）自由贸易试验区总体方案》中，对珠海横琴新区片区的功能定位是，重点发展旅游休闲健康、商务金融服务、文化科教和高新技术等产业，建设文化教育开放先导区和国际商务服务休闲旅游基地，打造促进澳门经济适度多元发展新载体。与此对应，对横琴新区片区发展为国际商务服务基地、国际金融创新区、国际知名旅游度假区、文化教育开放先导区、开放型自由技术研发创新示范区等方面均提出了具体的目标设想。

——国际商务服务基地。充分利用香港国际贸易中心的地位及资讯发达的优势，拓展澳门作为国际性商贸平台的带动效应，鼓励港澳的商务服务优势向横琴拓展，重点发展信息资讯服务、外包服务、商贸服务、会议展览、中医保健、会计、法律等产业，将横琴建设成为珠江口西岸地区率先承接港澳服务功能的区域性商务服务基地，为珠江口西岸地区及广大内陆地区发展提供全方位的服务。

——国际金融创新区。充分利用国务院鼓励横琴新区先行先试的金融政策导向，加快推动各类金融要素市场及金融机构在横琴金融商务区集聚和发展。紧紧抓住金融业与实体经济共生共荣的特点，以企业后台金融业为突破，拓展与澳门博彩业联动发展的服务经济，更好地促进澳门经济适度多元化发展；以消费金融为抓手，强化横琴与港澳之间特色互补、资源共享、产业共建、区域共荣的经济一体化特色；对接国际金融平台，将其作为珠江口西岸特色经济繁荣、撬动横琴当地开发的重要杠杆和资源放大器。鼓励发展金融创新服务，开办和推广知识产权、收益、收费权和应收账款质押融资，大力发展融资租赁，设立横琴股权（产业）投资基金，发行多币种的产业投资基金、离岸业务、跨境资产抵押等产业。开展个人本外币兑换特许业务试点。从而在粤港澳的中心地带，形成一个模式灵活、业务繁多、配套到位，与港澳金融市场互动互补的、具有横琴特色的金融市场。力争在CEPA框架下，将横琴自由贸易园区打造成为深化粤港澳金融合作、拓展港澳金融业发展的空间新平台；促进珠江口西岸地区金融服务业发展的先行区；鼓励金融业务创新的示范区。

——国际知名旅游度假区。利用香港、澳门地区对国际高端游客的吸引力，结合横琴海岛型生态景观的资源优势发展休闲度假产业，将横琴打造成为与港澳配套的国际知名休闲旅游胜地。重点发展高品质度假旅游项目，建设高档度假酒店、疗养中心、游艇中心、滨海游乐、湿地公园等海岛旅游精品，建立合理、完善的旅游产业链。把粤港澳特色旅游资源串成"一程多站"的旅游线路，开辟共同市场，增强澳门旅游业对珠江口西岸地区的辐射力。

——文化教育开放先导区。选择文化和教育行业作为创新服务业开放的先行先试领域，实行准许入前国民待遇的开放模式，即凡是没有明令限制的，一律实行贸易投资自由化，取消针对国内外企业的单项审批事项，以此推动国内相关行业管理制度改革。具体来说，要以工业设计、会展设计和动漫设计等为重点，大力吸引港澳及珠三角的文化创意产业人才，推广"横琴设计"的区域特色品牌，把横琴建设成为珠江口西岸地区重要的文化创意产业基地。充分利用香港和澳门国际化专业人才教育培训资源优势，建立面向粤港澳三地，以高端专业人才、技术人才培训和普通高等教育为主的教育培训园区，开展全方位、宽领域、多形式的智力引进和人才培养合作，把横琴自由贸易园区建设成为文化教育开放先导区。

——开放型自主技术研发创新示范区。充分利用港澳和全球科技人才资源，积极探索开放式的自主创新模式。以自主知识产权的技术带动珠江口西岸地区及澳门优势产业发展，加强科技基础条件平台建设。打造以企业为主体的品牌战略和推广"横琴创造"的区域特色品牌相结合。重点发展具有高新技术水平的生物制药领域，积极延伸现有医药产业链，向医疗器械、生物医药等高科技环节拓展。实施知识产权和技术标准战略，加大知识产权保护和应用力度，支持参与和开展行业、国家和国际有关标准的制定工作。努力将横琴新区建设成为具有面向港澳、服务全国、具有国际影响力自主创新和科技转化能力强的生态型高新技术产业基地和研发创新示范区。

以上所述的功能平台发展，均与港澳产业发展有着密切的联系。

## 二、发展现状

### （一）经济增长与营商环境

珠海市"十三五"规划纲要数据显示，2015年，珠海市地区生产总值突破2000亿元，达2024.98亿元，同比增长10%，居全省首位，"十二五"期间年均增长10%。人均地区生产总值12.47万元（约合2万美元），居广东省第三，年均增长9%，达到世界高收入经济体水平。固定资产投资和一般公共预算收入总量实现翻番，分别达1305.14亿元、269.96亿元，年均增长21.3%和16.7%，年均增速居珠三角首位。三次产业比重由2010年的2.7∶54.7∶42.6，发展为2015年的2.3∶49.7∶48.0。

2016年1~8月，横琴自贸片区累计实现地区生产总值93.4亿元，同比增长20.2%，完成固定资产投资242.3亿元，同比增长22.84%，一般公共预算收入33.24亿元，同比增长16.2%；实际吸收外资直接投资5.0亿美元，同比增长78.6%。呈现出良好的发展势头[①]。

通过制定与改革各项创新措施，横琴新区片区的营商环境得到进一步的优化。其中，为充分体现对横琴打造粤港澳紧密合作示范区、推动与港澳融合发展的战略支持，2014年3月财政部、国家税务总局正式公布《横琴新区企业所得税优惠目录》和相关优惠政策，对设在横琴的鼓励类产业企业减按15%的税率征收企业所得税。据统计，2016年横琴新区实际减免各项税费3.22亿元。其中，改善民生方面减免税费1.37亿元，落实自贸区15%企业

---

① 横琴自贸区创新实现突破营商环境近国际水平．自贸观察，2016 - 10 - 21，http：//ftz.hengqin.gov.cn/ftz/News/201610/37073bbaae7e48c79b0d0d42faebc680.shtml.

所得税税率减免税费 1.68 亿元，促进小微企业发展方面减免税费 1458 万元，鼓励高新技术企业发展方面减免税费 210 万元。为助力企业减负增效，营造优良的税务营商环境，横琴在税费上大做"减法"。如横琴对房地产交易环节税收进行了减免，减免额达 7542 万元；执行社保保险费率调整，共计减免 3600 余万元[①]。

据统计，截至 2016 年 10 月底，横琴新区片区实际落地 179 项改革创新措施，其中，"政府智能化监管服务新模式"案例荣获全国自贸试验区最佳实践案例；6 项改革创新案例入选广东省自贸试验区首批制度创新案例；17 项改革创新措施成为广东省首批 27 项可复制推广经验的重要组成部分；6 项改革创新举措面向全市复制推广，商事主体电子证照银行卡等 8 个案例入选广东自由贸易试验区金融改革创新案例。广东省政府发布了复制推广中国（广东）自由贸易区第二批 39 项改革创新经验的通知，其中，横琴主导创新的有 13 项，横琴积极参与创新的有 7 项，总数达到 20 项，占全省改革创新经验比重的 50% 以上[②]。

营商环境的改善，还表现在商标知识产权保护及扶持方面。为支持创新驱动发展，横琴新区片区还注重推动企业实施商标品牌战略，提升商标知识产权保护意识，以期打造具有国际竞争力的横琴知名品牌。自《横琴新区促进科技创新若干措施》实施以来，经过审批公示等一系列程序，共计 37 件横琴新区注册商标被确定为 2016 年度商标注册扶持对象，获 7.84 万元的商标注册扶持奖励资金，奖金已于 2016 年底全部发放到企业。其中，欧美注册商标 1 件、港澳台注册商标 18 件、国内注册商标 26 件。截至 2017 年 1 月，横琴共有商标 3751 件，同比增长 130%，其中，有效注册商标 1123 件，同比增长 114%。随着横琴经济的快速发展，区内企业的商标注册与保护意识明显提升[③]。

---

① 去年横琴新区减免税费 3.22 亿元. 南方都市报, 2017 – 02 – 21. http://ftz.hengqin.gov.cn/ftz/tzzxt/201702/c9e17200beba4959888f629d72a94d41.shtml.

② 横琴自贸区创新实现突破营商环境近国际水平. 自贸观察, 2016 – 10 – 21. http://ftz.hengqin.gov.cn/ftz/News/201610/37073bbaae7e48c79b0d0d42faebc680.shtml.

③ 横琴自贸区发放首批商标注册扶持资金 37 件注册商标获此红利. 央广网, 2017 – 01 – 18. http://ftz.hengqin.gov.cn/ftz/tzzxt/201701/22041ba480fc4142a676e7c784ee616b.shtml.

## (二) 金融业

据珠海市"十三五"规划纲要显示,"十二五"期间,珠海市服务业快速发展,以横琴为龙头的金融业实现跨越式发展,金融业增加值占地区生产总值比重达 6.7%。

金融业作为横琴的重点发展行业之一,横琴自贸片区成立以来,金融改革创新不断深化,推动了金融业进入高速发展期。据横琴新区管委会介绍,在金融创新方面,横琴着力打造四方面业务:一是人民币离岸在岸结算中心;二是要素交易中心;三是财富管理中心;四是跨境业务中心。

截至 2014 年 12 月,横琴新区累计引进各类金融企业 578 家,注册资本 1146 亿元(人民币,下同),实际管理的资金规模超过 7000 亿元[1]。截至 2015 年 5 月底,横琴已引进各类金融类企业 1075 家(其中,澳资金融企业 14 家,港资金融企业 26 家),管理资产超过 8400 亿元[2]。截至 2015 年 12 月末,横琴新区有金融类企业 2 018 家,注册资本 1 960 亿元。其中,港澳资金融企业 74 家,比年初增 43 家。截至 2016 年 11 月末,已有金融类企业 3500 多家,注册资本达 4800 亿元,涉及领域涵盖银行、证券、保险、货币兑换、资产管理、交易平台、小额贷款、私募投资基金、融资租赁、商业保理、互联网金融等诸多领域[3]。目前,横琴已实现多项金融创新,主要包括全国首发银联标准多币种卡、全国率先开展本、外币兑换特许机构刷卡兑换业务、全国率先开展跨境车辆保险业务等。此外,横琴还在全国率先开展了跨境车辆保险业务,并推出跨境金融 IC 卡[4]。

截至 2015 年 6 月,横琴有运营和筹建的要素平台 11 家。其中,广东金融资产交易中心 2014 年交易量达 1705 亿元,位列全国同行业第二,累计总交易达到 2500 亿人民币[5]。截至 2016 年 2 月,横琴已注册的交易中心有 11 家,获省政府批准开业的有 5 家,其中,广东金融资产交易中心累计交易量

---

[1] 林迪夫等主编. 粤港澳合作报告. 中华文化院有限公司,2015.
[2] 横琴赴港谈深度合作,并争取往来澳门"一签多行". 南方都市报,2015-06-24.
[3] 横琴成立金融争议解决中心 探索金融纠纷解决新渠道. 横琴播报,2016-12-30. http://ftz.hengqin.gov.cn/ftz/hqbbu/201612/ece8ec081cd0464aa390d47c4bc7a7d4.shtml.
[4] 钟韵,余雪晴. 制度框架演进下广东自由贸易试验区进展评估. 港澳研究,2016 (2).
[5] 横琴赴港谈深度合作,并争取往来澳门"一签多行". 南方都市报,2015-06-24.

已超 4 000 亿元，位居全国前列①。2016 年 2 月 15 日，横琴国际商品交易中心揭牌，该中心面向国际市场以人民币计价，是整合境内外多种商品资源、金融服务、仓储与物流资源以及咨询服务的商品现货交易中心。横琴国际商品交易中心不仅提供多品种的大宗商品现货交易服务，还将致力于面向粤港澳和国际市场，以人民币计价，吸引境内外现货企业和金融机构使用人民币直接参与市场。该中心的发展将适应实体企业不同层次风险管理与商品服务的需要，力争成为大宗商品的场外交易中心、信息中心、价格中心和融资中心，打造成为具有世界影响力的专业化的商品交易中心。此外，中国首个知识产权运营特色试点平台——横琴国际知识产权交易中心、华南地区首家金融资产交易中心——广东金融资产交易中心，以及横琴稀贵商品交易中心、珠海产权交易中心均落户于横琴②。

在租赁业务方面，横琴租赁经营范围涉及融资租赁业务、租赁业务、向国内外购买租赁资产、租赁财产的残值处理及维修、租赁交易咨询和担保，另外兼营与主营业务相关的保理业务。截至 2016 年 9 月 30 日，横琴租赁总资产 15427.52 万元，净资产 28061.47 万元，实现营业收入 7394.68 万元，实现净利润 2735.57 万元。2017 年 2 月 20 日，天津渤海租赁的控股子公司——横琴国际融资租赁有限公司（下称"横琴租赁"）获得三大股东共同增资 6000 万美元。增资完成后，横琴租赁注册资本增加至 1 亿美元③。

在跨境人民币融资方面，根据人行广州分行出台相关措施，允许在横琴新区注册成立并在区内实际经营或投资的企业，以及参与区内重点项目投资建设的广东省辖内企业，从港澳地区银行借入人民币资金。截至 2015 年底，横琴跨境人民币贷款获批 53.6 亿元，珠海企业已从港澳银行机构借入跨境人民币贷款合计 9.02 亿元，资金主要投向城市基础设施建设、装备制造、休闲旅游等产业项目④。平安银行在横琴自贸区设立了离岸、保理、跨境三大业务中心，浦发银行在横琴设立离岸业务创新中心；中行开发了跨境代付业务

---

①④ 二千金融企业入横琴促港澳合作. 中国横琴，2016 - 02 - 18. http：//ftz. hengqin. gov. cn/ftz/zmqgc/201602/30e00e35c7084bbab3a74e81b31ae97f. shtml.

② 横琴国际商品交易中心挂牌 面向国际以人民币计价. 中新社，2016 - 02 - 16. http：//ftz. hengqin. gov. cn/ftz/News/201602/a38da5d34e1041ea82fb527408b88e2b. shtml.

③ 渤海金控加码融资租赁 旗下横琴租赁增资至 1 亿美元. 第一财经日报. 2017 - 02 - 21. http：//ftz. hengqin. gov. cn/ftz/ygadtu/201702/2307f535bc684c0caba5649b13798bb0. shtml.

产品，2014年业务规模达470亿元①。

此外，2016年12月，横琴金融争议解决中心正式挂牌成立，该中心由横琴新区金融服务局、横琴新区金融行业协会和珠海国际仲裁院合作设立。横琴金融争议解决中心集合仲裁机构、行政单位和社会行业组织三方力量，搭建了商事调解、行政调解、行业调解的联动，调解与仲裁对接的工作体系，对快速、有效解决金融领域商事纠纷特别是金融消费纠纷，更好地保护金融消费者的利益，促进横琴新区法治化营商环境建设具有积极的影响。其建设目标是积极探索建立新型金融消费者争议调解、专业金融仲裁机制，进一步拓宽横琴金融纠纷解决渠道，建设与横琴金融高速发展相衔接的争议解决模式。②

据珠海市"十三五"规划纲要，"十三五"时期珠海市将支持横琴自贸片区内外资企业的境外母公司或子公司按规定在境内银行间市场发行人民币债券。支持横琴自贸片区内金融机构和企业在香港资本市场发行人民币股票和债券，募集资金可调回区内使用。支持港澳地区机构投资者在横琴自贸试验片区内开展合格境内有限合伙人业务，募集区内人民币资金投资香港资本市场。支持港澳地区机构投资者在横琴自贸片区内开展合格境外有限合伙人业务，参与境内私募股权投资基金和创业投资基金的投资。支持粤港澳三地机构在横琴自贸片区内合作设立人民币海外投贷基金，募集内地、港澳地区及海外机构和个人的人民币资金，为我国企业"走出去"开展投资、并购提供投融资服务。

## 三、与港澳的合作对接

### （一）港澳企业入驻

由于区位优势，澳门业界对于参与横琴新区开发甚为积极踊跃。同时，随着港珠澳大桥的建成，"横琴—香港"1小时生活圈将正式形成，届时从横

---

① 横琴赴港谈深度合作，并争取往来澳门"一签多行". 南方都市报, 2015-06-24.
② 横琴播报, 2016-12-30, 横琴成立金融争议解决中心探索金融纠纷解决新渠道. http://ftz.hengqin.gov.cn/ftz/hqbbu/201612/ece8ec081cd0464aa390d47c4bc7a7d4.shtml.

琴驾车前往中环只需 40 分钟左右,这将进一步推进两地经济生活一体化。便捷的交通联系将使珠海与香港的经济联系变得更为紧密,香港亦将通过港珠澳大桥与中国的西南部建立更为密切的经济联系。因此,横琴新区片区的发展受到港澳资本的青睐。

2013 年底香港"香港与内地经贸合作咨询委员会"将横琴列入重点合作范围,2015 年 11 月,中国(广东)自贸区珠海横琴新区片区驻香港经贸代表处成立,代表处的建立旨在推动更多香港及国际优秀企业落户横琴,深化粤港经贸合作,为港人创造更大的投资发展空间。代表处成立后,港人港企足不出港便可与专业招商人员直接沟通,在港即可提交横琴注册公司的资料,享受一站式服务,有助于进一步推动横琴与香港之间的互联互通,拓展香港经济发展空间。2014 年 3 月底,财政部公布横琴税收优惠政策,对设在区内的鼓励类企业按 15% 的税率征收企业所得税,接近港澳所得税税率。

随着大型基建项目的完成和优惠政策的落实,2014 年 5 月,横琴新增港企 24 家,新增投资总额 3.17 亿美元。至 2014 年 6 月的统计显示,在横琴新区注册的 5300 多家企业中,港企有 79 家[①]。根据广东自贸区珠海横琴新区片区官方网站所公布数据,2015 年,珠海实施横琴支持澳门经济适度多元发展的 11 条措施和对港澳服务业扩大开放的措施,1097 家港澳投资企业落户横琴,2015 年新登记注册澳资企业 794 家,是过去五年的近 10 倍[②]。截至 2015 年 10 月底,横琴自贸片区登记注册企业达 13984 家,累计注册资本 6022.91 亿元。其中,登记注册港澳企业 1040 家。2015 年的前 10 个月,横琴新区全区新增登记注册企业 6913 家,其中,新增登记注册港澳企业 859 家,实际新增港澳企业数同比增长 217.6%[③]。至 2016 年底,横琴新区港澳企业数量达到 1259 家,新增 616 家,注册资本约 957.11 亿元,企业数量相当于过去六年港澳企业在横琴的总和。其中,横琴澳资企业累计达 766 家,新注册企业 387 家,比 2015 年底增长 132%;港资企业累计达 493 家,新增 229 家,比

---

[①] 林迪夫等主编. 粤港澳合作报告. 中国文化院有限公司,2015.
[②] 去年共 1097 家港澳投资企业落户横琴. 自贸观察. 2016 - 01 - 18. http://ftz.hengqin.gov.cn/ftz/News/201601/d2a7c8a6bcfb49d2a2d636739fb1b10a.shtml.
[③] 横琴新区驻港经贸代表处挂牌成立. 新华网. 2015 - 11 - 12, http://news.xinhuanet.com/gangao/2015 -11/12/c_ 1117126597.html.

2015 年底增长 103%①。

2016 年 8 月 30 日，创兴银行广东自贸试验区横琴支行开业，这是广东自贸区横琴新区新区第二家港资银行，也是第一家兼具国有企业及港资背景的银行入驻。横琴支行将利用横琴自贸区的政策优势，充分发挥紧靠澳门的地理优势、股东优势及专业服务优势，联动香港总行、澳门分行，支持珠海尤其横琴的基础设施及市政建设，服务实体经济；做大做强跨境业务，为广东自贸区及广东企业提供跨境金融服务②。

2017 年 1 月 18 日，首家澳门银行营业性机构，大西洋银行广东自贸试验区横琴分行正式营业，该行同时也是内地首家以"准入前国民待遇加负面清单"模式设立的外资银行，以及内地首家自贸区内外资银行分行级别机构，将为内地与澳门实现服务贸易自由化积累可复制经验。大西洋银行横琴分行的业务对象主要包括在中国投资开展业务的葡萄牙语国家企业和澳门客户。协助葡萄牙语国家企业到中国开展业务，推动中国和巴西、葡萄牙等葡萄牙语国家之间的投资、经济、贸易的合作发展③。

### （二）消除差异化市场的影响

珠海与香港特区政府管理部门通过积极沟通协商，消除并降低差异化市场对合作所带来的影响。

2014 年 1 月，在粤港合作联席会议框架下，珠海和香港于 1 月 27 日成立珠港合作专责小组。当日在珠海召开的首次会议上，双方决定以珠海市横琴新区作为深化珠港合作的重要载体和平台，加强合作策划和定期磋商，全面深化珠海与香港的交流与合作，促进经济社会繁荣发展。时任珠海市长与香港特别行政区政府政制及内地事务局局长签订了《关于加强珠港合作的意向书》。根据安排，其日常联络机构，分别设在珠海市港澳事务局和香港特别行政区政府政制及内地事务局。按照先行先试、优势互补、互利共赢的原则，

---

① 横琴深受港澳资本青睐，港澳企业达 1259 家. 政务在线，2017 - 02 - 20. http：//www.hengqin. gov. cn/hengqin/xxgk/201702/5d0d0cdc7ac142769a709deec48a9648. shtml.

② 创兴银行入驻 突出粤港跨境金融. 21 世纪经济报道，2016 - 09 - 01. http：//ftz. hengqin. gov. cn/ftz/hqbbu/201609/1b9ed2a4b17442e7a6bac5c0527e6631. shtml.

③ 内地首家澳门银行营业性机构在珠海横琴开业. 新华社，2017 - 01 - 20. http：//ftz. hengqin. gov. cn/ftz/hqbbu/201701/b36be5d90530420babe2cbf65c8dd9bb. shtml.

在珠港合作专责小组的推动下,双方可在粤港澳紧密合作示范区——珠海市横琴新区的开发、珠港机场、港珠澳大桥建设等重点区域和项目上加强合作①。自此,珠港高层会晤走向定期化、常态化。

为了更好地释放市场主体的创新活力,2016年1月,珠海横琴自贸片区召开新闻发布会,在2014年5月发布的市场违法行为提示清单基础上,制定并对外公布了第一批《横琴与香港、澳门差异化市场轻微违法经营行为免罚清单》。据悉,未来有30项涉及13部法律法规19项法律条款行为可以免予处罚。据横琴新区工商局介绍,此次出台的免罚清单仅适用于横琴新区管辖区域,目的是对企业首次实施轻微违法行为免予行政处罚或罚款,转而采取提示、警告、信用公示等措施,实现政府监管由程序性监管向适用不同监管方式与手段的实体性监管转变。

据了解,免罚清单列明了可以免予处罚或罚款的30种情形,涉及13部法律法规19项法律条款,主要分为四大类:企业名称使用规范行为;企业领取营业执照后限期开业行为;企业营业执照日常管理行为;企业登记注册事项日常管理行为。以上情形,一部分是横琴商事制度改革后,针对监管法律滞后情况而依据特区规章规定采取的一种变通措施;另一部分则是经过港澳长期市场监管实践,通过免罚有利于经济健康发展的经验。实施《免罚清单》,是创新事中事后监管方式,改"以罚代管"为信用监管的重要探索,有利于进一步推进横琴与港澳市场规则对接与趋同,打造横琴国际化法治化市场化营商环境②。

### (三) 粤港澳合作产业园

2009年8月,国务院批复《横琴总体发展规划》后,在横琴划定1.09平方公里用地用于建设澳门大学横琴校区,并由澳门特别行政区实施管辖,提出"鼓励澳门、香港与内地特别是广东开展生物医药科技合作,打造横琴生物医药产业集群"。为了落实国家提出的实现"推动粤澳更紧密合作、促进澳门经济适度多元发展"的任务,2011年,广东省政府与澳门特区政府签

---

① 新华网,2014-01-27,珠海与香港成立合作专责小组,将横琴新区作为平台. http://news.ifeng.com/hongkong/detail_ 2014_ 01/27/33424816_ 0.shtml.
② 中国新闻网,2016-01-20,横琴自贸片区出台与港澳差异化市场免罚清单.

订了《粤澳合作框架协议》，将合作开发横琴作为推进粤澳合作的一项重要工作内容。《框架协议》进一步就国家层面对横琴的开发进行了战略部署，"粤澳两地共同建设面积约5平方公里粤澳合作产业园区"成为抓紧落实国家战略部署的一项具体任务。

作为具有法律效力的《粤澳合作框架协议》中的建设内容之一，粤澳合作产业园是粤澳两地近期的重点合作平台。《粤澳合作框架协议》第二章第三条指出，按照《横琴总体发展规划》的要求，在横琴文化创意、科技研发和高新技术等功能区，共同建设粤澳合作产业园区，面积约5平方公里；澳门特区政府统筹澳门工商界参与建设，重点发展中医药、文化创意、教育、培训等产业，推动澳门居民到园区就业，促进澳门产业和就业的多元发展。自《框架协议》签订以来，粤澳合作产业园的建设取得了一系列的进展和成效，从项目的入驻和启动情况来看，粤澳产业园入驻的项目主要呈现出以下特点[①]。

一是园区建设已有实质性推进。目前，粤澳合作产业园第一批33个入园项目逐步落地，第二批项目正在筹备中，其中，18个项目已签订合作协议，12个项目已经启动建设，总投资610.5亿元，同时有4个项目签订土地出让合同，根据横琴自贸区官方网站资料，本书整理出部分重点入驻粤澳合作产业园的项目及土地出让合同项目（见表11-1和表11-2），其中，Sportland钜星汇于2015年3月动土，是粤澳合作产业园首个动土项目。截至2016年9月，粤澳合作中医药科技产业园已完成注册、正在办理注册和正在洽谈中的企业共计46家。

表11-1　　　　　　　粤澳合作产业园部分重点入驻项目一览

| 项目名称 | 投资规模<br>（亿元人民币） | 项目定位 |
| --- | --- | --- |
| 粤澳合作中医药科技产业园 | 60 | 粤澳合作产业园首个启动项目，国际级中医药质量控制基地和国际健康产业交流平台 |
| 澳门创意美食广场 | 9 | 项目位列澳门推荐入园项目首位，计划建设商业店铺、办公室及会展场地等 |

---

① 钟韵，杨娇. 粤澳合作的平台建设与模式创新研究——以粤澳合作产业园为例 [J]. 澳门研究，2017.1.

续表

| 项目名称 | 投资规模（亿元人民币） | 项目定位 |
|---|---|---|
| 横琴国际生科城 | 12.4 | 项目位列澳门推荐入园项目第 4 位，将结合澳门旅游业的发展，建设以医疗旅游为目的的健康、优质生活体验区，引入各国抗衰老、美容、整容、养生品牌及技术 |
| 澳门拱廊广场 | 5 | 项目位列澳门推荐入园项目第 11 位，项目主要包括商业、会展等内容 |
| 仓储物流食品及加工中心 | 2 | 项目位列澳门推荐入园项目第 13 位，主要包括仓储、加工、配送及物流供应链相关设施及服务 |
| 云生态商贸圈 | 13.5 | 项目位列澳门推荐入园项目第 21 位，计划建设数据中心、办公建筑及商业配套设施 |
| 港澳智慧城 | 20 | 项目位列澳门推荐入园项目第 27 位，项目主要包括多媒体创意及制作、实践式国际教育两个相互依托的产业模式，包含教学酒店、配套会议与活动场地等多项内容 |
| Sportland 钜星汇 | 13.5 | 项目位列澳门推荐入园项目第 31 位，项目主要包括 Sportland 主题商业餐饮区、Sportland 主题酒店及 Sportland 智能办公楼，项目将打造成富含体育竞技和文化创意元素，集运动、演艺、酒店、餐饮及创意孵化产业于一体的标志性综合项目 |
| 横琴天汇星影视综合城 | 8 | 天汇星国际投资有限公司计划建设横琴天汇星影视综合城项目，项目包括影视制作、文化创意、出版发行、旅游休闲、人才培训、商业、数据库中心等，为大型影视文化综合类项目 |
| 来来梦幻世界 | 5 | 项目集中经营多个高级奢侈品旗舰店及国际性中高档产品，另设休闲娱乐服务 |
| 金源国际广场 | 3 | 项目包括销售国家品牌以及葡语国家、法语国家、非洲国家、东南亚国家和欧盟国家的商品，并把国家的优质厂家产品从商场零售引申至大宗买卖成交 |
| 彩虹生活广场 | 3 | 项目包括商场管理、彩虹多品牌（含自营品牌）批发零售运营及生活体验 |
| 应来科创广场 | 13.5 | 项目以"离岸服务为主，离岸、在岸两种模式共同发展"的双轨制创新模式，建设数据中心、办公建筑及商业配套设施 |
| 金汇国际广场 | 6 | 项目包括商业、写字楼、企业总部、健康养生等 |

资料来源：根据横琴自贸区官方网站资料整理编制。

表 11-2　粤澳合作产业园部分重点土地出让合同项目

| 项目名称 | 投资规模（亿元人民币） | 项目定位 |
|---|---|---|
| 中葡商贸中心 | 16 | 澳门泊车管理股份有限公司计划建设中葡商贸中心项目，项目承载澳门中葡商贸合作服务平台在横琴的功能延伸，建设商业中心和展销中心，及帕斯坦那（Pestana）主题酒店 |

续表

| 项目名称 | 投资规模（亿元人民币） | 项目定位 |
| --- | --- | --- |
| 万象世界 | 450 | 新丰乐置业发展有限公司计划投资建设万象世界项目，项目汇聚各国文化、商贸、旅游配套、商业O2O的整合服务，建设免税购物中心、世界生活MALL（其中，包括国家馆、企业馆、企业联合馆）、时尚产业中心等 |
| 南光总部综合大楼项目 | 10 | 由南光恒丰置业有限公司投资的南光总部综合大楼项目，项目计划建设甲级写字楼、五星级酒店和高档商场等 |
| 东西汇项目 | 30 | 东西汇投资股份有限公司计划投资建设东西汇项目，项目依托粤澳合作，建设全球文化创意产品交易交流平台和中小文创企业孵化基地 |

资料来源：根据横琴自贸区官方网站资料整理编制。

二是园区入驻的项目投资规模大。这主要体现在入园的项目投资涉及大量的基建投资和固定资产投资，投资时限长，规模大，入驻项目的投资额都在亿级以上。其中，粤澳合作中医药科技产业园的投资规模达到60亿元人民币，是粤澳合作产业园中投资规模最大的项目；横琴国际生科城、云生态商贸圈、Sportland钜星汇、应来科创广场等项目的投资规模均超过了10亿元人民币，投资额最低的项目也超过亿元人民币。与此同时，园区项目的大规模投资将带动粤澳两地的资本市场发展，这体现在大规模投资将带来大规模的融资需求，而横琴新区的资本市场远不能满足园区的资金需求，大量的境外资本将进入合作产业园，从而促进园区的资本市场开放。

三是入驻项目的投资领域涵盖广泛。第一批推荐入园的33个项目涉及的领域包括文化创意、旅游休闲、物流、商贸、商务服务、科教研发、医药卫生、高新技术等，几乎涵盖了各个领域。例如，粤澳合作中医药科技产业园主要涉及中医药和国际健康产业；横琴国际生科城主要涉及医疗旅游、美容、整容、养生等产业；澳门拱廊广场主要涉及商业、会展业；仓储物流食品及加工中心主要涉及仓储、加工、配送及物流供应链相关设施及服务行业。可见入园项目在行业的多个领域都有投资，这对促进澳门产业多元化发展战略目标的实现有着积极作用。

据报道，截至2016年11月底，澳门特区政府首批推荐进入粤澳合作产业园的33个项目中，已有18个项目签订合作协议，16个项目取得项目用地，正在抓紧建设，钜星汇商业广场等项目已经完成软基处理和桩基施工。首批余下有意入园发展的50个项目涉及行业包括旅游休闲、物流商贸、科教研发、文化创意和高新技术及医药卫生等，对澳门特区政府推荐过来的50个项目，制定《横琴新区"粤澳合作产业园"推荐项目对接服务分工表》，每一个项目都明确专人跟进，提供一站式的保姆服务，对项目设立的各个流程，服务人员都将全程跟进，全程给予工作指引[1]。至2017年3月，澳门特区政府推荐的入园项目，有20个签约、17个取得项目用地、13个开工建设，总投资680亿元。粤澳合作中医药科技产业园GMP中试大楼、研发检测大楼、科研总部办公大楼等配套设施建成封顶，56家企业已达成合作意向入园发展。投资超百亿元人民币的澳门银河体育休闲度假项目也落地横琴[2]。

### （四）人才对接

横琴·澳门青年创业谷于2015年4月正式挂牌，是由横琴新区管委会发起，政府、企业、高校、社团联合打造的青年服务平台，由横琴金投代表横琴管委会履行对创业谷的管理和服务职能。主要面向年龄在18~45周岁，在澳门学习、工作、生活的青年（涵盖澳门户籍、持有澳门单程证的内地、外国青年）。创意谷采取政府推动、市场运作的方式，计划经过1年基础期、2~3年发展期、4年走向成熟期，希望到2020年培育10家上市公司、造就百个创业新星、打磨千家创意企业、掀起万人创业热潮。创业谷位于横琴口岸对面，与澳门大学一路之隔，用地面积12.8万平方米，总建筑面积13.7万平方米，集商务办公、商业服务、人才公寓为一体，首期3万平方米。该项目旨在整合政府、高校、企业、社会团体的资源和服务，联合打造企业的一站式服务平台和创业平台，建立"创业载体+创业辅导+创投资金"的立体孵化模式，为企业打造一条"苗圃—孵化器—加速器"的可持续发展的成长路线图，助推企业迅速发展壮大。

创业谷采用"政府支持、市场化运营"的管理模式。横琴金融投资有限公司作为横琴新区管委会下属的大型国有独资企业，代表横琴新区管委会履行对创业谷的管理和服务职能。横琴金投下设横琴金投资本管理有限

---

[1] 澳门推荐50个项目进入横琴. 信息时报, 2016-11-24. http://ftz.hengqin.gov.cn/ftz/tzzxt/201611/9415fdce08154560afaf011dab095241.shtml.

[2] 横琴抢占粤澳融合新高地. 粤港澳动态, 2017-03-03. http://ftz.hengqin.gov.cn/ftz/ygad-tu/201703/687d6d6966ac411aaa08c71c43fcfbd3.shtml.

公司，具体负责创业谷的日常运营和管理。为规范横琴·澳门青年创业谷的管理，横琴金融投资有限公司专门制定了《横琴·澳门青年创业谷管理暂行办法》并将于近期出台[①]。这种管理运作模式区别于粤澳合作中医药科技产业园的两地政府直接投资模式，而运用了市场化运营的模式，力图通过市场导向的运营模式有效提高园区的竞争能力、抗风险能力以及国际化水平。

创业谷通过提供各种服务，解决澳门青年在内地创业面临的困难：针对澳门青年在内地创业存在的"落户难"问题，创业谷提供工商注册、税务登记、银行开户等"一站式"服务，以及与会计事务所、律师事务所、税务事务所、管理咨询公司、资产评估公司等中介机构对接的"一条龙"服务。针对"招聘难"问题，创业谷设立人才交流培训中心以帮助企业进行人才招聘。针对"发展难"问题，创业谷引入内地领先的创业孵化机构，为澳门青年提供专业的创业培训辅导以及最先进的创业资讯服务，辅助澳门创业项目发展壮大。目前，北京大学创业训练营横琴基地等一批创业平台机构、公共服务平台和创业项目已陆续入驻创业谷。此外，面对"融资难"问题，创业谷计划配套总规模20亿元人民币的专项资金，用于横琴日常运营、设立横琴澳门青年创业投资引导基金等用途。其中，横琴金投代表横琴管委会履行对创业谷的管理和服务职能，横琴金投下设横琴金投创业谷孵化器管理有限公司，具体负责创业谷的日常运营和管理，为规范横琴·澳门青年创业谷的管理。

青年创业者按照相关申请入谷条件申请入谷，对于符合条件成功入驻的澳门青年创业项目可免办公场地租金1年；满足条件的企业和团队可以申请政府创业投资引导基金；享受横琴企业税收及个人所得税优惠政策；享受珠海市对创业团队在科研经费安排方面给予政策支持；享受珠海市高层次人才创新创业政策支持。

青年创业谷设立了5000万元天使基金、20亿元青年创业专项扶持资金，与多家著名投资机构合作设立规模超过100亿元的互联网、医疗、文化等产

---

[①] 八问横琴澳门青年创业谷，横琴播报．2015-06-29，http：//ftz.hengqin.gov.cn/ftz/hqbbu/201506/84d5f4824ab946ee81a5639598d53e84.shtml.

业基金，为处于种子期、扩张期、成长期和成熟期等不同阶段的企业提供全方位多层次的融资服务。澳门青年在创业谷能享受到办公场所补贴、金融服务、财税补贴扶持等10项优惠扶持政策。截至2017年3月，已有175个创业项目入驻创业谷，港澳台团队占近八成[①]。

---

[①] 横琴抢占粤澳融合新高地. 粤港澳动态, 2017-03-03. http://ftz.hengqin.gov.cn/ftz/ygadtu/201703/687d6d6966ac411aaa08c71c43fcfbd3.shtml.

# 篇末小结

服务贸易是我国新一轮对外开放的重点领域，建立自由贸易试验区，是我国在新的国内外经济形势下推进改革开放的重大举措，其目标在于加快政府职能转变、积极探索外商投资管理模式创新、促进贸易和投资便利化，为全面深化改革和扩大开放探索新途径、积累新经验。

立足面向港澳台深度融合是广东自贸区建设的基本立足点。探索如何将发展制度差异转变为制度优势，是广东自贸区建设过程的突破点。广东自贸区在投资便利化、贸易便利化、扩大开放措施、金融、人才管理以及税收等方面，均有制度创新和相应的政策措施。

在2015年4月公布的《中国（广东）自由贸易试验区总体方案》中，对广东自贸试验区设定为五个方面的主要任务，包括：建设国际化、市场化、法治化营商环境，深入推进粤港澳服务贸易自由化，强化国际贸易功能集成，深化金融领域开放创新，增强自贸试验区辐射带动功能。其中，对于深入推进粤港澳服务贸易自由化，又从两方面提出了具体的实施措施，包括：进一步扩大对港澳服务业开放和促进服务要素便捷流动；推进粤港澳服务行业管理标准和规则相衔接。

广东自贸试验区挂牌以来，取得了良好的发展成效。2017年广东省政府工作报告指出，2016年广东省出台了广东自贸试验区条例，率先实施"证照分离"、综合行政执法体制等改革试点，形成第二批39项改革创新经验并复制推广。自贸试验区新设企业7.6万家，合同利用外资520亿美元、增长1.3倍。广东自贸试验区的三个片区均呈现出良好的发展势头，在引进香港投资以及与香港企业合作对接方面，均取得了实质性的进展；就行业的发展情况看，金融业在三个片区均呈现出良好的发展势头；大型央企以及全球500强企业入驻广东自贸试验区亦呈现出上升的态势。值得关注的是，三个片区均努力通过制度层面创新工作，争取获得更大的与港澳合作对接的发展空间，其改革创新均取得了不同程度的新突破；在高层次专业人才以及青年人才的交流上，亦都搭建了较为完善的合作平台。但是，我们也意识到，广东自贸试验区的发展仍然存在一些阻碍与问题，例如，如何吸引更多的港资企业进入广东自贸试验区，如何促进香港专业服务人才为自贸试验区的企业提供优质服务，并引领自贸试验区企业成功实现"走出去"，如何更好地发挥自贸试验区内港澳青年创新创业实习平台的作用，为粤港澳青年人才交流提供更高效的合作空间等。

为进一步扩大粤港澳服务业合作，建议广东自贸试验区应落实以下工作。

首先，要加快将广东自贸试验区打造成高水平对外开放平台，建设高标准的国际投资贸易营商环境：一方面，在CEPA框架下，深入推进粤港澳服务贸易自由化，实施粤港澳服务贸易自由化负面清单管理模式，在自贸试验区进一步放宽金融、商贸、电信等领域的市场准入；加快建设国际航运中心和航空枢纽、国际贸易中心和国际金融中心；加快促进粤港澳服务行业标准衔接，促进服务业投资便利化。另一方面，构建对接国际高标准贸易规则的制度体系；大力推进商事制度改革及行政审批分类改革，实现商事主体"准入"和"准营"的同步提速；继续探索以减少负面清单列表，推进自贸试验区发展形成对接国际标准的高水平服务贸易自由化、支持粤港澳区域成为国家参与国际贸易新规则的先导区，推进粤港澳产业合作向高端化发展。

其次，进一步加强粤港专业人才交流，推动香港青年内地创业。一方面，通过对港澳及外籍高层次人才在出入境、在华停居留、项目申报、创新创业、评价激励、服务保障等方面的特殊政策，以及推进粤港澳服务业人员职业资格互认，加快两地专业人才的交流。另一方面，发挥南沙、前海和横琴已有的港澳青年创新创业平台的作用，为港澳专业人才创新创业提供孵化器服务。以使促进两地服务业合作实现从低层次的资金合作、管理合作，走向项目合作、人才合作。

最后，在金融创新方面，推进自贸试验区在跨境人民币业务领域的合作和创新发展，推动以人民币作为自贸区与境外跨境大额贸易的投资计价、交易结算的主要货币；在自贸区建立与粤港澳商贸、科技、旅游、物流、信息等服务贸易自由化相适应的金融服务体系；探索通过设立自由贸易账户和其他风险可控的方式，开展跨境投融资创新业务。开展以资本项目可兑换为重点的外汇管理改革等试点，推动自贸试验区投融资汇兑便利化。

# 参考文献

1. 21世纪经济报道. 创兴银行入驻突出粤港跨境金融. 2016-09-01, http://ftz.hengqin.gov.cn/ftz/hqbbu/201609/1b9ed2a4b17442e7a6bac5c0527e6631.shtml.

2. 陈宪主编. 国际服务贸易——原理·政策·产业. 立信会计出版社, 2000.

3. 陈恩. CEPA下内地和香港服务业合作的问题与对策. 国际经贸探索. 2006（1）: 20-24.

4. 陈广汉, 张光南, 卢扬帆. 回归后香港经济发展的成就、问题与对策. 亚太经济, 2012（4）: 130-135.

5. 陈广汉主编, 港澳珠三角区域经济整合与制度创新, 社会科学文献出版社, 2008.

6. 陈文璇, 穗港深共建国际航运中心施政研究, 中山大学硕士学位论文, 2016.

7. 广州港上半年完成货物吞吐量1.58亿吨. 大公报, 2012-07-29.

8. 渤海金控加码融资租赁旗下横琴租赁增资至1亿美元. 第一财经日报, 2017-02-21, http://ftz.hengqin.gov.cn/ftz/ygadtu/201702/2307f535bc684c0caba5649b13798bb0.shtml.

9. 冯邦彦. 香港产业结构第三次转型：构建"1+3"产业体系. 港澳研究, 2015,（4）: 38-46+95.

10. 冯邦彦, 覃剑, 彭薇. "先行先试"政策下深化粤港金融合作研究, 暨南学报（哲学社会科学版）, 2012（2）: 83-90+163.

11. 付宏, 毛蕴诗, 宋来胜. 创新对产业结构高级化影响的实证研究——基于2000~2011年的省际面板数据. 中国工业经济, 2013,（9）:

56-68.

12. 干春晖，郑若谷，余典范．中国产业结构变迁对经济增长和波动的影响．经济研究，2011，(5)：4-16+31.

13. 郭海宏，卢宁，杨城．粤港澳服务业合作发展的现状及对策思考，中央财经大学学报，2009，71-75.

14. 龚唯平．粤港区域服务贸易自由化的困境及其对策．广东社会科学，2007（6）：137-141.

15. 贺丹，赵玉林．产业结构变动对生态效益影响的实证分析．武汉理工大学学报（社会科学版），2012，(05)：694-698.

16. 胡军等主编，CEPA与"泛珠三角"发展战略，经济科学出版社，2005.

17. 经济机遇委员会，有关六项优势产业的小组研讨会讨论摘要，文件编号：TFEC-INFO-12，2009年6月20日．

18. 《建立香港与内地服务产业链的战略构想与对策研究》课题组．香港与内地服务产业链策论．中国经济出版社，2000.

19. 经济参考报．广深深耕海丝打造国际航运中心．壮锦，李霄．2016-02-24.

20. 李红梅著：服务业——香港经济的主导产业，首都师范大学出版社，2001.

21. 李燕，司徒尚纪．港澳与珠江三角洲文化特色及其关系比较．人文地理，2001，57（1）：75-78.

22. 刘秀生，廖运凤，胡愈越．新制度经济学．中国商业出版社，2003.

23. 林迪夫等主编，粤港澳合作报告，中国文化院有限公司，2015.

24. 刘文钊．香港产业结构变动对收入分配的影响——基于人口普查数据的分析．南方人口，2014（4）：70-80.

25. 毛艳华，荣健欣，钟世川．"一带一路"与香港经济第三次转型．港澳研究，2016，(3)：50-63+95.

26. 上海自贸区"抢注"者渐消退．南方日报，2015-11-18.

27. 广东首个促进生产性服务业发展政策文件出台，粤生产性服务业增加值力争2020年接近3万亿．南方日报，2016-02-23，http://epaper.south-

cn. com/nfdaily/html/2016-02/23/content_ 7518333. htm.

28. 今年前海蛇口自贸片区拟完成固定资产投资 420 亿元．南方日报，2017-02-28.

29. 全国首创或领先创新举措达 67 项．南方日报，2017-03-06.

30. 南沙港区未来 5 年获广州港百亿投资．南方都市报，2012-11-07.

31. 去年横琴新区减免税费 3.22 亿元．南方都市报，2017-02-21，http：//ftz. hengqin. gov. cn/ftz /tzzxt/201702/c9e17200beba4959888f629d72a94d41. shtml.

32. 横琴赴港谈深度合作，并争取往来澳门"一签多行"．南方都市报，2015-06-24.

33. 香港四大支柱产业增长动力放缓．南方都市报，http：//paper. oeeee. com/nis/201502/11/327254. html.

34. 彭冲，李春风，李玉双．产业结构变迁对经济波动的动态影响研究．产业经济研究，2013，（3）：91-100.

35. 曲如晓．论服务贸易的保护．世界经济，1997（5）：28-31.

36. 饶小琦，钟韵．国际经贸探索，CEPA 演进的作用解读——以香港商务服务业对广州同行业的影响为例，2009. 25（3）：40-44.

37. 前海各项经济指标实现跨越式增长．深圳商报，2017-01-20.

38. 前海制度创新取得重大突破．深圳商报，2017-01-16.

39. 前海注册港企已达 3377 家．深圳商报，2016-10-12，http：//www. szqh. gov. cn/ljqh/sghz/sg_ gzdt/201610/t20161012_ 39554252. shtml.

40. 前海：深圳改革开放新平台．深圳特区报，2017-03-06，http：//qhxqgsj. szgs. gov. cn/art /2017/3/6 /art_ 2084_ 51470. html.

41. 前海成为我国融资租赁业发展的重要区域．深圳特区报，2017-03-17，http：//qhsk. china-gdftz. gov. cn/zwgk/dtxw/dtzx/201703/t20170317_ 40627421. html.

42. 前海着力打造粤港深港合作新平台．深圳特区报，2017-03-07.

43. 香港中国金融协会著，胡章宏主编，全球新格局与香港新动力，信报出版社，2017.

44. 香港特区行政长官董建华施政报告：《共创香港新纪元》，1997. 10.

45. 香港特区行政长官董建华施政报告：《群策群力，转危为机》，

1998.10.

46. 香港特区行政长官董建华施政报告：《善用香港优势，共同振兴经济》，2003.1.

47. 香港特区行政长官曾荫权施政报告：《群策创新天》，2009.10.

48. 香港特区行政长官梁振英施政报告：《稳中求变务实为民》，2013.1.

49. 香港特区行政长官梁振英施政报告：《用好机遇发展经济改善民生和谐共融》，2017.1.

50. 香港立法会工商事务委员，《安排》对香港经济影响，工商及科技局，2005.4.

51. 香港立法会工商事务委员会，《安排》首三个阶段对香港经济的影响，2008.

52. 香港特别行政区政府中央政策组大珠三角商务委员会，"十二五"时期扩大深化 CEPA 开放的政策建议，2012.2

53. 香港工业总会，珠三角制造——香港制造业的蜕变，2003.

54. 香港贸发局研究报告，离岸贸易及境外投资发展前景，1998.

55. 香港工业总会，珠三角制造——香港制造业的蜕变，2003.

56. 香港特别行政区政府中央政策组大珠三角商务委员会，"十二五"时期扩大深化 CEPA 开放的政策建议，2012.2.

57. 香港中华厂商联合会，厂商会会员在珠三角经营环境问卷调查分析报告，2008.4（立法会 CB（1）1583/07-08（07）号文件）.

58. 香港立法会工商事务委员会，工商及科技局.《内地与香港关于建立更紧密经贸关系的安排》对香港经济的影响，立法会 CB（1）1849/06-07（04）号文件，2007.6.

59. 前海香港携手并进加强全方位更紧密合作. 香港商报，2016-11-01，http：//www.szqh.gov.cn/ljqh/sghz/sg_gzdt/201611/t20161101_40092912.shtml.

60. 内地首家澳门银行营业性机构在珠海横琴开业. 新华社，2017-01-20，http：//ftz.hengqin.gov.cn/ftz/hqbbu/201701/b36be5d90530420babe2cbf65c8dd9bb.shtml.

61. 横琴新区驻港经贸代表处挂牌成立. 新华网，2015-01-12，http：//

news.xinhuanet.com/gangao/2015-11/12/c_1117126597.html.

62. 许锡挥，李萍主编．粤港澳文化关系．中山大学出版社，2001．

63. 徐宗玲，粤港产业合作与劳动市场．经济管理出版社，2002．

64. 许江萍等主编．我国新兴服务业发展政策研究．中国计划出版社，2003．

65. 薛凤旋．都会经济区：香港与广东共同发展的基础．经济地理，2000，（1）：37-42.

66. 张光南，粤港澳服务贸易自由化："负面清单"管理模式，中国社会科学出版社，2014．

67. 郑天祥主编，李郇副主编．粤港澳经济关系．中山大学出版社，2001．

68. 钟韵，闫小培．粤港澳文化整合与区域经济发展关系研究．热带地理，2003，（2）：143-147.

69. 钟韵，闫小培．改革开放以来香港生产性服务业对广州同行业影响研究，地理研究，2006，（1）：151-160.

70. 钟韵．粤港合作新阶段香港服务业发展前景分析，广东社会科学，2008（1）：107-112.

71. 钟韵．区域中心城市与生产性服务业发展．商务印书馆，2007年．

72. 钟韵．基于企业视角的粤港服务业合作研究．广东社会科学，2011（2）：107-113.

73. 钟韵，余雪晴．制度框架演进下广东自由贸易试验区进展评估．港澳研究，2016（2）：51-59.

74. 钟韵，杨娇．粤澳合作的平台建设与模式创新研究——以粤澳合作产业园为例．澳门研究，2017（1）：172-181.

75. 庄芮．新形势下香港与内地实现良性金融互动问题探析，金融与经济，2006（10）：20-22.

# 后　记

　　对粤港服务业合作的研究不知不觉已有10余年。最初，是缘于在中山大学读博士期间有幸参与了导师闫小培教授主持的国家杰出青年科学基金课题"服务业地理的理论与方法研究"，其时，为了探讨广州生产性服务业的发展，我开始关注香港的生产性服务业对内地同行发展的影响、CEPA实施将对穗港服务业产生的影响等问题。到暨南大学特区港澳经济研究所工作后，得益于所长及经济学院前院长冯邦彦教授提供的机会，开展了多项粤港服务业合作的研究课题，使我有机会与香港服务业界实地见面交流，较为充分地了解到粤港两地服务业界人士对于"跨境服务业合作"的各种看法与诉求，亦因而有机会听到了两地相关政府管理部门对推进粤港服务业合作的声音。

　　之所以选择制度创新与合作平台作为粤港服务业合作研究的切入点，便是源于多年来与业界接触中的实践体会：香港回归之后，尤其是CEPA签订实施之后，服务业合作制度已成为推动粤港两地服务业合作的主要动力；而合作平台便是在制度创新进展到一定阶段后的产物。本书希望通过梳理近20年来粤港服务业合作制度的创新推进，从一个侧面描绘出回归至今粤港服务业合作的面貌，并有助于读者展望粤港澳大湾区城市群建设时代下粤港服务业的合作前景。

　　相比内地其他地区，广东无疑是与港澳经济联系最为密切的地区。近年来随着内地对外开放深化以及广东经济发展水平提高等因素的影响，广东制造业对香港的国际中介功能需求逐渐减弱，改革开放后逐步形成的"前店后厂"式的"广东制造业＋香港服务业"合作模式已转变为目前以服务业为产业合作重点领域的多元合作模式。简而言之，服务贸易合作目前已成为粤港产业合作的焦点。

  这一现象可以从经济学的相关理论加以解释：从经济整合理论看，改革开放之初，粤港之间的产业合作以广东的制造业与香港的服务业互补型发展为特征，粤港两地的产业合作可以被视作为一种功能性的整合关系；随着区域一体化要求的提升，以及广东经济的发展，粤港之间的产业合作转入了以服务业为重点合作领域的多元合作模式，亦即进入了制度性的整合发展阶段，服务贸易的特征亦决定了跨境的服务业合作需要以制度创新推进。再从制度经济学理论看，制度安排是推动区域合作的一种重要手段，其根本目的在于通过制度保障，实现要素在区域内的自然流动；制度使得协作和竞争的关系得以确定并进而构成一种经济秩序；区域制度的不断创新，对地区的经济增长有着重要的影响作用。可见，制度创新已经并将继续在粤港服务业合作中扮演重要的推动角色。同时，由于跨境服务业合作的特殊性，为减低制度创新的试错成本，有必要在设定的空间范围（如自贸区等合作平台）执行创新性的服务贸易制度。

  书稿终于完成了，很遗憾由于种种原因未能在本书中对粤港服务业合作这一有趣的现象开展更为深入的理论思考，唯有将希望寄托于下一阶段的工作。暨南大学特区港澳经济研究所是国内最早成立的港澳经济研究机构之一，置身于这一研究平台，令我有机会将自己对中国服务业发展的研究专注点与港澳经济研究的工作任务很好地结合在一起。

  在此，真诚感谢在我研究粤港服务业合作过程中给予我各种帮助的师长、同事和朋友们，他们包括暨南大学冯邦彦教授、刘少波教授、杨英教授、刘金山教授，中山大学郑天祥教授、毛艳华教授、薛德升教授、闫小培教授、周素红教授，犹他大学魏也华教授、李寒博士，俄勒冈大学苏晓波副教授，广州大学林彰平教授，华南师范大学方远平教授，广东省社科院陈再齐研究员和广州市社科院覃剑副研究员。感谢曾接受我的调研访谈并为我提供了诸多宝贵意见的粤港两地服务业界企业家们，以及服务业管理部门的各位领导。感谢家人给我的宽容和理解，家人的支持与鼓励一直是我前进的最大动力。

  本书的研究得到了国家自然科学基金项目"城市等级与生产性服务业发展的互动关系研究（41371174）"和教育部人文社科项目"基于服务业增长

收敛性的区域服务业空间关联机制与优化政策研究——以大珠三角地区为例（13YJC790222）"经费资助，本书的出版得到了"暨南大学高水平大学学科组团——应用经济与产业转型升级"经费资助，在此一并致谢。

钟韵

2017年4月于暨南园